17~18세기 아시아 해항도시의 문화교섭

* 이 역서는 2008년도 정부재원(교육과학기술부 학술연구조성사업비)으로 한국연구재단의 지원을 받아 연구되었음(NRF-2008-361-B00001).

17~18세기 아시아 해항도시의 문화교섭

초판 1쇄 발행 2012년 12월 31일

엮은이 | 하네다 마사시
옮긴이 | 현재열 · 김나영
발행인 | 윤관백
발행처 | 

편 집 | 김민희
표 지 | 안수진
영 업 | 이주하

인 쇄 | 대덕인쇄
제 본 | 광신제책

등록 | 제5-77호(1998.11.4)
주소 | 서울시 마포구 마포동 324-1 곳마루 B/D 1층
전화 | 02)718-6252 / 6257   팩스 | 02)718-6253
E-mail | sunin72@chol.com
Homepage | www.suninpub.co.kr

정가 21,000원
ISBN 978-89-5933-588-6 93900

· 잘못된 책은 바꿔 드립니다.

17~18세기 아시아 해항도시의 문화교섭

하네다 마사시 엮음
현재열 · 김나영 옮김

선인

한국어판 서문

이번에 *Asian Port Cities 1600~1800* 한국어판이 『17~18세기 아시아 해항도시의 문화교섭』이라는 제목으로 출판되었다. 단독저서가 아니라 논문집이 번역되는 일은 드물 것이다. 편자로서 기대 이상의 기쁨이다. 번역을 맡은 한국해양대학교의 현재열, 김나영 두 분 선생님과 이 책의 출간을 위해 수고해주신 이수열 선생님께 진심으로 감사드린다.

이 책은 2007년 10월 도쿄대학(東京大學)과, 같은 해 12월 중산대학(中山大學) 및 마카오정부문화국(澳門政府文化局)에서 개최한 두 번의 국제심포지엄에서 발표된 논문 중 10편을 추려서 한 권으로 엮은 것이다.

서장에서 나는 17~18세기 해항도시에서 나타나는 문화교류의 여러 현상을 비교하여 그 해항도시의 배경이 되는 정치체제나 사회질서의 특징을 명확하게 해야 한다고 주장하고 6개 항목을 구체적인 비교 포인트로서 제시했다. 이 책의 모든 논문이 이 비교 방법을 채택하고 있는 것은 아니지만 6개 항목으로 한정하여 비교하는 것은 나름 연구 가치가 있다고 생각한다. 안타깝게도 이 논문집에서 한국의 해항도시에 대해서는 언급하지 못했다. 예를 들면 부산에 대해서 여섯 가지 항목을 검토하여 나가사키(長崎)나 광조우(廣州) 등 다른 해항도시와 비교해 보면 어떨까. 틀림없이 흥미로운 논점을 찾아낼 수 있을 것이다.

이 책의 제목은 '아시아 해항도시'이다. 그 이유는 그것이 두 번째 회의의 테마였기 때문인데, 세계를 하나로 보는 세계사를 구축하려고 시도하고 있는 나로서는 이 상황이 만족스러울 수 없다. '아시아'뿐만 아니라 '유럽'으로 일괄해서 부르고 있는 유라시아 서방 해항도시도 비교 대상이 되어야 한다. 유럽과 아시아는 다르다는 고정관념에서 벗어나지 못하면 현대 세계에 걸맞은 공생의 세계사 이해는 불가능하기 때문이다.

2011년 3월 12일 도쿄대학 동양문화연구소에서 영국 그리니치(Greenwich) 대학의 사라 파머(Sarah Palmer) 교수를 초대하여 해역사(海域史)에 관한 세미나를 개최했다. 동(東)일본을 덮친 대지진 다음날이었으나 많은 사람들이 참가했고 열정적으로 토론이 진행되었다. 해항도시 런던의 역사에 대해 강의한 그녀에게 위에서 제기한 내 생각을 솔직하게 전했을 때, 그녀는 그 생각에 깊게 동의하며 지금까지 그런 관점에서 런던의 과거를 파악해 본 적이 없었기 때문에 반드시 공동으로 비교연구를 하고 싶다고 했다. 이러한 것에 힘입어 나는 앞으로 전세계적 범위에서 해항도시의 문화교류에 대한 비교연구를 해 나가고 싶다. 그때는 본서의 한국어판을 읽은 한국의 연구자가 이 공동연구에 참가하기를 진심으로 기대한다.

하네다 마사시 羽田 正

들어가며

이 책은 아시아 해항도시의 역사에 대한 새로운 비교 연구 방법론을 제시한다. 이 방법론은 나와 동료학자들이 일본학술진흥회(日本學術振興會)의 재정지원을 받아 2005년 4월에 시작한 「17 · 18세기 아시아 항구도시에서의 이문화간 접촉에 대한 비교연구(Comparative studies on the cross- cultural contacts in Asian port-cities in the seventeenth and eighteenth centuries)」라는 제목의 공동연구 프로그램의 산물이다. 대학원생을 비롯한 20명 이상의 일본인 역사가들이 이 프로그램에 참여하였다. 몇 차례의 연구 모임에서 풍성한 논의를 거친 후, 우리는 2007년 10월 도쿄에서 아시아 해항도시의 이문화간 접촉을 주제로 국제 워크샵을 조직하여 우리가 발전시키고 있던 주제를 논의하였다. 우리는 해외에서 4명의 학자를 초빙하면서, 그들 각자에게 자신이 연구하고 있는 해항도시에 관한 발표문을 마련할 것을 요청했고, 이 발표문은 우리가 발전시키고 있던 여섯 가지 비교항목(서론을 보라) 중 적어도 한 가지에 기초하여 논지를 전개하게끔 했다. 워크샵은 아주 활기차고 성공적이어서 모든 참여자들이 자신의 논문을 모아 책으로 간행하는 데 동의했다. 이 책에 실린 여섯 편의 논문(바완, 블뤼세, 오드레르, 마쓰이, 멘츠, 나가시마의 논문)은 이 워크샵에 제출한 발표문을 수정한 것이다.

우리의 공동연구가 시작되기 전에 이미 라이덴(Leiden)대학의 레오나르 블뤼세는 우리 프로그램에 큰 관심을 보였다. 프로젝트가 발전하자 그는 우리에게 끊임없이 힘을 보태 주면서 광조우와 나가사키를 비교하는 국제학술대회를 광조우의 중국인 동료학자들과 공동개최할 것을 제안했다. 나는 그의 제안을 받아들였고, 2007년 12월 광조우와 마카오에서 예비 학술모임을 가졌다. 이 책에 실린 세 편의 논문(하네다, 이토, 류용)은 이때 제출한 발표문을 발전시킨 것이다. 나는 이 책에 보다 동아시아적인 시각과 풍취를 더할 수 있게 된 점을 기쁘게 생각한다.

서론은 이 아홉 편의 논문이 갖는 공동의 틀을 제시하고 아시아 해항도시에 대한 새로운 비교연구 방법론을 제안한다. 수정해야 할 점이 여전히 많이 있다는 것을 잘 알고 있지만, 이 책이 내가 제시하는 방법론이 가진 미래의 가능성을 조금이나마 보여준다고 믿는다.

나는 광조우와 마카오의 중국인 동료 학자들이 보여준 끈기 있고 열정적인 노력에 깊은 감사를 드리고 싶다. 그들은 "광조우와 나가사키 비교" 학술대회를 매우 흥미롭고 성과 높은 대회로 만들어 주었다. 먼저 중산대학의 저우시앙(周翔)과 지앙잉허(江鎣河) 박사와 마카오 문화국의 마리 이멜다 맥로드(Marie Imelda MacLeod) 씨께 특별히 감사드린다. 광조우의 네덜란드 총영사 에베르트 그루넨다이크(Evert Groenendijk) 씨는 무척 바쁜 일정에도 불구하고 학술대회 참가자 모두와의 복잡한 연락을 맡아주었고, 그 덕분에 학술대회가 성공적으로 열릴 수 있었다. 나는 그의 참을성과 배려심 그리고 정확함에 깊은 감사를 드린다.

나는 앞서 말한 두 학술대회들이 일본학술진흥회의 재정 지원 덕분에 실현되었음을 특히 언급하고 싶다. 진흥회의 적절한 지원에 깊은 감사를 드린다.

교토대학의 이와이 시게키 교수도 강력한 후원을 보내주었다. 그는 광조우와 마카오의 학술대회에 참여했고 고맙게도 우리의 공동연구 프로그램을 교토대학신문에 소개해주었다. 그가 연결해 주지 않았다면, 이 책도 결코 간행되지 못했을 것이다.

도쿄대학 동양문화연구소의 동료들에게도 진심으로 감사를 표하고 싶다. 그들은 내 요청을 관대하게 받아들여 연구소 예산의 상당 부분을 이 책의 간행에 쓰기로 결정하였다. 연구소 행정직원들의 효율적인 작업에도 감사드린다.

라이덴대학의 레오나르 블뤼세라는 이름을 다시 언급하지 않고 감사의 말을 끝맺는 것은 온당치 않을 것이다. 그는 비할 데 없는 학식과 전세계적으로 퍼져있는 개인적 인맥, 헌신적인 호의 그리고 활력 넘치는 유머감각으로 끊임없이 나를 도와주었다. 그는 우리 연구 프로그램의 공동 책임자라고 해도 결코 지나치지 않다.

하네다 마사시

차 례

서론 : 17·18세기 아시아 해항도시
비교연구의 틀과 방법

하네다 마사시(羽田 正)

세계사와 아시아 해역세계들

21세기를 시작하면서, 우리는 세계화하고 변화무쌍하며 상호 연결된 세계의 현실에 타당하고 부합하는 새로운 세계사 모델을 그 어느 때보다도 필요로 하고 있다. 어떻게 하면 강력한 유럽 중심적 시각에서 벗어나 현대 세계의 형성을 잘 이해할 수 있을까? 우리는 세계사를 바라보고 분석하고 설명할 다른 접근 방법을 주의 깊게 추구해야 한다. 이는 확실히 모든 역사가들이 면밀히 살펴야 할 중요한 문제다. 1990년대 이래 새로운 세계사의 모델과 의미는 주로 영어권 학자들 사이에 집중적으로 논의되어 왔고,[1] 이런 논의는 특히 경제사 지향적인 비교 접근 방법에 집중하였다. 이런 와중에 "해역세계(maritime world)"라는 개념[2]이 상당한 주목을 받았고, 그것이 새로운 세계사를 구성하는 틀이 될 수 있다는 데는 어떤 의심도 없을 것이다.

아시아 해항도시에 대한 이 집단 저작은 비교 연구에 기초하여 아시아 해항도시에서 일어난 이문화간 접촉의 다양한 측면들을 예증하며, 부분적이나마 17세기와 18세기 다양한 아시아 해역세계들에 대한 전반적인 윤곽을 그린다. 그렇게 하여, 본서는 새로운 각도에서 세계사를 보려는 노력에 조금이나마 기여한다.

"아시아 해역세계들"은 동쪽으로 동중국해 주위의 일본과 중국 연안 지역에서 서쪽으로 동아프리카 연안지역까지 뻗어있는 광대한 지리적 범위를 가리킨다. 그것은 동남아시아와 인도 아대륙 연안지역 그리고 아랍 해 주위의 대륙 연안지역과 거기서 두 쪽으로 뻗어나가 북서쪽으로 홍해와 걸프 만을 포괄한다. 아시아 해역세계들의 과거는 세계의 역사에 핵심적인 요소이며, 이 책의 저자들은 보다 넓은 세계사의 맥락에서 그곳에서 일어난 사건들을 검토하고 해석한다.

유럽 중심적 역사관과 결부된 한 가지 문제는 그것이 세계사를 이분법—유럽 대 비유럽—으로 제시하며 그래서 유럽사와 아시아사를 따로 설명하고 해석한다는 것이다. "유럽" 개념과 그 개념과 결부된 자유, 평등, 민주주의, 진보, 과학, 기술, 비종교화와 같은 여러 가지 긍정적 가치들은 19세기를 경과하면서 서서히 형성되었고, 그것은 오늘날에도 유럽연합이라는 정치적·경제적 실체의 건설과 함께 계속해서 진화하고 있다. "아시아", "오리엔트" 그리고 "이슬람세계"와 같은 말과 결부된 부정적 가치들은 긍정적 "유럽"의 개념화에 중요한 역할을 하였다.[3]

이 책에서 우리는 아시아를 단일한 한 실체로 보지도 않고, 유럽과 대비되는 것으로 보지도 않는다. 우리는 "아시아"와 "유럽"을 지리적인 용어로 사용하고, 두 지역을 포함하는 넓은 대륙을 가리킬 어떤 다른 표현이 없기에 그 용어들을 사용하여 논의를 전개한다. 우리는 특정 지역에 관해 얘기하기 위해 "아시아"를 몇 개의 지역들(동아시아, 서아시아, 중앙아시아 같은)로 나누지만, 이런 구분을 이 지역들의 특징들이 모두 서로 유사하다거나 그것들이 유럽과 반드시 다르다는 의미로 받아들여선 안 된다. 아시아 해역세계들에 관해서도 똑같이 얘기할 수 있고, 이것이 우리가 복수형으로 그 말을 사용하여 강조하고자 하는 바이다.

우리는 유럽에서 온 사람들을, 아시아의 여러 지역에서 온 사람들과 함께 17세기와 18세기 복수의 아시아 해역세계에서 활동한 많은 집단 중 하나로 본다. 예컨대 17세기 일본 사람들은 유럽인을 외국인으로 보았지만, 중국인이나 아시아의 다른 지역에서 온 사람들도 마찬가지로 외국인으로 보았다. 이 책의 한 가지 목적은 우리의 검토 대상인 아시아 해역세계들에서 "유럽인"과 "아시아인"을 구분하는 것이 의미 없는 일임을 보여주는 것이다. 유럽과 아시아 사이의 구분이 스스로를 유럽인으로 간주하는 사람들이 가진 자의식의 결과였다는 것을 재확인하는 것은 별 의미가 없다. 안드레 군더 프랑크(Andre Gunder Frank), 케네스 포머란츠(Kenneth Pomeranz), 그리고 다른 이들이 이미 강력하게 주장했듯이, 아시아 해역세계는 17세기와 18세기에 세계경제의 중심에 자리하였다.[4)]

이 연구에서 이용하는 "해역세계들"이라는 말은 그 중심에 바다를 가진 권역(a sphere)을 의미한다. 역사연구에서 일반적으로 보이는 바다에 대한 이해는 바다가 한 영역이나 한 나라의 주변에 위치한다거나 그것이 두 개나 그 이상의 지역을 구분한다는 것이다. 여기서는 바다가 둘 또는 그 이상의 지역을 나누는 것이 아니라 그 지역들을 한데 합치면서 연결하는 것으로 본다. 하지만 이렇게 말한다고 해서 폐쇄적이거나 동질적인 한 영역을 가정하는 것은 전혀 아니라는 점이 지적되어야 한다. 전세계적으로 상호 연결된 상업 활동을 몇몇 독립적인 부분들로 자르기보다는, 우리는 그것들을 하나의 실체로서 파악하고 이해하고자 한다.

종족적·사회적·문화적·환경적 단층들은 항상 정치적 영토와 일치하지는 않으며, 우리가 여기서 도입하는 해역세계들이라는 개념은 민족국가라는 딱딱한 틀에 비해 외부로 넓게 열려있는 느슨한 지리적 단위이다.

그것은 역사가들이 온갖 종류의 이문화간 접촉과 다양한 경제 및 문화 활동에 대한 정치권력의 영향을 검토하고 분석하고 종합해야 하는 일종의 작업장이다. 우리는 각각 특정한 특징들을 가지고 있지만 모두가 복잡한 방식으로 상호 연결되어 있으며 태평양, 지중해, 대서양 해역세계들과도 연결된 아시아 바다의 몇몇 해역세계들을 미리 가정할 수 있다. 우리는 특정한 해역세계의 연대기적 역사를 기정의 사실로 받아들이지 않는다. 이것이 또 다른 유형의 "민족국가"를 낳을 뿐이기 때문이다.

해역세계라는 틀을 이용하여 과거를 바라보는 것은 강력한 국가사(national history) 내러티브를 상대화하는 효과적인 수단이며, 사람들의 삶과 활동을 특정한 민족의 경계로 제한하지 않으면서 조명해 보는 효과적인 수단이다. 아시아사 분야에서는 이런 새로운 시각을 이용하여 중요한 성취가 이미 이루어졌다.[5] 그러나 일부 저자들은 아시아 해역세계를 단일한 지리적 단위로 다루고 그것을 지중해 해역세계와 대비시켜 아시아 해역세계에서 무엇이 일어났는지를 오로지 그 자체의 맥락 내에서만 분석하고 설명하고자 한다. 이런 의미에서 그들은 세계사 내에서 이분법적 시각을 유지하고 있다.

앙겔라 쇼텐함머(Angela Schottenhammer)는 해역세계 개념을 "해로로 서로 연결되고 관련을 맺는 이웃한 나라들을 가진 지리적·지정학적 영역 내에서 교류의 역학을 특징짓는 것으로" 이해해야 한다고 제안한다.[6] 비록 우리가 위에서 언급한 "해역세계들" 개념이 그녀의 해역세계관과 그리 멀리 떨어진 것은 아니지만, 나는 우리가 사용하는 그 말은 폐쇄적인 지리적 범위를 가정하지 않는다는 것을 거듭 말하고 싶다. 오히려 그 말은 생산적인 과학적 논의를 위한 틀이다. 게다가 우리는 해역세계에서 무엇이 일어났는지를 항상 세계사와의 연관 속에서 분석해야 한다. 그런 경우에 비교 접근 방법이 아주 유용하다.

해항도시의 비교연구가 가진 의미

해항도시는 세계의 도처에서 발견되는 일반적이고 평범한 도시 유형이다. 기차와 자동차, 항공기의 시대 이전에 해항도시는 종종 중요한 정치적 중심지였고, 지역 경제의 허브(hubs)였으며, 해외와 국내 문화들의 용광로 속에서 새로운 예술과 사상과 기술이 발전하던 장소였다. 한 해항도시는 한 나라에 속하지만, 동시에 자신과 접하고 있고 자신을 외부세계와 연결하는 해역세계에 속한다. 해항도시는 자신이 속한 나라의 지역문화를 표현하지만, 또한 그것은 외국인과 외국 문화의 존재로 인해 그 나라의 사람들에게 낯설어 보이기도 한다. 해항도시는 온갖 이문화가 교류하는 곳이며, 당연하게도 역사가들과 다른 인문과학 및 사회과학 학자들에게 커다란 관심의 대상이 된다.

아시아 해항도시에 대한 연구 분야에서, 프랑크 브뢰즈(Frank Broeze)와 그의 동료들이 이룬 중요한 연구들이 두 권의 두툼한 책으로 간행되었다. 그 두 책은 일본의 고베(神戸)와 니가타(新潟)에서 아라비아 반도의 아덴(Aden)과 지다(Jidda)에 이르는 아시아 바다 내에 위치한 수많은 해항도시의 과거와 현재를 논하고 있다.7) 다학문적 접근이 이 두 책의 특징이기에, 13세기에서 16세기까지 아덴에 대한 논문과 19세기와 20세기의 방콕에 대한 분석이 같은 책에 나란히 실릴 수 있었고, 덕분에 아시아 해항도시들의 전개 과정이 갖는 다양한 측면들과 국면들을 비교할 수 있었다. 하기야 해항도시의 선정과 검토되는 시기, 논의되는 주제들이 의미 있는 비교를 하기에는 다소 다양하고 산만한 편이기는 하다.

무라이 쇼스케(村井章介), 후카자와 카쓰미(深澤克己) 그리고 나는 최근 세 권으로 된 해항도시의 역사학적 연구를 편집했다.8) 세계 전역에서 여러 해항도시들에 대한 35개 이상의 논문을 한데 모으고 세계사에 대한 새로운 전망을 찾는 것은 대담한 일이었다. 논문들이 다루는 시기와 주제들은 엄청났다. 그 대상은 11세기의 일본 북부의 작은 항구에서 동아시아, 동남아시아, 서아시아의 여러 해항도시들을 거쳐 18세기의 런던에까지 이른다. 브뢰즈가 편집한 책들과 마찬가지로, 주제가 다 따로 놀았고 초점을 제대로 맞추지 못했다. 우리는 그것들을 일정한 논리에 따라 정리하고자 했지만, 우리의 작업이 사실은 어려웠고 늘 성공적이지는 않았다는 것을 고백해야겠다. 프로젝트를 시작하기 전에 저자들이 충분히 논의를 하고 비교 관점에 대해 의견 일치를 보는 것도 충분치 않았다.

이런 이전의 시도에 비해, 이 책에서 우리가 채택하고 있는 접근 방법은 단순하고 일관된다. 우리는 적어도 하나의 유럽 동인도회사가 요새나 공장을 세웠던 해항도시로 논의와 분석을 제한한다.[9] 그리고 모든 논문은 17세기와 18세기 동안 해항도시에서 발생한 이문화간 접촉을 다룬다. 시간 범위는, 유럽 동인도회사들이 아시아 바다에서 활동한 것이 그 두 세기 동안뿐이었기에 그 두 세기로 제한한다. 영국동인도회사(EIC)는 예외적으로 19세기 중반까지 잔존했지만, 그 성격이 1800년 이후 상당히 변화했고, 그래서 우리는 19세기 영국동인도회사와 연결된 해항도시들을 제외하였다.

이런 식으로 연구 주제를 제한함으로써 우리는 거의 같은 각도에서 각 해항도시에서 일어난 이문화간 접촉을 검토하고 분석하고 비교할 수 있었다. 역사 연구에서 비교 접근 방법의 주된 어려움은 지역 자료가 가진 성격이 다르다는 것이다. 언어상의 차이 외에, 그것들은 종종 지역 당국과 사회들의 특정한 맥락 내에서 쓰였고, 그 결과 비교할 수 있는 비슷한 자료들을 늘 제공하지는 않는다. 그러나 우리가 유럽 동인도회사들에 속한 요새와 공장을 가진 해항도시들을 검토했을 때 이런 문제 대부분이 사라졌다. 그것들은 이문화간 접촉, 즉 유럽인과 지역민 사이의 문화교섭

(cultural interactions)의 공통 특징을 공유했다. 우리가 항구들 사이에 비교를 해보고자 한 것은 바로 이런 기초에서이다. 비록 우리가 다른 집단 사이의 관계를 절대 무시하지는 않지만 말이다.

동인도회사의 배가 들렀고 그들의 대리인이 주재한 대부분의 해항도시들에 대해 동인도회사들의 풍부한 기록보관소들이 존재한다. 그리고 거기에 보존된 기록들은 동인도회사만이 아니라 해항도시마다 스타일과 질 그리고 양에서 다소 차이가 나지만, 그럼에도 각 해항도시를 비교할 수 있는 내용을 제공한다. 특정한 지점을 비교하면, 아시아 해항도시들의 공통적인 동시에 다른 특징들이 드러난다. 게다가 한 해항도시에서 발판을 확보함으로써 우리는 특정 시기에 그 후배지의 특징들을 비교하고, 그리하여 일정한 나라나 한 해역세계의 역사에 대한 새로운 상을 얻을 수도 있다. 이런 것은 우리 시대의 새로운 세계사를 서술하는 방법을 제시하는 것이다.

아시아 해항도시들의 비교 연구를 위한 동인도회사의 기록보관소

나는 위에서 적어도 17세기와 18세기 아시아의 바다에서는 유럽적인 것과 아시아적인 것을 크게 구분해선 안 된다고 강조했다. 하지만 이것이 차이가 존재하지 않았음을 의미하진 않는다. 예컨대 그 당시 유럽인이 이용한 무역 방법과 아시아인이 이용한 무역 방법이 달랐다는 것을 무시할 수는 없다. 유럽인들이 동인도회사와 같은 특별한 무역 기구를 창설하고 그 기구들과 연계하여 여러 금융장치들(잉글랜드 은행과 증권거래소와 같은)을 유지했던 반면, 아시아인들은 그와 비교할 수 있는 제도를 전혀 발전시키지 않았다. 그러나 이런 차이는 적어도 부분적으로는 지정학을 통해 설명할 수 있다. 유럽은 아시아 바다로부터 아주 멀리 떨어져 있었고 유럽인들이 상업 활동에 대규모로 참여하여 성공하기 위해서는 막대한 양의 자본을 준비해야 했다. 아시아 무역의 일정 요소들에 대한 독점권을 쥐는 주식회사는 확실히 그들에게 가장 훌륭한 장치였다. 이런 유형의 사업은, 비록 후대의 산업 기업에 모델을 제공했지만, 당시 유럽에서 아주 예외적이었다. 19세기 초까지 유럽 바다 내에서의 해외 무역 대부분은 개인적인 기반이나 가족적인 기초에서 수행되었다.[10]

무역 주식회사를 세워서 발생한 한 가지 결과는 유럽인들이 싫든 좋든 자신의 모든 활동을 다양한 문서로 기록했다는 것이다. 이런 문서들은 해양 및 상업 활동의 여러 측면만이 아니라 유럽인과 아시아 거의 모든 지역의 토착민 사이의 다양한 교섭에 대한 정보를 담고 있다. 우리의 목적을 위해선, 본국에서 나온 기록부와 함께, 그 출처가 무엇이든 상당히 비슷한 방식으로 쓴 신문과 편지, 보고서, 회계장부들이 특히 중요하다. 네덜란드동인도회사 기록보관소는 그들의 요새와 상관들이 아시아 전역에 걸쳐 산재했기에 비교 연구와 관련하여 가장 가치 있고 중요하다. 영국동인도회사 기록보관소는 그 다음으로 중요하며, 프랑스와 스웨덴 그리고 덴마크 회사들에서 나온 문서들이 그 뒤를 잇는다.

유럽인의 무역회사들 사이에 규모와 조직, 경영, 선박 운행에 있어 차이가 있다. 그리고 유럽 동인도회사들에 관심을 가진 연구자들은 지금까지 주로 유럽 회사들 사이의 차이에 집중하면서 이런 문제들에 주의를 기울였다. 결국 그들은 대개 국가사나 회사 자체의 역사라는 틀 내에서 단 하나의 회사를 다루었다.[11] 그러나 모든 유럽 회사들은 공통적인 특징을 갖고 있다. 그 회사들이 벌인 여러 활동의 최종 목적은 똑같았다. 그런 회사들은 아시아 바다에서 벌이는 상업에서 최대한의 이윤을 추구했던 것이다. 회사 직원들은 항상 이런 기대에 기초하여 행동하도록 정해졌고, 회사의 문서들은 회사의 활동을 발전시키고 이윤을 발생시키는 데 기여했다. 바로 이 점에서 우리는 모든 동인도회사의 문서들을, 물론 엄격한 텍스트 분석을 거친 후에, 한데 모아 살펴볼 수 있는 것이다.

어떤 경우 오늘날에도 그대로 남아있는 이런 기록보관소들은 여러 항구도시들에서의 이문화간 접촉을 연구하는 데 소중한 자료들을 우리에게 제공한다. 그 자료들은 우리가 수행하고자 하는 아시아 해항도시들에 대한 비교 연구 같은 것을 위해서는 아직 완전히 검토된 적이 없었다.[12] 엄청난 쪽수(예컨대 VOC[네덜란드동인도회사]의 경우만 2,500만 쪽), 언어의 차이, 지역사가들 사이에서 국가사의 틀과 주제에 대한 관심의 부족은 학자들이 대규모로 공동 연구를 조직하는 것을 막고 있었다.

물론 동인도회사의 기록보관소들은 주로 유럽인과 여러 지역의 아시아인 사이의 문화 교섭에 대해 얘기하고 있고, 일본인과 중국인, 또는 이란인과 북인도 출신 사람들과 같은 아시아 해역세계들의 지역민들 사이의 이문화간 교류에 관한 언급과 설명이 별로 없다. 비록 이것이 그런 기록보관소들이 가진 약점이지만, 빈곳은 지역 자료를 이용해 어느 정도 채울 수 있다. 예컨대 해항도시 나가사키와 일본의 외교관계에 대한 일본의 연구들은 이런 상황을 바꿀 잠재력을 갖고 있다.

나가사키와 일본의 외교관계에 대한 일본의 연구

유럽 여러 나라와의 관계가 역사 연구에서 항상 인기 있는 주제는 아닌 많은 다른 아시아 나라들의 상황에 비해, 일본 역사가들은 에도 시대(1601~1867년) 동안 일본의 외교관계에 특히 관심을 가졌고, 그 주제에 대해 여러 비중 있는 저작을 많이 축적하였다. 이와 관련하여 그들은 또 나가사키의 도시사와 지형학에도 관심을 가졌는데, 나가사키는 그 당시 외국 상인들에게 공식적으로 개방된 유일한 해항도시였다.

비록 대부분의 연구가 일본 국가사의 틀에 묶여 있고 논의는 일본사의 일반적 해석에 크게 영향 받고 있지만, 그 연구들이 역사 자료의 엄격한 비판에 기초하여 밝히고 있는 역사적 증거와 사실들은 대부분 믿을 만하다.[13] 일본에서 근대사 연구는 일본어로 충분히 발전되어 왔다. 그러므로 우리가 세계사의 맥락 속에서 이런 증거를 재분석하고 재해석하기에 충분할 것이다.

일본 역사가들이 이미 수행한 나가사키와 일본 외교관계에 대한 중요하고 흥미로운 연구들을 주의 깊게 독해한 후에, 나가사키에 관한 이런 저작들에 기초하여 아시아 해항도시들의 비교 연구를 추구하는 것이 가능성 있는 연구 방향이라는 생각이 든다. 나는 다른 아시아 해항도시와의 효과적이고 의미 있는 비교를 하기 위해 이문화간 접촉에 관한 여섯 가지 비교사항들을 정했다. 이 비교사항들 사이의 관계와 이 책에 포함된 논문들을 소개하기에 앞서, 여섯 가지 비교사항들을 간단하게 설명하겠다.

여섯 가지 비교사항

한 아시아 해항도시에서의 이문화간 접촉이 갖는 여러 측면들을 다른 해항도시와 비교할 수 있다. 다음의 여섯 가지 비교사항들은 내가 보기에 특히 중요한 것 같은데, 그 이유는 그 비교사항들이 해항도시와 해항도시가 속한 나라의 정치적·경제적·사회적 상태의 특징들을 잘 드러내기 때문이다. 이 여섯 가지 사항들은 이전에 충분히 논의된 적이 없던 흥미로운 문제들을 제기한다. 그런 정보들 모두는 새로운 세계사에 필수불가결하다.

이 책에 실린 논문들 대부분에서 이문화간 접촉에 관련한 주요 분석과 논의는 유럽인과 지역 토착민 사이의 관계에 집중한다. 동인도회사의 기록보관소 덕분에, 이런 상황은 아시아 해역세계 내의 다른 외국 사람들이 처한 상황보다 연구하기가 더 쉽다. 그러나 우리는 조심스레 그들을 예외로서가 아니라 단순히 다른 곳에서 온 사람들과 같은 외국인으로 여겨야 한다.

첫 번째 비교사항은 해항도시에서 동인도회사 소유 요새와 상관의 위치와 소유권 그리고 건축적 특징들이다. 회사는 도시의 어디든 자신의 상관을 세우도록 허락받았는가? 유럽인 자신과 지역민에게 유럽인 상관의 위치가 가지는 의미는 무엇이었는가? 도시 계획에 종족 간 격리가 내포되었는가? 상관 건물은 어떤 종류의 건축 재료, 장식, 양식을 가지고 있었는가? 유럽 양식인가, 지역 양식인가, 아니면 다른 양식들의 혼합인가? 회사는 상관 건물과 그것이 세워진 땅을 소유할 수 있었는가? 외국인은 부동산을 구입할 수 있었는가? 이 모든 문제들이 첫 번째 사항과 관련되며 비교되어야 한다. 동인도회사에서 나온 자료 외에, 지역 자료와 지도 그리고 도시계획도가 도움이 될 수 있다.

바타비아에 대한 레오나르 블뤼세의 논문과 수라트(Surat)에 대한 나가시마 히로무(長島弘)의 논문이 이 사항을 다루고 있다. 네덜란드인이 지배했고 도시를 건설하고 도시계획을 결정할 수 있었던 바타비아에서든, 유럽인들이 지역 당국의 지시에 따라 자기 상관을 건설하도록 허용 받았을 뿐인 수라트에서든, 우리는 엄격한 종족 간 격리를 전혀 발견할 수 없었다. 나가사키, 광조우 그리고 마드라스(Madras)에서는 상황이 전혀 달랐다. 나가사키에서, 네덜란드인들은 해안 바로 밖에 있는 데지마(出島)라고 불리는 작은 섬으로 제한되었고, 중국인들은 도시 밖에 위치한 토진 야시키(唐人屋敷: 중국인 거류지)라고 불린 특별 구역에서 살아야 했다. 광조우에서는 유럽인들은 무역 시즌 동안에만 도시 성벽 서쪽 편에 자리한 특별 구역에 머물도록 허가받았다. 시즌이 끝나면, 그들은 마카오(Macao)로 철수해야 했다. 쇠렌 멘츠(Søren Menz)가 묘사한 마드라스는 두 개의 다른 부분으로 이루어졌는데, 영국인 주민들이 거주했던 '화이트 타운(White town)'과 지역민이 거주했던 '블랙 타운(Black town)'이 그것이다. 이런 차이를 어떻게 설명할 수 있고, 그것이 가진 의미는 무엇인가?

두 번째 비교사항은 유럽인과 해항도시 지역 토착민 사이의 의사소통과 관련된다. 보통 통역이 지역 토착민과 외국에서 온 사람 사이의 간격에 다리 역할을 하였다. 유럽인들은 그 지역 통역자를 이용했는가 아니면 그들 나름의 언어 전문가를 양성했는가? 지역 토착정부에는 통역관직이 있었는가? 아시아의 여러 지역에서 온 사람들 사이의 의사소통은 어떻게 이루어졌는가? 통역자는 어떤 역할을 했는가? 오늘날의 통역자와 같은 역할을 했는가? 방문자와 지역 토착민 사이에 공통 언어가 전혀 없었는가? 이런 문제들은 외국에서 온 사람들에 대한 지역민과 그들 정부의 시각 및 태도와 관련된다. 한 나라 안에 살고 있는 사람들과 아시아 해항도시에 거주하는 다른 어떤 곳에서 온 사람들 사이에 명확한 구분이나 경계가 있었는가?

하네다 마사시의 논문은 이런 주제를 다루고 나가사키와 광조우 그리고 페르시아의 반다르 압바스(Bandar Abbas)에서 통역관의 지위를 비교한다. 논문은 동아시아 해역세계와 페르시아 해역세계에서 지역 토착민이 외국인에 대해 가진 태도상의 차이를 부각시킨다. 그것은 자의식상의 차이 문제라고 할 수도 있을 것이다. 필립 오드레르는 퐁디쉐리(Pondicherry)에서 프랑스 통치자들과 토착민 중개인 사이의 친밀하지만 미묘한 관계를 드러낸다. 비록 지역 토착민과 유럽인 사이에 균형 잡힌 역관계가 존재하지는 않았지만, 이런 관계는 광조우에서 유럽인과 행상(行商) 사이의 관계와 비교할 수 있을 것이고, 흥미로운 결론을 끌어낼 수도 있을 것이다.

세 번째 비교사항은 무역이 어떻게 행해졌는지 이다. 무역 방법과 다양한 절차들은 아시아 바다의 어디에서나 같지 않았다. 외국에서 온 상인들은 어떻게 지역 토착상인과 접촉하게 되었는가? 교역지의 지역 당국을 상대하는 어떤 절차가 있었는가? 상인들은 어떤 종류의 세금을 지불했는가? 지역 당국이 관련되는 한 수입 상품과 수출 상품에 어떤 제한이 있었는가? 특정한 공동체에 대한 어떤 특별한 규칙과 장치가 있었는가 아니면 외국에서 온 상인들은 모두 똑같은 방식으로 대우받았는가? 그런 문제들을 검토함으로써 우리는 각 해항도시의 관행들을 더 잘 알 수 있을 것이다. 실제로 유럽 회사의 직원들은, 유럽에서 지역 토착민과 하는 것처럼 아시아의 어느 곳에서든 자신에게 익숙한 방식으로 무역하기를 원했을 터이다. 그러나 현실은 바타비아처럼 유럽인이 전체적인 정치적·군사적 패권을 쥐고 있는 드문 장소를 제외하고, 유럽적 관행과는 다른 방식으로 무역을 해야 했다. 아시아 해항도시에서 무역이 어떻게 행해졌는지는 주로 지역 토착민의 관습과 의지 그리고 관청 사람들의 지시에 달려있었다. 바타비아에 대한 레오나르 블뤼세의 논문과 광조우의 네덜란드 상인에 대한 용(Yong)의 논문과 아울러 아유타야(Ayutthaya)의 상인들에 대한 바완 루앙스립(Bhawan Ruangslip)의 논문은 문화교섭의 이런 측면을 설명하고 묘사한다.

나가사키에 대해선, 일본인의 많은 연구들이 있다.[14] 대부분 믿을 만하지만, 그 연구들은 일본 밖의 역사가들에게는 잘 알려져 있지 않다. 나가사키와 바타비아, 광조우, 아유타야를 비교하는 이런 작업에 근거하여, 우리는 그 도시들 각각의 무역체계에서 많은 공통점들과 함께 많은 차이들도 찾을 수 있을 것이다. 불행히도 이런 종류의 비교는 일본어를 이해하는 학자들의 특권으로 남아있다. 일본인 역사가들은 자신의 저작을 외국어로, 특히 영어로 간행하여 아시아 해항도시에 관심을 가진 세계 각지의 학자들이 유효한 정보를 얻을 수 있도록 더 노력해야 한다.

네 번째 비교사항은 유럽인의 이해관계를 대표하는 유럽 회사들의 상관들과 각자 통치자의 지배를 받던 지역 토착민이 연루된 분쟁과 사고들의 법적 해결 방식이다. 당시에는 공통의 국제법이 전무했기 때문에, 그들은 사고가 발생할 때마다 매번 합의에 이르기 위해 협상하고 타협해야 했다. 지역 고유의 법이 우위에 있었는가 아니면 유럽 여러 나라의 법들이 존중 받았는가? 외국인이 지역 당국에 의해 유죄 판결을 받으면, 그는 지역민과 똑같은 방식으로 처벌 받았는가? 지역 통치자는 자신의 관할하에 있지 않은 외국인에 대한 범죄를 어떻게 판결했는가? 이런 문제들은, 근대 이전에 각 지역에 있던 법체계에 관해 보여주기 때문만이 아니라 근대 유럽의 주권과 시민권, 치외법권 개념과 관련해서도 중요한데, 이런 개념들은 후대에 아시아 각 나라에 마구잡이로 도입될 터이다. 이런 점에서 마쓰이 요코(松井洋子)가 다루는 주제 중 하나는 나가사키에서 분쟁과 대립이 해결된 방식이다.

다섯 번째 비교사항은 남자와 여자 사이의 관계, 특히 유럽인과 같은 외국인 남자와 지역 토착민 여자 사이의 관계이며, 해항도시에서 타종족 출신 부모를 가진 아이들의 사회적 지위이다. 해항도시를 방문한 외국인은 주로 남성이며, 지역 토착민 여성과의 성관계와 타종족 출신 부모를 가진 아이의 출생은 피할 수 없는 일이었다. 지역 당국이 개발한 것이든 아니면 동인도회사가 개발한 것이든 이 문제에 관한 어떤 일관된 정책들이 있었는가? 어느 쪽에서든 관계에 대한 제한이 있었는가? 이 문제에 대한 태도는 유럽 동인도회사들 사이에서도 미묘하게 다른 것 같다.

마쓰이 요코는 자신의 논문에서 나가사키의 상황을 연구하고, 토쿠가와(德川) 정부가 타종족 출신 부모를 가진 아이의 국적에 관한 정책을 변화시킨 이유를 지적한다. 그 문제를 통해 우리는 외국에서 온 사람을 대하는 지역민의 정서와 아울러 정부가 자신의 통제를 받는 사람들과 통제 밖에 있는 사람들 사이에 정한 경계의 위치를 밝힐 수 있다. 쇠렌 멘츠는 인도에서 포르투갈인과 영국인 사이에 타종족간 결혼(mixed marriage)을 대하는 다른 태도를 지적하고 지역 토착민 여성과 결혼한 영국인 남성의 미묘한 정체성을 논한다. 레오나르 블뤼세는 바타비아의 경우에 이 문제에 대한 믿을 만한 연구가 전혀 없다고 솔직하게 고백하지만, 이런 점에서 바타비아는 예외적인 곳이 아니다.15) 비록 이 주제에 대한 연구가 쉽지는 않지만, 나는 가능한 많은 아시아 해항도시에서 이런 연구를 수행하여 그 결과를 비교하면 가치 있는 결과를 얻으리라고 믿는다.

여섯 번째 비교사항은 그렇게 명확하게 초점이 맞추어지진 않지만, 사람들의 일상생활과 관련되기에 우리는 그것을 무시할 수 없다. 아시아 해항도시들에서의 문화교류들, 즉 외국의 의복, 음식, 기술, 예술 그리고 생각(종교, 사상을 포함하여)의 수용 또는 거부가 비교되어야 한다. 우리는 먼저 각 해항도시와 그 후배지에서 문화교류의 일반적 특징을 밝혀야 한다. 외국에서 기원한 어떤 것이 언제 해항도시에서 받아들여졌고 언제 거부되었는가? 외국에서 온 어떤 것이 어떻게 해항도시와 그 후배지의 사회에 침투하였는가? 문화적 혼융의 성격은 무엇이었는가? 예컨대, 우리는 기독교가 일본과 중국 같은 동아시아 여러 나라에서 거부되고 엄격하게 금지되었지만, 인도와 페르시아에서는 허용된 것을 알고 있다. 이런 차이의 이면에는 무엇이 있는가? 그런 문제에 답하면서, 우리는 한 해항도시의 사회와 문화에 대한 이해를 한층 발전시킬 것이다.

비록 체계적인 방식으로 동인도회사들의 기록보관소를 이용하진 않지만, 이토 시오리(伊藤紫織)의 나가사키와 일본에서 중국 회화의 수용과 관련한 논문이 이 문제를 다루고 있고, 아시아 내의 이문화간 교섭을 일정한 측면에서 밝히고 있다.

아시아 바다에서 유럽인의 존재는 무시할 수 없지만, 또한 우리는 이 책의 연구대상인 시대에 거대한 아시아 내부의 문화 접촉도 있었음을 간과하지 말아야 한다. 게다가 직물과 도자기를 위시한 아시아 지역에서 기원한 다양한 산물들과 디자인 그리고 삶의 방식이 당시 유럽으로 들어갔다. 세계는 진정으로 상호 연결되어 있었던 것이다.

주

1) 미국에서는 '세계사학회(World History Association)'가 1982년에 세워졌고 『세계사 저널(*Journal of World History*)』19호가 이미 간행되었다. 또 다른 중요한 학술지인『글로벌 히스토리 저널(*Journal of Global History*)』은 2006년에 런던 경제 및 정치 대학(London School of Economics and Political Science)을 통해 간행되기 시작했다. 아주 최근까지 세계사를 향한 움직임에 참여하는 데 관심을 가진 연구자들은 주로 북미 출신이거나 영국 및 오스트레일리아 같은 다른 영어권 나라 출신이었다. 그러나 그런 움직임은 세계의 다른 지역에서도 점차 기반을 다져가고 있었다. '글로벌 히스토리 및 보편사 유럽 네트워크(The European Network in Global and Universal History)'가 2002년 독일 학자들을 중심으로 세워졌고 2008년에 그 두 번째 학술대회를 열었다. '아시아 세계사학회(Asian Association of World History)'(AAWH)는 2008년 5월 4일 설립되었다.

2) 이 개념의 기원은 페르낭 브로델(Fernand Braudel)의 유명한 저작, *La Méditerranée et le monde méditerranéen à l'Epoque de Philippe II* (Paris, 1949)이다. 이 책은 후대 역사가들에게 중요한 영향을 미쳤으며, 그 이래 그의 이론을 다른 시대와 권역에 적용하려는 시도들이 이루어졌다. 그런 시도에서 나온 주요 업적은 이러하다. N.K. Chaudhuri, *Trade and Civilization in the Indian Ocean: An Economic History from the Rise of Islam to 1750* (Cambridge: Cambridge Univ. Press, 1985) ; Anthony Reid, *Southeast Asia in the Age of Commerce 1450~1680*, 2 vols. (New Haven: Yale Univ. Press, 1988, 1993) ; R.J. Barendse, *The Arabian Seas 1640~1700* (Leiden: Research Schoo CNWS, 1998) ; Yajima Hikoichi, *Kaiiki kara mita rekishi* (해양세계의 시각에서 본 역사), Nagoya diagaku shuppankai (Nagoya: Univ. Press of Nagoya Univ., 2006). 앙겔라 쇼텐함머(Angela Schottenhammer)가 주도하는 독일 학자 집단은 2002년에 「동아시아의 지중해', 1500~1800: 그 주변 나라들의 발전에서 새로운 성격('The East Asian Mediterranean', c. 1500~1800: A New Quality in the Development of its Neighbouring Countries)」이라는 제목의 연구 프로젝트를 출범시켰고, 이미 「동아시아 해양사(East Asian Maritime History)」라는 총서 제목하에 세 권의 집단 저작을 간행하였다.

3) Edward Said, *Orientalism* (Vintage Books, 1978). 이슬람세계와 관련한 관념에 대해서는, Haneda Masashi, "Modern Europe and the Creation of the Islamic World", *International Journal of Asian Studies*, 4, 2 (Summer 2007), pp.201~220을 보라.

4) Andre Gunder Frank, *Reorient. Global Economy in the Asian Age* (Berkeley and L.A.: Univ. of California Press, 1998) ; Kenneth Pomeranz, *The Great Divergence: China, Europe and the Making of the Modern World Economy* (Princeton, N.J.: Princeton Univ. Press, 2001).

5) Chaudhuri, *Trade and Civilization in the Indian Ocean* ; Yajima, *Kaiiki kara mita rekishi.*

6) Angela Schottenhammer, "The East Asian Maritime World, 1400~1800: Its fabrics of powers and dynamics of exchanges - China and her neighbours", Angela Schottenhammer (ed.), *The East Asian Maritime World 1400~1800: Its Fabrics and Power and Dynamics of Exchanges* (Wiesbaden: Harrassowitz Verlag, 2007), p.5.

7) Frank Broeze (ed.), *Brides of the Sea, Port Cities of Asia from the 16th to 20th centuries* (Honolulu: Univ. of Hawaii Press, 1989) ; Frank Broeze (ed.), *Gateways of Asia. Port Cities of Asia in the 13th~20th centuries* (London and New York: Kegan Paul International, 1997).

8) *Minatomachi no sekaishi* (세계사에서 해항도시) (Tokyo: Aoki shoten), vol.1, *Ports and Maritime Worlds*, ed. Murai Shosuke (2005) ; vol.2, *The Topography of Port Cities*, ed., Fukasawa Katsumi (2006) ; vol.3, *Living in Port Cities*, ed. Haneda Masashi (2006). 모든 논문은 일본어로 쓰여 있다.

9) 레오나르 블뤼세는 세 개의 아시아 항구도시, 즉 바타비아, 광조우, 그리고 나가사키를 대상으로 약간 작은 규모로 비슷한 시도를 이미 하였다. 그의 *Visiblie Cities* (Cambridge, Mass.: Harvard Univ. Press, 2008)을 보라.

10) Fukasawa Katsumi, *Shonin to sarasa* (상인과 사라사 무명), Tokyo daigaku shuppankai (Tokyo: Univ. of Tokyo Press, 2007), p.43.

11) 네덜란드, 영국, 그리고 프랑스 회사들에 대한 일반적인 비교 연구 몇몇은 예외이다. J.R. Bruijn, E.S. Gaastra and I. Schoffer (eds.), *Dutch-Atlantic Shipping in the 17th and 18th Centuries*, vol.1 (The Hague, 1987) ; Philippe Haudrère, *Les Compagnies de Indes orientales* (Paris: Editions Desjonqueres, 2006) ; Gérard Le Bouëdec and Philippe Haudrère, *Les Compagnie des Indes* (Rennes: Editions Ouest-France, 1999).

12) 네덜란드 기록보관소를 이용하여 아시아와 아프리카에 대한 역사 연구를 증진시키고, 네덜란드 자료와 지역 자료 둘 다를 이용할 수 있는 아시아와 아프리카계 연구자들을 양성하려는 네덜란드 학자들의 일련의 훌륭한 시도들은 드물고 눈에 띄는 예외이다. 다음 두 개의 연구교육프로그램의 웹사이트를 보라. TANAP (Towards A New Age of Partnership Programme) (〈http://www.tanap.net/〉) 과 ENCOMPASS(Encountering a Common Past in Asia) Programme(〈http://www.hum. leiden.edu/history/encompass.jsp〉). 이 책의 기고자 중 한 명인 레오나르 블뤼세가 이런 프로그램의 주도자이다.

13) 아래에 설명할 여섯 가지 비교사항과 관련하여 나가사키와 일본 외교관계에 대한 주요 저작의 목록은 다음 (일본어) 웹사이트에서 제공한다. 〈http://www.ioc.

u-tokyo.ac.jp/haneda/data-base-nagasaki.htm〉.

14) 위에서 언급한 웹상의 나가사키 연구 목록을 보라. 시마다 류토(島田龍登)는 자신이 최근 간행한 책에서 VOC의 대일본 무역에 관한 일본의 역사연구를 간단히 설명하고 있다. Shimada Ryuto, *The Intra-Asian Trade in Japanese Copper by the Dutch East India Company during the Eighteenth Century* (Leiden and Boston: Brill, 2006), pp.150~154를 보라.

15) 레오나르 블뤼세 자신이 바타비아의 고위급 VOC 직원과 결혼한 네덜란드계 일본인 여성의 일생에 대한 흥미로운 연구서를 간행하였다. 그의 *Bitter Bonds: A Colonial Divorce Drama of the Seventeenth Century* (Princeton, N.J.: Markus Wiener Publishers, 2002)를 보라.

제1장 광조우와 나가사키
그리고 인도양의 해항도시 비교

하네다 마사시(羽田 正)

적절한 요소와 대상을 주의 깊게 선정한다면, 비교는 일정한 사회나 권역의 특징에 대한 이해를 증진시키면서 비교하지 않으면 파악하기 어려운 중요하고도 흥미로운 측면들을 알 수 있게 하는 훌륭한 방법이다. 제1회 국제학술대회 '광조우와 나가사키 비교'의 주된 목적은 특정 시기 동안 광조우의 역사와 나가사키의 역사를 비교하는 것이었다. 그렇지만 필자는 이 논문에서 이런 비교에 더해 그보다 더 넓은 범위의, 즉 동아시아 해역세계(광조우와 나가사키를 포함하는)와 인도양 해역세계를 비교할 것이다.

필자는 먼저 유럽인과 토착 지방민 사이에 의사소통을 할 때 반드시 필요한 통역관의 역할과 특질을 논하고 나가사키의 사례를 광조우의 사례와 비교할 것이다. 또한 필자는 유럽인 남성과 지방 토착민 여성에게서 태어난 혼혈 아동의 지위도 잠시 살펴볼 것이다. 그 후 한편으로 나가사키와 광조우, 그리고 다른 한편으로 페르시아의 반다르 압바스(Bandar Abbas)*

---

* 페르시아만 호르무즈 해협에 위치한 이란의 대표적인 해항도시. 16세기 포르투갈의 지배를 받았다가 이란 사파비 왕조의 압바스 1세가 영국과 협력하여 포르

의 상황 속에서 그 차이점들을 보여줄 것이다. 논의의 초점은 대외 무역에 대한 국가의 태도가 될 것이다. 그 결과 대외 무역의 국가 통제에 관한 나가사키와 광조우가 보다 광의적인 차원에서는 유사했다는 것을 보여줄 것이고, 일본사회와 중국사회의 역사 발전을 같이 놓고 다루는 것이 얼마나 효율적인지를 입증할 것이다.

나가사키의 통역관

일본에서 상업에 종사할 권리를 가진 유일한 유럽계 회사였던 VOC(네덜란드동인도회사)와 일본 당국 사이의 중재자로서 활동한 나가사키의 통역관들(長崎通事)에 대해선 일본어 저작이 몇 권 있다. 무엇보다 마쓰이 요코(松井洋子)의 최근 논문[1]은 네덜란드어 통역관(オランダ通事)에 관해 지금까지 이루어진 중요한 작업 전체를 논하면서, 나가사키에서 활동한 통역관들의 특징과 역할뿐만 아니라 18세기로의 전환기 무렵 확고하게 확립되었던 통역관제도의 전개과정도 보여주고 있다. 다음은 토쿠가와(德川) 정부가 직접 통제하던 나가사키의 통역관들과 관련된 문제들을 아시아의 다른 해항도시들에서 보이는 문제들과 비교하고자 할 때 주목해야 하는 주된 논점들이다.

(1) 외국인이 처한 상황: 원칙상 외국인이 일본어를 배우는 것을 금지하였다. 그들이 일본 땅에 사는 것도 금지하였다. 그 결과 네덜란드 무역상들은 나가사키 도시 경계 바로 밖에 위치한 데지마(出島)라고 불리는 작은 인공섬에 격리되어 체류했다.

투갈을 몰아내었다. 18세기까지 무역항으로 번성했다.

(2) 통역관을 둘러싼 상황: 오로지 일본 쪽에서만 네덜란드어로 의사 전달을 할 수 있는 통역관을 제공했다. 나가사키의 법과 질서 그리고 외국인과의 무역을 책임지는 관리인 나가사키 부교(奉行)*가 통역관을 고용했다. 그들은 모두 일본의 지방 토착민이었다. 이론적으로 말해, 그들은 부교쇼(奉行所), 즉 나가사키 지방 정부의 직원이었다. 그들의 사회적 지위는 무인(サムライ)이 아니라 민간인(町人)이었다.

(3) 통역관의 수입: 통역관은 임금만이 아니라 무역 현장에서 얻는 수수료로 소득을 얻었다. 그 외에 통역관은, 공식적인 가격 협상이 시작되기 전의 가격으로 수입품의 일정 비율을 구매할 수 있는 우선권을 가졌다.

(4) 통역관직과 그들 내부의 위계: 17세기에서 18세기로의 전환기를 전후하여 통역관의 위계가 형성되었다. 위계의 정점에는 2명의 통역 감독관(通事目付)과 4명의 상급 통역관(大通事)이 있었고, 그 아래에는 4명의 보좌 통역관(小通事)과 11명의 견습 통역관(稽古通事)이 있었다. 또 다른 범주의 하급 통역관(內通事)이라 불리는 통역관들이 있었는데, 이들은 데지마에서의 일상생활 속에서 네덜란드인과 일본인 사이에 필요한 우발적인 의사소통을 다루었다. 두 통역관 집단들 사이에는 격차가 있었다. 하급 통역관은 원칙상 상위 범주의 가장 낮은 수준인 견습 통역관으로 올라갈 수 없었다. 통역관직은 종종 세습되었다. 그래서 통역관들은 자기 직업을 바꿀 권리가 전혀 없었다. 아들이 자기 아버지의 지위를 계승했던 것이다. 아들에게 언어적 재능이 전혀 없다면, 그 가문에서 네덜란드어를 잘 아는 남자를 양자로 삼아 양아버지의 지위를 계승시켰다.

(5) 통역관의 수: 네덜란드와 일본 간의 무역 자체는 점차 줄어들었지만, 통역관 수는 시간이 가면서 늘어났다. 1750년에 44명의 통역관이 있었

---

* 가마쿠라(鎌倉) 시대 이후의 행정 · 재판 사무 등을 담당하는 무사의 직명. 특히 에도시대에 막부가 나가사키를 직할 통치하면서 지방관으로 파견했다.

으며, 1822년까지 55명이 상위 범주에 속했다.

  (6) 상위 범주 통역관들이 하는 일은 이런 것들이었다.

    (a) 청중과 손님을 위한 통역.

    (b) 부교에서 나온 칙령과 네덜란드인들이 제기하는 고소장, 그리고 네덜란드인들이 당국에 보내는 청원서 및 보고서 같은 다양한 종류의 문서들의 번역.

    (c) 네덜란드인들의 무역과 데지마 생활의 여러 측면에 관련된 다양한 종류의 문서 제작. 예컨대, 새로 도착한 배가 실제로 네덜란드 배라는 증명서, 선원 명단, 네덜란드 배에 선적한 상품의 목록, 데지마에 하역한 상품 목록 등이다.

    (d) 네덜란드인들과 여러 수준의 일본 당국 사이의 협상 시 이를 중재하는 일. 그들의 역할은 단지 말을 옮기는 것만이 아니었다. 그들 자신이 중재와 관련된 여러 문제들을 논하였고 종종 타협안을 제시했다.

    (e) 네덜란드인들이 금지된 사항들을 위반하지 않도록 데지마의 네덜란드인들을 감시하는 일.

    (f) 온갖 종류의 정보를 네덜란드인들에게 전달하는 일.

    (g) 네덜란드인들이 에도(江戶)로 가 쇼군(將軍)*을 알현할 시 그들을 돌보는 일.

---

* 본래 명칭은 세이이타이쇼군(征夷大將軍)으로, 가마쿠라 시대에 미나모토노 요리토모(源賴朝)가 일본 천황으로부터 이 직책을 임명받으면서 막부의 수장이자 동국 무사단의 동량을 가리키는 말이 되었고, 이 직책은 무가 동량 가문이 대를 이어 계승하는 경향이 생겼다. 형식적으로는 일본 천황에 의해 임명된 신하이지만, 이미 조정을 통제하고 무가를 거느리는 일본의 실질적 통치자를 의미하는 직책이 되었으며, 외국에서는 세이이타이쇼군을 통상 국왕으로 간주하였다. 에도 시대까지 최고 권력자의 직책으로 존재했으나, 메이지 유신 이후 폐지되었다.

에도 시대의 통역관은 몇 가지 점에서 현대의 통역관들과 달랐다. 통역과 번역이 분명 그들이 해야 할 가장 중요한 일에 속했지만, 그밖에 그들은 대네덜란드 무역과 관련한 온갖 문서를 제작했고 네덜란드인들의 일본 체류와 관련된 모든 측면에 관여했다. 그들은 종종 협상자 역할도 했다. 네덜란드 자료에는 그들을 "톨크(tolk)"*라고 부르고 있으며, 영어로는 "외국어 능통자(linguists)"라고 불렀다. 이 글에서는 혼동을 피하기 위해 "통역관"이라는 용어를 쓰고 있지만, 그 의미를 현대의 통역관과 같은 것으로 이해해선 안 된다.

다시 말하면, 통역관들은 모두 일본인이었고 VOC가 고용한 것이 아니라 일본 정부가 고용하였다. VOC는 통역관을 고용할 권리가 전혀 없었다. 일본 정부는 통역관을 이용하여 나가사키에서 이루어지는 대외 무역의 모든 측면과 외국인들의 활동을 통제하고자 하였다. 통역관들은 네덜란드인들을 주의 깊게 관찰하다가 이상 행동이 보이면 무엇이든 부교쇼에 보고하도록 했다.

나가사키의 다른 외국인 집단인 중국인들도 중국어를 전문적으로 구사하는 통역관들(唐通事)을 통해 관리되었다. 이들은 도시의 서쪽 끝에 그들을 위해 특별히 지정된 지역에서만 지내야 했다. 일본 정부는 자신이 외교 관계를 주도하기로 단단히 마음먹었던 것 같다. 외국인에 대한 그런 조치는, 일본인과 그들 정부가 그들 자신(국내에 살고 있는 일본인)과 외국인(밖에서 온 사람들) 사이에 차이가 있다는 의식을 갖고 있지 않았다면 불가능했을 터이다. 그들은 네덜란드인과 중국인들을 자신과 다른 외국인으로 인식했다. 이것은 다른 해항도시의 상황과 비교해 봐야 할 아주 중요한 사항이다.

---

* 네덜란드어로 통역자를 뜻한다.

광조우의 통역관

광동 시스템이 기능했던 1755년에서 1842년까지 광조우의 통역관들에게서 보이는 특성을 요약해 보도록 하자. 이 부분에서는 파울 반 다이크(Paul Van Dyke)가 최근 간행한 저작2)을 이용할 것이다. 나가사키와 달리, 광조우에는 영국과 네덜란드, 프랑스, 스웨덴, 덴마크 그리고 뒤에는 미국과 같은 여러 국적의 배들이 들어왔다. 이런 사정은 당연히 통역관의 이용과 관련하여 상황을 복잡하게 만들었다. 1730년 무렵까지 광조우에서 흔히 사용한 서양어는 포르투갈어였지만, 그 후 피진 영어(pidgin English: 엉터리 영어와 여러 언어들의 혼용)가 퍼졌다. 이 외에 지방어인 광동어와 관화(官話)* 역시 필수적이었다. 광동의 통역관이 가진 특징을 분석할 때 다음의 논점들이 중요하다.

(1) 외국인이 처한 상황: 외국인이 중국어를 배우는 것은 금지되었다. 중국인이 체계적으로 외국어를 익히는 것도 허용되지 않았다(광조우에는 외국어학교가 없었다). 유럽인들에게는 광조우 도시 성벽 밖에 그들에게 특별히 할당된 지역 내에서만 살 수 있게 허용하였다. 그들은 무역을 하는 기간 동안만 거기서 머물 수 있었고 일단 거래가 완료되면 마카오로 돌아가야 했다.

(2) 통역관을 둘러싼 상황: 통역관은 정부 관리가 아니었지만, 청 정부에서 발급하는 허가증이 필요했다. 통역관은 중국인이었고 호포(海部)** 의 동의 없이 일을 그만두거나 직업을 바꿀 수 없었다. 통역관이 관리가

---

* 관화는 중국어의 방언 중 하나로, 북방어(北方語)라고도 하며, 중국에서 매우 광범위하게 사용되고 있다. 서양에서는 보통 만다린(Mandarin)이라고 한다.
** 광동세관 월해관(粵海關) 감독(監督).

아닌 것은 사실이었지만, 그렇다고 정부의 통제로부터 자유로운 것도 아니었다. 나가사키와 달리, 유럽계 회사들이 자기 나름의 통역관을 두는 것이 불가능하지는 않았지만, 중국의 지방 관청은 분명 이를 좋아하지 않았다. 통역관들은 무엇이든 정확히 옮길 수 있는 능력을 갖추도록 요구받지는 않았는데, 복잡하지 않은 언어인 피진 영어만을 할 수 있었기 때문이다. 이런 사실은 중국의 행정관들이 상업을 수행하기 위해 필요한 만큼만 외국인과 접촉하고 그들 말을 이해하고자 했음을 보여준다.

(3) 통역관의 수입: 통역관들은 모든 배들이 내었던 계약료와 상품의 수출입에 대한 수수료 그리고 보수에서 소득을 얻었다.

(4) 통역관의 수: 통역관 수는 2명에서 5명까지 달랐다. 매년 두 척의 네덜란드 배만이 입항했던 나가사키의 경우와 비교하면, 광조우의 통역관 수는 너무 작은 것 같이 보인다. 이는 얼마간 외국인에 대한 정부의 태도상에서 나타나는 차이 때문일 수 있지만, 이제 논하듯이, 더 중요한 이유는 광조우의 통역관이 수행한 일의 방식이 나가사키의 경우와 약간 달랐기 때문이다.

(5) 통역관이 하는 일: 나가사키 부교의 지휘를 받는 정부 직원이었던 나가사키의 통역관에 비해 광조우의 통역관들은 보다 자율적이었던 것 같고 자기 일을 보다 효율적으로 수행하기 위해 일종의 길드를 구성했다. 한 통역관은 2명의 조수와 5 내지 6명의 사무를 두었다. 그들 조직은 고객의 거래가 원활히 이루어지는 데 필요한 온갖 일들을 수행할 수 있었다. 고객을 대신해 주강(珠江)을 거슬러 올라 황푸(黃埔: 광조우 시 외곽 강의 하구에 있던 서양 선박이 정박하던 항구)로 갈 수 있는 허가증을 얻고, 황푸에서 광조우로 상품을 옮길 삼판선(sampan)*과 일꾼들을 고용하고, 관세 관련 문서들을 준

---

* 삼판(舢舨)은 비교적 바닥이 평평한 중국식 나무배이다. 보통 3.5 내지 4.5m 길이로, 강에서 수송용으로 쓰이며, 고기잡이용으로 쓰이기도 한다. 주로 근해에서

비하고, 외국인 대신 관세를 내고, 광조우에서 일꾼을 고용하고 그들에게 임금과 팁과 각종 수고비를 주는 일들이었다. 통역관과 그의 조직이 돕지 않으면, 유럽 회사들은 무역을 수행할 수 없을 터였다. 그런 조직들의 수가 아주 제한되었기에, 때로는 한 통역관이 한 번에 10척 이상의 선박 관련 업무를 맡기도 하였다. 유럽 회사들에게는 사실상 통역관을 선택할 수 있는 여지가 없었다.

위에서 보았듯이, 나가사키의 통역관이 처한 상황과 광조우의 통역관이 처한 상황에는 차이가 있다. 광조우의 통역관들은 정부 직원이 아니었지만, 나가사키에서는 지방 정부가 통역관을 고용했다. 나가사키 통역관의 조직은 보다 체계적이었던 것 같고, 통역관에 대한 정부의 정치적 영향력과 압력이 분명 더 강했다. 일본인 통역관의 언어 능력은 때로는 훌륭했다. 엥겔버트 캠퍼(Engelbert Kaempfer)*의 유명한 일본에 대한 설명을 옮기면서 쇄국이라는 말을 발명한 것은 나가사키 통역관 중 한 명이었다. 광조우에서는 결코 그런 일이 일어난 적이 없었다.

그렇지만 두 해항도시의 통역관들을 둘러싼 상황에서 보이는 공통적인 측면들도 주목해야 한다. 우선, 두 경우 모두 통역관들은 지방 토착민이었다. 둘째, 통역관은 전문 직업인이었지 상인은 아니었다. 셋째, 통역관은 정부에서 고용한 사람이거나 정부의 허가를 받아 일했고 유럽 회사들과 어떤 특별한 관계도 맺지 않았다. 광조우에서 외국인에 대한 중국의 통제는 일본보다 광범위하지는 않았던 것 같다. 그렇지만, 중국 관헌이

사용했다.
* 1651~1716. 독일의 박물학자이자 의사로 1683년과 1693년 사이에 러시아, 인도, 동남아시아, 일본 등을 여행했다. 그의 사후에 간행된 『일본사(History of Japan)』는 18세기 내내 일본에 대한 서구인의 지식의 주된 원천이었다.

외국인들을, 특히 서양인들을 지방 토착민과 구분하고 그들의 활동을 통제하고자 한 것은 분명하다. 페르시아 만 지역에 있는 반다르 압바스에서 활동한 통역관들을 검토해 보면, 이런 공통적 특징이 의미하는 것이 무엇인지를 더 잘 이해할 수 있을 것이다. 하지만 그에 앞서 나가사키와 광조우의 혼혈 아동이 처한 상황이 어떠했는지를 검토해 보자.

나가사키와 광조우의 혼혈 아동

토쿠가와 정부는 외국인들이 특별히 외국인 거류지로 정해진 곳에서 살도록 강제한 이후부터, 네덜란드인과 중국인들이 나가사키에서 일본 여성과 관계를 가지는 것을 엄격하게 금지했다. 네덜란드인과 중국인들은 마루야마마치(丸山町)와 요리아이마치(寄合町) 같은 특별한 유흥 구역 출신의 직업여성(遊女)하고만 내밀한 관계를 맺을 수 있었다. 이런 여성들에게는 특별히 외국인 거류지로 들어가는 것이 허용되었다. 그 결과 혼혈 아동은 대부분 그런 여성들에게서 태어났다. 마쓰이 요코에 따르면, 직업여성이 외국인 거류지로 들어가 네덜란드인이나 중국인과 관계를 맺을 수 있게 허용한 것은 그녀들이 일본의 가구(家: 이에) 체계 밖에 있었기 때문이었다. 그렇지만 많은 직업여성들이 자기 부모와의 인연을 유지했고 종종 계약이 종료되면 부모의 집으로 돌아갔다는 것을 강조해야 한다.

1715년 나가사키 부교는 직업여성과 그들의 친지들이 혼혈 아동의 출생을 예외 없이 관헌에 보고하도록 명령하는 훈령을 포고했다. 사람들은 아이의 출생을 10살까지 비밀로 할 수도 있었다. 훈령은 직업여성이 네덜란드인이나 중국인과 사이에 아이를 낳고 아버지가 나가사키에 머무는 동안 한 가족으로서 같이 살도록 허용하는 것이 상당히 통상적이었다고 강조했다. 우리가 볼 때 중요한 것은 훈령이 아버지가 본국으로 돌아갈 때 아이들을 데리고 가는 것을 금지한 것이다. 정부는 혼혈 아동을 자신의 통제하에 두려는 명백한 의도를 가지고 있었다. 혼혈 아동은 분명 정부에 의해 일본인이며 "내지" 사람으로 간주되었다. 관련 연구가 명확히 밝히고 있는 한에서 보면, 1715년 이후 외국인들은 나가사키에서 태어난 자기 아이를 해외로 데리고 갈 수 없었다.(실제로 이것은 혼혈 아동에 대한 토쿠가와 정부의 정책상에 일어난 중요한 변화이다. 17세기 전반에는 정부가 기독교의 위협 때문에 유럽 남자와 일본인 여자 사이에 태어난 아이를 마카오와 바타비아로 추방하였다.)

따라서 이 글에서 검토하는 시대의 초기(1730년)에 적어도 정부 수준에서 일본인과 외국인을 명확히 구분하는 의식이 존재하고 있었음을 확인할 수 있다. 그리고 에도 시대 말까지 어떤 변화도 없었던 것 같다.

광조우의 경우, 이 문제에 대한 정확하거나 신뢰할 만한 근거자료를 전혀 찾을 수 없었다. 파울 반 다이크는 특히 외국인이 이용하도록 주강을 따라 자리 잡은 "화선(花船)"의 존재를 지적한다. 그렇지만 그는 혼혈 아동의 문제를 상세히 논하지는 않는다. 청 정부가 혼혈 아동을 어떻게 다루었는지와 광조우 사회에서 그들의 지위가 어떠했는지에 관한 정보가 있다면 그것은 극히 유용할 것이다. 그럼에도 청의 관헌들이 서양인과 지방 토착민 사이를 명확하게 구분한 것을 보면, 유라시아인과 지방 토착민 사이를 일정하게 구분하지 않았을까 추정해도 틀림없을 것 같다.

반다르 압바스의 통역관과 혼혈 아동

필자는 이미 17세기와 18세기 페르시아의 가장 중요한 해항도시인 반다르 압바스의 통역관들에 대해 일본어와 서양어로 쓴 두세 편의 논문을 제출하였다.[3] 다음은 현재 논의가 되는 문제들과 관련한 주된 논점들이다.

(1) 외국인이 처한 상황: 외국인이 페르시아어나 페르시아 지역의 다른 지방어를 익히는 것에 어떤 제약도 없었다. EIC(영국동인도회사)는 자기 직원들 일부에게 페르시아어를 익히도록 권장하였다. 사파비 왕조(Safavid dynasty)* 정부(1722년 무너질 때까지)나 그 계승자인 아프가니스탄 정부는 통역관을 체계적으로 유지하지 않았다. 원칙상 외국인 방문자가 정부와의 원활한 의사소통을 돕기 위해 통역관을 제공했다. 그러므로 유럽 회사들이 페르시아 정부와 여러 정치적·상업적 문제들을 교섭할 때 통역관이 필요했다. 외국인들은 왕이 허용하면 어디서든 살 수 있었고 유럽인들이 이스파한(Isfahan)** 시내의 집을 구입했음을 보여주는 여러 단편적인 증거가 남아 있다.

(2) 통역관을 둘러싼 상황: EIC와 VOC 두 경우 다 이들을 위해 일하는 통역관 대부분은 아르메니아계 기독교도였다. 그들은 유럽 회사들에 고용되었지만, 페르시아 정부의 신민이었다. 유럽인들은 자신들과 일하고자 하는 의욕을 북돋우기 위해 아르메니아인 통역관들에게 일정한 특권을 얻어다 주곤 했다. 예컨대 EIC는 자기 통역관들에게 인두세(jizya)를 면제해 주도록 사파비 왕조 정부에 요청했는데, 그들은 원칙상 무슬림 국가에 살고 있는 이교도로서 인두세를 내야 했다.

(3) 통역관의 수: EIC와 VOC 둘 다 단 한 명의 통역관을 두고 있었다. 비록 그보다 낮은 계급의 통역관들이 몇 명 더 있었지만 말이다.

---

* 1501년에서 1736년까지 이란 지역을 지배한 시아파 이슬람 왕조. 사파비 왕조 시대에는 네덜란드, 프랑스, 영국 등 여러 나라가 페르시아의 비단을 얻고 오스만 제국에 대해 공동 전선을 펴기 위해 친분 관계를 맺었다. 또한 인도 동쪽 식민지와의 연락을 확보하기 위해서도 우호 관계를 맺었다. 1722년 아프카니스탄에 의해 수도가 점령되면서 쇠퇴했지만, 왕통은 1736년까지 이어졌다.

** 테헤란 남쪽 이란고원에 위치한 아름다운 도시로, 10세기 이래 교통 요충지로서 번성하였다. 사파비 왕조하에서는 수도로 정해졌다.

(4) 통역관이 하는 일: 통역관은 통역을 하는 사람일뿐 아니라, 나가사키와 광조우의 통역관들처럼 협상자이기도 했다. 그들은 또한 "외국어 능통자"라고 불리기도 했다. 하층계급의 통역관 외에, 인도인 중개인들도 상업 활동의 모든 단계에서 의사소통에 활발하게 참여했다. 상층계급의 아르메니아인 통역관들은 보다 정치적이고 외교적인 문제들을 맡았다. 필자는 전에 1728~1729년 반다르 압바스의 네덜란드 상관장이 아프가니스탄 정부의 지방 관리에게 체포되고 그 결과 아프간인과 네덜란드인 사이에 무장 분쟁이 발생했을 때 중재자로서 EIC의 통역관이 맡았던 중요한 역할을 부각시킨 적이 있다. 아프간인들이 네덜란드인 상관장을 체포했을 때 반다르 압바스에 있지 않았던 네덜란드 상관의 통역관은 반다르 압바스로 돌아오자 네덜란드 상관으로 몸을 숨겨 아프간인의 수색을 간신히 모면하였다. 사실 아프간인과 네덜란드인 간의 알력이 발생한 이유도 반다르 압바스에서 7마일 떨어진 호르무즈(Hormuz) 섬*에 대한 양도 협상 때문이었는데, 네덜란드 통역관은 아프가니스탄 정부의 동의 없이 그 일을 수행하였다.

(5) 통역관의 수입: 현재 통역관이 유럽 회사들로부터 고정 임금을 받았는지 여부는 불확실하다. 그렇지만 임금을 받았다할지라도, 그것이 통역관의 주된 수입은 아니었을 것이다. 통역관은 유럽 회사들과 지역 정부 사이에 통역자와 중재자로서 그 회사들을 위해 일정한 역할을 해 주었다. 이런 협력 대신에 그들은 인두세 면제와 일부 수입품 구입의 우선권, 그리고 유럽 선박 선창의 이용권과 같은 일정한 특권을 얻었다. 통역관들이 기대한 것은 임금이 아니라 그러한 특권과 유럽 회사들의 네트워크를 이

---

* 페르시아 만의 입구 호르무즈 해협 북쪽에 있는 이란의 작은 섬. 1507년 포르투갈에 정복당해 포르투갈의 요새가 있었고, 1622년 영국과 사파비 왕조 연합군에 의해 탈환되었다.

용하여 수행하는 사적 무역에서 그들이 얻는 이윤이었다. 사실 아르메니아인 통역관 자신이 상인들이었다. 그들은 자기 이익을 위해 무역에 종사했다. 그들은 자신의 대상(隊商)을 조직했고, 이란 고원과 페르시아 만 지역의 중요 도시들에 대리인을 파견했으며, 독자적으로 중요한 무역 정보들을 수집했다. 그들은 종종 그러한 정보를 유럽인들에게 전달했다. 그들은 부유했던 것으로 보이며, 18세기 초에는 네덜란드어 통역관이 네덜란드 상관 바로 옆에 넓은 저택을 가지고 있었다.

혼혈 아동과 관련해선, 많은 유럽인 남성들이 나가사키와 광조우의 경우처럼 지역 토착민 여성들과 성관계를 가졌음이 확실하며, 거기서 아이들이 태어났으리라는 것은 충분히 예상할 수 있다. 일정하게 차별이 있었을 수도 있지만, 전승 자료에서는 이에 대한 분명한 증거를 전혀 찾을 수 없다. 사실 반다르 압바스 사회에서는 내지인과 외지인을 구분하는 것이 불가능하다. 다른 종족과 문화들의 주변에서 살아가는 사람들에 대한 증거가 상당히 많이 남아 있다. 예컨대 한 프랑스 선장은 그 지방의 선박을 이끌고 있었고, 원래 바니아인(Banyan: 북서 인도 출신의 힌두 상인)이었던 한 무슬림 개종자는 성 수비대장이 되었으며, 사파비 왕조 왕자 행세를 하던 사람 휘하에 있던 한 프랑스인 군사지휘관과 네덜란드인 탈영병들은 사파비 왕조 궁정을 위해 일하던 포르투갈인을 개종시켰다. 이 밖에도 여러 증거가 있다.

반다르 압바스에 살던 수많은 종족 집단을 구성했던 터키인과 아프간인, 그루지야인, 아르메니아인, 유대인, 아랍인 그리고 이란인들은 도시 내에서 함께 살았다. 종교 집단 역시 아주 복잡했다. 수니파 무슬림과 시아파 무슬림, 유대인, 아르메니아 정교회와 그루지야 정교회 신도들, 가톨릭과 프로테스탄트 기독교도, 힌두교도 등이 있었다. 그런 다층화된 사회에서, 혼혈 아동이 심각한 문제를 야기할 수는 없었을 것이다.

동아시아 해항도시의 두 가지 특징

반다르 압바스의 통역관 및 혼혈 아동과 관련된 문제를 논하다보니, 동아시아의 두 해항도시 나가사키와 광조우가 지닌 두 가지 흥미로운 특징을 지적할 수 있겠다. 이는 반다르 압바스가 지닌 특징과 아주 뚜렷하게 대비된다.

(1) 동아시아의 두 해항도시에서는 외국인의 활동, 특히 서양인의 활동이 엄격하게 통제되었는데, 이는 내지인과 외지인을 명확하게 구분했기 때문이다. 그것은 나가사키에서 더 분명하고, 광조우에서는 그만큼 분명하지 않지만 그래도 거기서도 구분은 존재했다. 통역관은 내지인과 외지인 사이에 위치했고 두 측 사이를 중재하는 일을 했다. 그렇지만 반다르 압바스에서는 지방 토착민과 외국인 사이에 명확한 구분이 전혀 없었다. 예컨대, 아르메니아인 통역관들은 사파비 왕조 정부의 관할하에 있었다는 점에서는 지방민이었지만, 유럽인들에 의해 고용되었고 인도와 동남아시아 그리고 유럽에 있는 그들의 동료 및 친지와 자신들을 연결하는 네트워크를 가지고 있었다. 이런 점에서 그들은 외지인이라 불릴 수 있었다. 반다르 압바스에서는 일부 인도 상인들도 이익을 좇아 일하였고 유럽 회사들을 위해 중개인으로 일하였다. 북서 인도 출신이었지만 그들은 일정 기간 동안 반다르 압바스에서 살았고 그곳의 경제활동에 통합되었다. 그들은 내지인으로도 외국인으로도 규정할 수가 없다. 따라서 종족성이나 종교가 이곳의 내지인과 외지인을 구분하는 지표가 될 수 없다.

(2) 동아시아의 두 해항도시에서는, 정부가 외국 무역을 엄격하게 통제

했지만, 정부 스스로 교역하거나 무역에서 직접 이익을 얻지는 않았다. 정부가 외국 무역을 통제한 이유는 안보와 사회 안정 그리고 국가(国家; kokka, goujia) 번영과 연관되었던 것 같다. 정부 측에서 보인 이런 태도는 근대 주권 국가가 가진 태도와 상당히 비슷하다. 반대로 반다르 압바스에서는, 사파비 왕조 정부가 외국 무역 전체를 통제할 의도가 거의 없었다. 반다르 압바스에서 관세 징수는 종종 신하들에게 징세청부되었고 정부는 관세로부터 고정 액수를 받는 데 만족했다. 왕실 자신이 때로는 다른 군주 및 상인들과 경쟁하면서 무역을 하였다. 여기서는 같은 시기 동안 동아시아에서 보이는 것과 같은 일종의 "주권국가"의 존재를 전혀 찾을 수 없다. 이는 사파비 제국이 약해서 힘이 없었기 때문이 아니었다. 사파비 제국은 그 당시 세계에서 가장 강력한 국가 중 하나였기 때문이다. 그것은 단지 해양무역에 대해 정부가 가진 태도상의 차이 문제일 뿐이었다. 사파비 왕조와 인도양 해역세계의 다른 정치세력들은 '자유방임(laissez-faire)' 정책을 채택했던 반면, 동아시아 해역세계의 나라들은 해양 무역의 상업 활동을 엄격하게 통제하고자 했던 것이다.

이 특별한 두 가지 특징이 오래 전부터 존재했던 것이 아니라는 것은 주목할 만하다. 16세기와 17세기 초의 일본 해항도시들에서는 완전히 다른 상황이 펼쳐졌다. 아라노 야스노리(荒野泰典)의 연구4)를 통해 이 시대의 상황을 살펴보자. 그는 큐슈 서쪽 끝단에 있던 해항도시 히라도(平戸)를 '쇼민조쿠 작쿄'(諸民族 雜居; 다종족 주민이 함께 살던 도시)라고 부르고, 중국인과 조선인, 스페인인, 포르투갈인 그리고 영국인이 일본 지방민과 함께 나란히 살았다고 지적한다. 중국인, 조선인, 스페인인, 스코틀랜드인 그리고 일본인 통역관들이 1613년과 1623년 사이에 히라도에서 활동했던 EIC 상관에서 일했으며, 말레이어와 포르투갈어, 스페인어 그리고 일본어가 거기 살던 사람들의 공용어로 사용되었다. 게다가 중국 문서들이 여전히 이용되고 있었다. 아라노는 통역관의 다종족성을 강조하고 그들이 상인이며 때로는 자신을 위해 무역을 했다고 말한다. 따라서 17세기 전반에 일본 열도에서 격심한 정치적·사회적 변화가 일어났었다고 결론지을 수 있다. 그때 무슨 일이 일어났었는지는 익히 알려져 있지만, 그 이유가 무엇인지에 대해선 아는 바가 없다.5) 해양무역에 대한 정부의 엄격한 통제는 동아시아 역사의 맥락 내에서는 아주 자연스러운 일이었던 것 같다. '해금'(海禁) 정책은 명조 시기에 이미 존재했고, 17세기 중반의 청조도 유사한 정책을 시행했다. 일단 해양무역에 대한 전혀 다른 태도가 남아시아와 서아시아에 존재했다고 이해한다면(인도양 해역세계의 다른 정치세력의 정책을 살펴볼 여유가 없지만, 페르시아의 사례는 예외적인 것이 아니었다), 국가가 해양무역에 개입하고 그것을 통제하는 것이 동아시아의 특징이라는 것을 인정해야 할 것이다. 아시아 여러 지역의 정치 세력을 가리키기 위해 "국가"라는 같은 말을 사용하지만, 그 성격은 같지 않을 수도 있는 것이다.

주

1) Matsui Yoko, "Edo-jidai Deshima hiokeru Nichiran-kankei-no Ninaitetachi (에도 시대 데지마의 일본·네덜란드 관계를 책임진 사람들)", in *Yūrashia-niokeru Bunka-no Kōryu-to Tenpen* (유라시아의 문화교섭과 통역), ed. Haneda Masashi (Tokyo: Institute of Oriental Culture, University of Tokyo, 2007)(도쿄대학과 프랑스의 고등실용학연구원[Ecole Pratique des Hautes Etudes]이 협력하여 진행하는 제2차 프랑스·일본 국제콜로키움의 발표집).

2) Paul A. Van Dyke, *The Canton Trade: Life and Enterprise on the China Coast, 1700~1845* (Hongkong: Hongkong University Press, 2005), pp.77~93.

3) "An Analysis of the Reaction of the Safavid Government to Europeans from a Comparative Perspective", *Annals of the Japan Association for Middle East Studies*, 20-2 (March, 2005), pp.119~130 ; "Les compaginies des Indes orientales et les interprètes à Bandar 'Abbas", *Eurasian Studies*, 5, no.1~2 (2006), pp.175~194 ; "Europeans at Bandar Abbas and the 'State' of Perisa in the Seventeenth and Eighteenth Centuries", in Birgitt Hoffmann, Ralph Kauz and Markus Ritter, eds., *Iran und iranisch geprägte Kulturen: Studien zu Ehren von Bert G. Fragner: überreicht an seinem 65. Geburtstag* (Beiträge zur Iranistik) (Wiesbaden: Reichert, 2008), pp.97~104.

4) Arano Yasunori, "Tsūyaku-ron. Josetsu (통역관에 대한 소개글)", in *Ajia-no naka-no Nihonshi* (아시아 속의 일본사), vol.5, eds. Arano Yasunori, Ishii Masatoshi and Murai Shosuke (Tokyo, 1993), pp.243~263 ; *Kinsei-Nihon-to Higashiajia* (근대 초기 일본과 동아시아) (Tokyo, 1988).

5) 그런 변화가 발생했다는 것은 대부분의 전문 연구자들이 인정하고 있다. 예컨대, Momoki Shiro and Hasuda Takashi, "A Review of the Periodization of Southeast Asian Medieval/Early Modern History, in Comparison with that of Northeast Asia", *Osaka University, the 21th Century COE Program, Interface Humanities Research Activities 2004~2006*, 4, pp.77~78을 보라.

제2장 에도(江戶) 시기 나가사키 주재 외국인의 법적 지위

마쓰이 요코(松井洋子) ; 라이니어 H. 헤쓸린크(Reinier H. Hesselink) 옮김

1. 머리말

이 글은 본 비교 연구 프로젝트의 여섯 가지 테마와 연관해서 나가사키에서 법적 문제와 남자 및 여자와 관련한 여러 문제들, 그리고 혼혈 아동의 사회적 인정과 관련한 알력과 분쟁을 해결한 방식들을 논한다.

17세기 초 나가사키는 해외로부터 온 다양한 사람들이 거주하던 도시였다. 즉, 나가사키는 민족간 혼융(mixed nationalities)의 도시였다. 거기서는 일본과 외국인들 사이의 무역이 번성했고, 아울러 외국인 자신들 사이의 무역도 번성했다. 이런 외국인들은 살고 싶은 곳을 선택하면서 자유롭게 도시를 이리 저리 옮겨 다녔고, 일본인 여성과 외국인 남성 사이의 교제는 흔했다.

이런 상황은 1630년대에 바뀌었다. 이 10년 동안 막부(幕府)가 공표한 법들은 에도 시대의 나머지 기간 동안 일본인과 외국인 사이의 관계에 대한 기준이 되었다. 이 법들은 일본인의 해외여행을 막고, 기독교에 대한 금

지령을 강화하고, 무역을 막부의 통제하에 두는 것을 목적으로 하였다.

이 글에서, 필자는 먼저 이러한 법들을 살펴볼 것인데, 이 법들은 일본에서 외국인들이 어떤 식으로 인식되었고 어떻게 다루어졌는지를 생각해볼 수 있는 여지를 제공한다. 그 다음으로 필자는 두 가지 주제로 한정하여 그 이후 외국인들이 나가사키에서 실제로 어떻게 다루어졌는지를 추적할 것이다. 그 주제란 (1) 범죄 및 처벌과 (2) 외국인을 아버지로 둔 아이들이다.

2. 일본인과 외국인

(1) 1630년대의 법에 포함된 규정들

부록에 첨부한 표는 1630년대 동안 일본의 대외관계와 관련하여 공표된 다양한 법들의 명단이다. 각 법의 관련 부분은 부록을 참조하라.[1]

A와 B, D, E는 1633년과 1636년 사이에 나가사키 부교들이 재임을 위해 에도에서 출발할 때 쇼군이 그들에게 내린 훈령들이다. 훈령의 조항들은 내용상 사실상 동일하다. 각 훈령의 제1조는 일본 선박의 외국 항해에 대한 포괄적인 금지를 담고 있는 한편, 제2조는 일본인이 해외로 가는 것을 금지하고 있다. 1633년과 1634년에는 이 조항들에 쇼군이 발급한 허가장(奉書)을 가진 일본 선박에 대한 예외 조항이 있었지만, 1635년에는 해외 왕래가 완전히 정지되었다. 1634년 6월 23일(칸에이 寬永 11년, 5월 28일), 이런 금지령들이 목재 게시판을 통해 나가사키 주민들에게 발표되었고(C), 그 중 3조는 해외여행에 대한 금지령에 더해 일본에 사는 외국인은 일본인처럼 다룰 것이라는 규정을 담고 있다.

쇼군이 내린 훈령들의 3조는 외국으로 간 일본인의 일본 귀환을 금지하고 있다. 1633년의 원문(A)와 1634년의 원문(B)에는 "불가피한 이유로 해외에서 거주하다 5년 내에 일본으로 귀환한 사람들은 머무는 것이 허용되지만, 다시 떠나고자 하면 처형될 것이다"라는 단서가 달려 있는데, 1635년의 훈령에는 이 단서가 빠져 있다. 더 이상 외국으로 갈 일본인이 없기 때문에, 3조는 이제는 이미 일본을 떠나 이국에서 시간을 보내거나 거주한 일본인들만을 다루고 있다.[2]

다른 한편, 1636년의 훈령(E)에는 새로운 두 조항이 더해졌는데, 이것들은 일본인이 아닌 사람들, 즉 남방인(南蛮人, Southern Barbarians)으로 불리는 사람들을 다루고 있다. 9조에는 남방인이 자손을 남기고 가는 것을 금지하는 내용이 있고, 10조는 나가사키에서 남방인에게서 태어난 자식들과 그들의 친엄마들 그리고 그들과 아울러 그들의 양부모들 모두는 남방인과 함께 일본을 떠나야 한다고 정하고 있다.

게다가 1639년 아마쿠사·시마바라난(天草·島原の乱)* 이후 나가사키 부교에게 내린 훈령들(F)은 3조에서 네덜란드인들이 일본에서 자식을 얻는 것을 금하고 있고, 그런 아이들과 그들의 엄마들은 네덜란드인 아버지와 함께 일본을 떠나야 한다고 정하고 있다.

9조는 나가사키의 중국인 거주자들을 다루는데, 본국으로 돌아가고자 하는 사람들은 나중에 일본으로 돌아온다면 일본 거주가 허용되지 않겠지만, 자기 아내와 자식들과 함께 돌아가고자 한다면 허용될 것이라고 중국인 거주자들에게 알렸다. 10조는 나가사키에 거주하는 네덜란드인에 대해 같은 규정을 담고 있다.

마지막으로, 1639년 8월 4일(칸에이 16년, 7월 5일)자 포르투갈 선박의 일본 입항을 금지하는 훈령(G)은 익히 알려져 있는 것인데, 이 훈령을 통해 포르투갈인들은 일본 내에서 교역 허가권을 상실하였다.

---

* 에도 시대 초기, 1637~1638년에 일어난 일본 역사상 최대의 내란.

(2) 구분 기준: 거주지

아라노 야스노리는 1630년대 전에 일본에 온 외국인들을 그들이 일본사회와 맺고 있던 관계의 깊이에 따라 세 집단으로 구분하였다. (1) 짧은 시간대 동안 머무는 사람들, (2) 장기간 머무는 사람들, (3) 일본 사회로 동화된 사람들이 그것이다. 그는 그 시대의 정책으로 인해 두 번째 "주변적" 집단이 이제 일본사회로부터 제거되었다고 결론지었다. 또한 그는 세 번째 집단에서 누가 일본 시민이 될 수 있는지 결정하는 두 기준은 (1) 기독교도가 아니라는 것과 (2) 일본의 예절과 관습을 받아들이는 것이었다고 지적했다. 아라노에 따르면, 인종은 문제가 안 되었고, 근대 초기 동안 누가 일본인에 포함될 것인지 결정한 것은 바로 이 두 문제들이었다.[3]

장기간 동안 일본에 있었던 사람들의 추방에 관한 한, 필자도 아라노의 견해에 동의하지만, 외국인과 일본인을 구분하기 위해서는 주거지(住宅) 기준이 이 문제를 다루는 여러 법에 보이는 보다 구체적인 열쇳말인 듯하다. 이런 법령들에서 주거지는 단순한 물리적 거주 장소 그 이상을 뜻하며, 종종 "주거를 정하"거나 "집을 마련하는" 것을 의미하는 동사로 사용된다. C에는, 그 말이 중국어로 "귀화하는"(帰化) 것으로 번역되어 있는데,[4] 그것은 "주택 및 가족을 소유하고 일본에서 영원히 산다"는 것으로 명확히 할 수 있는 표현이다. 해외에 여행하고 외국에서 사는 일본인은 일본 당국의 사법권 밖에 있었다. 다른 한편 일본에 거처를 정하는 사람들, 즉 일본에 "주택과 가족을 가지고 있고", 따라서 일본 당국에 의해 가구(家)로 관리되는 사람들은 혈통과 무관하게 일본인과 같은 방식으로 다루어질 것이다. 이것이 인용된 법령들의 바탕에 있는 기본적인 생각인 것 같다.

1639년에 나온 법령 F에서는 거처를 마련한(住宅する), 즉 나가사키에 "살고 있는" 중국인과 네덜란드인들에게 "본국으로 돌아갈지(帰国)" 아니면 돌

아가지 않을지를 선택하도록 촉구한다. 원문의 말투에서 볼 수 있듯이, "본국으로 돌아가는" 것은 다음을 의미한다. 즉 일본의 "가구"에 속하지 않는 것, 다시 말해 일본에 영구히 살지 않고 일본에 아내나 자식을 두지 않는 것이다. 그런 사람들은 일본에 왔을 때 단기간 머무는 것이 허락될 뿐이고 "외국인(異国人)" 범주에 속하게 될 것이다. 필자가 아는 한, 이때 "본국으로 돌아가지" 않기로 선택한 네덜란드인의 예는 전혀 없다. 그러나 나가사키의 중국인들 사이에는 통역자로 공식적인 인정을 받은 가문을 비롯하여, 상당수가 이런 선택을 했다는 것이 잘 알려져 있다. 그 이후 이런 사람들은 "거류 중국인(住宅唐人)"으로 알려졌는데, 이들은 일본에 아내와 자식을 두고, 세습적인 가구를 이루었으며, 사원 명부(宗門人別改帳)에 포함되었고, 그리하여 일본사회의 어엿한 일원이 되었다.5)

일본 영토 내에 거주하는 모든 이들(즉 일본인들)을 "가구"를 통해 통제하려는 지속적인 노력의 맥락 내에서 이런 생각이 발생했다는 것을 지적해야 한다. 막부는 기독교에 대한 금지령을 강화하기 위해, 모든 사람이 한 곳에 위치한 사원의 교구민으로 등록케 하고 그들의 종교적 믿음에 대한 시험을 거치도록 하는 관습(宗門人別改)을 시행했다. 시험을 통해 작성된 명부, 즉 슈몬 닌베쓰 아라타메쵸(宗門人別改帳)가 마련되었고, 1660년대 이래 매년 일본 전역에 걸쳐 정리 보관되었다. 하지만 명부 작성은 1630년대에 시작되었고 아마쿠사·시마바라난 이후 보다 엄격하게 유지되었다.6)

1639년 5월 5일(칸에이 16년 4월 3일) 수석 중개상 프랑수아 카롱(François Caron)은 에도에 머무는 동안 자신의 일기에 히라도 번(平戸藩)의 상급 가신 나가무라 수미마사에게서 그의 주군과 서부 일본의 모든 다른 다이묘들이 그날 쇼군 이에미츠(將軍家光)를 배알했고 "일본 전역에 걸쳐 기독교도를 다시 엄중하게 색출하라는 명령을 재차 받았다"는 말을 들었다고 적었다.7) 이런 색출에 이용한 방법에 관해 카롱이 들었던 것은, 우선 한 집단으로서 책임을 지고 서로 감시해야 했던 기존의 5가구단위 조직을 강화하는 것이었다. 그리고 둘째로는 모든 사람이 두 명 이상의 증인을 통해 자신이 기독교도가 아니고 일본의 종파에 속한다는 것을 입증해야 하는 것이었다. 그들은 또한 자신이 어떤 사원의 교구에 속하는지를 문서로 입증해야 했다. 히라도마치(平戶町: 설립 이래 나가사키 최초의 거리에 속했던)의 경우에, 우리는 일본에 남아있는 그런 명부 중 가장 오래된 것이라고 하는 1634년의 닌베쓰 쵸(人別帳)를 필두로 칸에이 시기에 연원을 둔 몇 개의 다른 명부들을 가지고 있다. 따라서 우리는 이런 정책이 1639년 무렵 이미 시행되고 있었음을 알고 있다. 이런 히라도마치 명부들 중 가장 상세한 것은 1642년의 명부이며, 그 기재 내용을 살펴보면 그 안에 몇몇 중국인과 조선인 그리고 일본 밖에서 온 다른 이들이 포함되어 있음을 알 수 있다. 이 사람들은 분명 "본국으로 돌아가기를" 거부하거나 "본국으로 돌아갈 수 없었던" 이들이었고, 일본에 가구를 가지고 있었다. 그래서 그들은 "일본인"과 마찬가지로 닌베쓰 쵸에 등록되었다.

(3) 외국인의 자식들과 그 어머니들

일본인과 외국인 사이의 이런 구분을 관리하는 원칙은 외국인을 아버지로 둔 아이들과 그 어머니를 추방한 시기에 추구된 정책을 분석하면 훨씬 명확해진다. 예컨대, 네덜란드인의 자식과 그들의 아내가 추방되는 반면 네덜란드인 자신들은 일본에서 계속 교역한 이유는 무엇인가? 이것은 단순히 기독교도에 대한 우려나 유럽 혈통에 대한 반감에 근거해서는 설명할 수 없다.

알다시피, 나중에 데지마(出島)로 불릴 인공섬의 건설을 시작했던 1634년에는 포르투갈인의 체재를 포르투갈 사절단의 체류기간으로 제한하고 그들을 나가사키 시와 분리한다는 결정이 내려졌다. 1636년 6월 22일(칸에이 13년 5월 19일) 남방인의 자손을 일본에서 추방하라는 훈령이 나왔는데, 그 훈령은 같은 해에 시행되었다. 히라도에 있던 네덜란드 상관의 수석 중개상이 쓴 일기에서, 1636년 10월 20일 287명을 4척의 갤리 선에 태워 마카오로 보냈다는 것을 읽을 수 있다. "그들 중에는 포르투갈인의 자식뿐 아니라 몇 년 동안 포르투갈 남자와 살았지만 뒤에 일본 남자와 결혼해서 그들에게 다섯이나 여섯 또는 그 이상의 아이들을 낳아준 일본 여자들도 있었다. 이들은 이제 자기 자식과 남편과 헤어져야 했다. 또한 그들 중에는 혼혈 자식을 양자로 맞아 양육했기 때문에 추방당한 일본인도 있었다." 이것은 그 훈령이 문자 그대로 시행되었다는 것을 보여준다. 287명이란 숫자는 이 시기에 나가사키 시의 치안을 맡았던 오오무라 번(大村藩)의 기록에서도 확인된다.[8]

"남방인의 자손"을 추방하는 이 훈령은 남방인의 자식만이 아니라 이전에 포르투갈 남자와 성관계를 가진 적이 있는 여자들이나 심지어 그런 관계에서 나온 자식을 기른 일본인도 관련되었다. 이는 기독교와 밀접하게 연결된 남방인의 자식과 어떤 식이든 관계를 맺은 사람은 모두 제거하려는 과도한 열의를 보여주는 것 같다. 하지만 네덜란드인의 아내와 자식들의 추방은 다른 정책하에서 수행되었다.

1638년 가을, 히라도 상관의 나가사키 대표인 빌럼 버스테헌(Willem Versteengen)은 나가사키 부교에게 자기 아내와 자식뿐만 아니라 자신의 의부인 멀키오르 반 산트보르트(Melchior van Santvoort)와 그의 일본인 아내도 데리고 바타비아로 떠나는 것을 허락해 달라고 청원하였다. 반 산트보르트는 1600년에 큐슈에서 좌초되었던 데 리프테(De Liefde) 호의 마지막 생존자였고, 그때 이래 일본에 있었다.[9]

나가사키에 있던 네덜란드인 자유무역상 빈센트 로메아인(Vincent Romeijin)

도 비슷한 청원장을 제출했다. 버스테헌은 이에 관해 에도에도 허가를 신청하였고, 1639년 2월 2일 에도에서 온 전령은 "나가사키에 살고 있고 거기서 결혼했으며 여러 자식들을 둔 많은 중국인들"도 "이 나라를 떠나 중국으로 가기를" 청했지만 그런 사안들 전체에 관한 결정이 연기되었다는 소식을 가지고 왔다.

1639년 5월 6일 마침내 허가장이 나가사키에 도착했다. 5월 9일 직후 일본인 여자들과 그들이 네덜란드인 아버지들에게 낳아준 자식들에 대한 조사가 이루어졌고, 6월 16일 일본인 여자는 전부 그들이 네덜란드인 남자와 영국인 남자에게 낳아준 자식들과 함께 그 해에 떠나는 배로 바타비아로 가도록 하라는 명령이 떨어졌다. 동시에 네덜란드인 남자와 일본인 여자 사이의 교제는 히라도만이 아니라 나가사키에서도 엄격히 금지되었다. 이 모든 것은 위에서 언급한 1639년 3월 25일(칸에이 16년 2월 21일)자로 나가사키 부교들에게 내린 훈령들(F)의 3조와 9~11조에 기초한 것이었다. 부교들이 5월 초에 나가사키에 도착하자 즉시 이 정책들을 시행한 것으로 보인다. 네덜란드인들은 똑같이 엄격한 처벌의 대상이었던 중국인들에게 적용된 것과 똑같은 명령이 자신의 아내와 자식들에게도 내려졌다는 얘기를 들었다.[10]

1639년 10월 31일 25명이 브레다(Breda)호를 타고 바타비아를 향해 출발했다. 가는 도중에 타이완에 들러, 네 쌍의 부부가 공식적으로 결혼했다고 전해진다.[11]

네덜란드인들의 아내와 자식들의 추방과 관련해 취해진 조치들은 다음과 같이 요약할 수 있다. (1) 이런 조치들은 네덜란드인과 중국인 모두에게 적용되었다. (2) 그들의 일본인 아내의 출국은 전반적인 외국 여행 금지령에 대한 예외로 허가하기로 결정되었다. (3) 이제부터 외국인과 일본인 여자 사이의 모든 교제가 금지될 터였다.

이런 식으로 외국인의 가구가 일본에서 사라졌지만, 계속해서 일본으로 온 외국인들은 모두 단기간만 체류하는 사람들의 범주에 속했다.

(4) 일본이 가진 권한의 범위

일본인과 외국인 사이의 이런 구분 이면에 놓인 논법은 실제로 어떻게 그리고 어디서 적용되었는가? 네덜란드 선박이 일본에 온 이래, 남유럽 출신 선교사들과 중국인들은 모두 네덜란드인들을 보통 '해적'으로 낙인 찍었다.[12] 1621년 막부는 일본에서 구입한 노예와 아울러 모든 군사 장비의 수출을 금지하는 훈령을 공표했고, 외국인들이 바다에서 해적 행위에 참가하는 것을 금지했다.[13] 이와 관련하여 당시 수석 중개상인 자크 스펙스(Jacques Specx)는 일본 영해 내에서 네덜란드인이 적선을 나포하는 것은 위험스런 일이 될 터이기에 자신이 일본 영해가 얼마나 멀리에 이르는지에 관해 명확히 지시할 필요가 있다고 인식했다.[14] 그렇지만 매년 포르투갈인과 중국인들이 막부에 불만을 제기한 데서 보듯이, 이 때문에 네덜란드인들이 적선에 대한 나포 행위를 멈추지는 않았다. 1637년 8월 27일자 일기의 내용에 따르면, 나가사키에 도착한 정크선에 탄 중국인들이 나가사키 부교들에게, 코친 차이나(Cochin China)에서 오는 도중에 네덜란드 선박 때문에 그들이 타이완으로 방향을 돌려야 했고 거기서 그들의 짐을 도둑맞았다고 고소했다. 이제 그들은 부교들에게 네덜란드인들이 그들에게 보상금을 지불하도록 명령해달라고 요청했다. 수석 중개상 쿡크박커(Coeckebacker)는 자기 부하 선원들에게 물어보니 정크선을 타이완으로 데려간 것은 사실이지만 도둑질은 전혀 없었다고 들었다고 했다. 그리고 그는 그 고소를 각하할 것을 청원했다. 네덜란드인들은 이 문제에 더 이상 관심을 두지 않았는데, 부교들이 바다에서 네덜란드인들의 행동에 관해 전혀 관심이 없다고 했기 때문이다. 하지만 부교들은 해적이라 불리는 것은 일본에서 이름에 남길 수 있는 최악의 오점이며, 네덜란드인들이 쇼군의 호의를 기대한다면 이에 관해 조심해야 할 것이라고 경고했다.[15]

하지만 네덜란드인들이 고소를 야기한 유일한 이들은 아니었다. 1639년 7월 30일 타이완에 도착한 한 선박은, 그 지역의 네덜란드인의 활동 전체에 대한 소식을 전하면서 1월에 톤킨에서 페스카도레스(the Pescadores)*로 파견된 정크선 한 척이 바로 전 해에 "일본에 살고 있는 중국인들에 의해 추적당해 나포되었고 15명이 살해당했다"고 보고했다.[16] 수석 중개상 카롱은 나가사키에서 8월 31일 "선장과 정크선 선주 그리고 다른 연관된 일단의 사람들이 모두 나가사키의 거주자로, 거기에 집과 아내와 자식들이 있다"고 적었으며, "우리는 법과 정의 앞에 이 사람들 모두에게 책임을 지을 수 있도록 이들의 신원을 확인하고 싶어 했다"고 하였다. 그리하여 네덜란드인들은 일본에 살고 있는 중국인들, 즉 일본 당국의 사법권하에 있는 중국인들의 행동에 대해 막부에 고소를 제기한 것이다. 그렇지만 나가사키 부교들에 따르면, 일본 당국의 사법권하에 있는 나가사키의 중국인들은 해외로 나가는 것이 금지되어 있었다. 따라서 이 사건의 가해자는 일본에 살고 있는 사람들이 아니었고, 따라서 결국 그들은 일본에 아내와 자식을 두고 있지 않았다. 부교들은 네덜란드인들이 범인들이 살고 있는 곳의 정부 당국에 제소해야 한다고 하면서 고소를 심의하기를 거부했다.

분명 막부는 막부의 허락을 받은 주인선(朱印船)**과 해외에 살고 있는 일

---

* 타이완 서쪽에 있는 펑호(澎湖)군도에 대한 포르투갈어 호칭. 포르투갈어로 '어부'라는 뜻이다.
** 16세기 말에서 17세기 초까지 일본지배자의 주인장(朱印狀)(해외도항허가증)을 얻어 해외무역을 행한 배. 주인장을 가진 일본 선박은 당시 일본과 외교관계를 가진 포르투갈과 네덜란드 선박, 동남아시아 여러 나라의 지배자들의 보호를 받을 수 있었다.

본인의 활동을 통해서든 아니면 연안을 따라 살고 있는 유럽인과 아시아 인들의 일본의 도래를 통해서든 중국해를 항해하는 여러 세력들 사이의 분쟁에 휘말리게 되는 현실적인 위험을 우려했다. 고소가 제기되면, 막부 는 자신의 사법권하에 있는 영역 내에서나 거기에 살고 있는 사람들과 연 관된 영역 내에서 발생하는 분쟁을 어떻게 다루거나 해결할 것인가? 어쨌 건 국내 사안이든 국제적인 사안이든, 막부는 자신의 권력이나 명예를 훼 손하지 않을 해결책을 강구해야 했다. 그런 목적을 위해서는 일본의 사법 권의 범위가 어디까지에 이르는지를 정하는 것이 중요했다. 지리적 관점 에서 볼 때, 일부 연구는 일본의 경계를 정하고자 하는 바람이 히데타다 (秀忠)시대*로 거슬러 올라감을 보여준다.[17] 1630년대 동안 막부는 또한 누 구를 일본인으로, 즉 자신의 사법권에 속한 영역에 사는 사람들로 고려할 것인지 정하였다. 1620년대 동안 막부가 몇 번의 국제적 분쟁과 불화들을 겪으면서,[18] 자기 권한을 확실하게 지배할 수 있는 범위로 제한함으로써 분쟁 가능성이 있는 문제들을 피하기를 택했다고 말할 수 있을 것이다.

3. 외국인의 처리문제

(1) 범죄와 처벌

이제 외국인들을 어떻게 다루었는지 볼 수 있는 실제 사례들을 몇 개 살펴보자.

(a) 한스 안드리스(Hans Andriesz)의 처형

1640년 1월, 히라도에 있는 네덜란드 상관의 직원인 보좌역 한스 안드

---

* 에도 막부 2대쇼군 도쿠가와 히데타다(德川秀忠)이 지배하던 시대(1605~1623년).

리스와 일본인 여성 한 명이 히라도 번의 관리에 의해 처형당했는데, "그이유는 그가 일본 남자의 아내와 잠을 잤고 (일본법에 따라) 법정에서 처형 선고를 받았기 때문이다." 영지 관리들은 네덜란드인들과의 친교를 유지하기 위해 어떻게든 그를 구하고자 했지만, "이 사건이 대중의 주목을 너무 많이 받았고 처형을 하지 않으면 큰 반향을 가져올 터였기" 때문에 네덜란드 남자를 풀어줄 수 없었다고 수석 중개상에게 알렸다. 왜냐하면 그런 일이 "일본에서는 아주 엄격하게 다루어지기" 때문이다. 그들은 게다가 쇼군이 외국인과 일본 여자 사이의 모든 교제를 금지하는 훈령을 내렸고, 그래서 이것은 사실 이중범죄의 사건이라고 설명했다.

(b) 네덜란드 선원의 소란행위와 켄카 료세이바이(喧嘩兩成敗)의 원칙

1646년 10월 15일, 뭍에 올라 술을 마신 네덜란드 선원들 사이에 소란행위가 발생했다. 그들 중 한 명은 가슴을 찔려 큰 부상을 입었다. 자신이 그 사람을 죽였다고 확신한 가해자는 그 후 범죄에 사용한 칼로 자살했다.[19] 수석 중개상이 이 사건을 나가사키 부교들에게 보고하자, 그들은 우선 여기서 적용된 "다툼을 일으킨 양쪽을 모두 처벌하는" 원칙(喧嘩兩成敗)을 제시하면서 "일본법에 따르면 부상이 스스로 가한 것인지 아닌지는 문제가 되지 않으며, 그래서 부상당한 사람도 처형해야 한다"는 것을 알려주었다.[20] 수석 중개상이 이 사건에 연루된 일본인은 없으며 신중하게 조사한 후 네덜란드 법에 따라 처리할 것이라고 역설하자, 몇 달 동안 그에게 사건의 진상을 조사하라는 허가가 내렸다. 다음 10월 20일 수석 중개상은 현재 항해 준비 중에 있는 배로 부상당한 이를 보내어 네덜란드인에게 네덜란드 법을 적용할 권리를 인정하도록 허락해 줄 것을 청원하였다. 다음날 부교들은 이에 대해 허가를 내주었다. 그렇지만 그들은 이것이 이런 일이 발생한 첫 사례였기 때문에 네덜란드인들의 요청에 따라 부상당

한 이를 보내주고 그의 처형을 자제했지만, 차후 유사한 사건이 일어나 한 사람이 죽는다면, 다른 사람도 다툼의 옳고 그름과 무관하게 그리고 누구든 신분에 근거해 특별한 대우를 받지 않고 처형할 것이라고 알려주었다.

(c) 안드레아스 클레어(Andreas Cleyer)의 추방

후지타 카요코(藤田夏代子)는 밀수에 연루된 것이 드러나 1686년 일본에서 추방당한 수석 중개상의 사건에 대한 상세한 연구서를 간행하였다. 실제로 밀수에 참여한 8명의 네덜란드인들은 통역관과 함께 부교 관서로 출두했다. 거기서 부교는 그 사건에 대해 심문했고, 그 뒤 그들을 모두 족쇄를 채운 채 데지마로 돌려보냈다. 마지막으로 부교는 구 수석 중개상과 신 수석 중개상에게 이렇게 명령했다. "일본인 19명이 처형될 것이고, 이 8명은 자신의 본국에서 합당한 법에 따라 재판받아야 한다." 그리고 그들은 사건이 관리 감독의 부실로 발생했으므로 수석 중개상 클레어를 "일본에서 추방하며 돌아오는 것을 금한다. 이를 위반 시 사형에 처할 것이다"고 밝혔다.[21] 뒤에 연루된 사람들 모두는 바타비아 법정에서 심리를 받은 후, 범죄 혐의를 벗었다.

마찬가지로 1691년의 밀수사건에서는, 연루된 네덜란드인이 수석 중개상에게 인도되었고 일본으로부터 추방 명령을 받았다. 중국인 밀수꾼들의 경우에도, 엄격한 처벌을 받은 것은 일본인 연루자들뿐이었으며, 중국인 공범자들은 추방당하고 생명을 잃지는 않았다.[22]

사례 (a)에서는, 간통을 범한 아내와 공범을 처벌할(즉 그들에게 복수할) 권리가 남편에게 있다는 생각이 그 시기에도 양도 불가능한 남자의 권리로 일반적으로 인정되었다. 게다가 쇼군의 금령에 신경 쓰느라 히라도 번이

사건을 조사하고 연루된 사람들을 재판하고 그들을 처벌할 권리를 행사한 것이 아닌가하고 생각해 볼 수 있다. 사례 (b)의 경우, 부교들은 역시 일반적으로 인정받는 "분쟁 당사자 양측 모두를 처벌하는" 원칙을 여기서도 적용해야 한다고 생각했음에도, 이것이 일본인이 전혀 연루되지 않은 사건이라는 수석 중개상의 주장을 받아들여, 네덜란드인들이 자체 조사를 수행하고 스스로 재판을 진행하고 알아서 처벌을 가할 권리가 있다고 인정했음을 보여주었다. 그리하여 양측 모두 네덜란드 법이 적절한 재판과 처벌을 보장할 것이라는 점을 인정했다. 사례 (c)는 일본인과 네덜란드인 모두가 연루된 대규모 밀수 사건이었고, 조사는 일본 측에서 진행했다. 네덜란드인에 대해 가한 유일한 처벌은 일본에서 추방하는 것이었다. 이는 분명 그들이 일본법에 따라 충분히 재판받고 처벌받았다는 것을 뜻하지 않고, 단지 그들이 이제 네덜란드 법에 따라 적절히 재판받을 것이라는 일본의 기대를 보여줄 뿐이다.

밀수를 범한 외국인에 대한 이런 처벌과 아울러 범죄를 범한 외국인 일반의 책임부과 역시 외국인에 대해서는 너무 관대하거나 "가벼운" 것으로 여겨져 왔다.[23] 분명 시대에 따라 그리고 책임을 진 관리에 따라 관계 악화와 여타 문제에 대한 우려 때문에 일부 사안들을 눈감아 주는 경향이 있었을 수도 있음을 부정할 수 없다. 그렇지만 외국인의 대우를 결정하는 원칙은 그런 외국인들에 대한 사법권을 지닌 적합한 당국이 비일본인을 처벌한 권리를 행사해야 한다는 것이었다. 이것이 외국인의 범죄에 대한 대응이 그들을 일본에서 추방하는 것이었던 주된 이유인 것 같다.

(2) 외국인을 아버지로 둔 자식들

1639년 네덜란드인들을 아버지로 둔 자식들과 그 엄마들에게 나라를 떠나라는 명령이 내려졌을 때, 동시에 네덜란드인들에게도 일본 여자와의 교제를 금지하였다. 이런 금지령에 한 가지 예외는 매춘부(遊女)와의 교제였다.[24) 왜 이런 여자들에게는 외국인과의 교제를 허용했을까? 이는 그들이 정상적인 가구(家)의 존재와 동떨어진 생활을 했기 때문이다. 에도 시대 일본사회에서 여성은 특정한 남성 가장과 어떤 관계에 있는가에 따라 개념화되었다. 그것은 그의 아내로서나, 하녀 지위를 가진 그의 첩으로서나, 친딸이든 양딸이든 그의 딸로서 관계를 맺는 것이었다. 가구가 없는 남성, 즉 외국인과 관계를 맺는다는 것은 특정한 남자에게 속하지 않거나, 굳이 말하자면 임시 가구인 유곽에 속한 매춘부에게만 가능한 일이었다.

네덜란드인들이 1649년 무렵 데지마로 옮긴 직후 이미 매춘부와 그런 관계를 확고히 했다고 쉽사리 생각될 수 있다.[25) 이러한 일들은 너무나 빈번해서 수석 중개상이 일본 측에 일정한 규제를 가해 달라고 요청할 정도였다.[26)

항시(港市)의 매춘부와 단기간만 머물던 외국인 사이의 관계가 원래 그런 결합에서 아이가 생길 수 있음을 생각하지 않고서 일시적인 성격으로 의도되었다는 것은 확실하다. 그렇지만 실제로는 일부 사람들의 관계가 깊이 진행되었고 아이가 태어났다. 1715년(쇼토쿠正德 5년) 나가사키의 부교들이 마루야마마치와 요리아이마치 그리고 중국인 거주구역(토진 야시키; 唐人屋敷)에 대해 공표한 법령은 이런 현실을 분명히 인정하고 있다.[27) 그 법령의 내용은 이러하다. (1) 외국인을 아버지로 둔 아이들의 임신과 그 아이들의 출생 및 죽음은 숨김없이 보고해야 한다. (2) 아버지가 일본에 있는 동안에는, 그 아이들은 그들이 키울 수도 있다. (3) 아버지가 본국으로 돌아간 후에는, 그 아이들은 유곽에서 키워야 하지만, 아버지가 일본으로 돌아오면 자기 아이에 관해 의견 제시를 요구받게 될 터이다. (4) 중국인들은 아이들의 양육에 관해 반드시 의견 제시를 요구받게 될 것이다. (5) 외국인들이 이 아이들을 본국으로 데려가는 것은 금지된다.

이때 이래로, 그런 임신과 출산에 대한 소식을 찾을 수 있는데, 그것은 나가사키의 요리아이마치의 자료에 산재한다. 모든 사례가 이런 식으로 보고되었는지는 불확실하지만 말이다. 또한 이런 아이들이 어떻게 되었는지에 대한 기록도 거의 전무하다. 그렇지만 18세기 중반에 나온 한 가지 사례를 제시하고자 하는데, 이는 이 훈령이 잘 준수된 듯하다는 것을 입증한다.

1757년 3월 28일(호레키 宝暦 7년 2월 9일) 상관장 보좌역 아브라함 버스파이크(Abraham Verspijk)와 유곽 주인 아부라야 리산타에게 매여 있던 매춘부 와카우라에게 딸이 태어났다. 아부라야가 이 임신과 아울러 출산도 보고했지만,[28] 같은 해 12월 20일 수석 중개상 버뮐렌(Vermeulen)은 부교 마사키 시마노카미에게 아이 아버지가 바타비아로 돌아가는데 아이를 데려갈 수 있게 허락해 줄 것을 청원하였다.[29] 답장에서, 그들은 그 해의 당직 시장(年番 町年寄)* 명의로 네덜란드인과 혈연으로 연결된 아이들만이 아니라 중국인과 혈연으로 연결된 아이들도 막부의 1714년 훈령 이래로 나라를 떠나도록 허용되지 않았다는 통고를 받았다.[30] 수석 중개상은 상관에는 그런 훈령에 대한 기록이 전혀 없다고 하였고, 그는 "그때는 그런 사례가 일어나지 않았을지라도, 지금은 이 사례와 별개로 이와 비슷한 다른 두 아이가 있기 때문에 부교께서 지금부터 네덜란드인들이 이 아이들을 데리고 바타비아로 돌아가는 것을 허락받을 수 있는지 에도에 문의해 봐주실 수 있는지요?"라고 하면서 재차 부교에게 간청하였다.[31] 부교가 실제로 에도에 이 문제에 대해 문의했는지 여부를 알 수 있는 기록은 전혀 없다.

* 에도 시대 1년 교대로 주요 도시의 부교 밑에서 시민에 대한 포고 및 명령의 전달과 세금 징수 등의 공무를 처리한 관리.

그러나 문제가 된 당사자에게 그녀가 자기 아이를 넘겨줄 의향이 있는지를 묻는 질의가 있었던 것 같다. 왜냐하면 아이 엄마인 와카우라와 그녀의 부모들이 "당국"이 그렇게 하라고 명령을 한다면 그렇게 할 수밖에 없지만, 그렇지 않다면 자신들이 분명 아이와 헤어지기를 원치 않는다고 답하는 1758년 1월 7일자의 기록이 있기 때문이다.[32]

부교의 최종 결정이 무엇인지는 일본 측 자료에서나 네덜란드 측 자료에서나 찾을 수 없다. 그렇지만 네덜란드인들은 아이를 데리고 바타비아로 돌아갈 수 있는 허가를 받지 못했고, 와카우라의 딸은 1786년 실종된 것으로 기록될 때까지 아부라야 유곽에서 살고 있었다.[33] 나가사키 매춘부들에게서 종종 보이며 또한 와카우라의 사례에서도 보이는 것은 그녀가 자신의 부모 집에서 아이를 낳은 것이다. 아기는 조부모가 키우거나 유곽에서 자랄 수도 있었다. 어떤 경우에는, 그런 아이들이 다른 가구에 양자로 들어갈 수도 있었다.

외국인의 자식은 1639년에는 일본으로부터 추방당했을 수도 있지만, 그때 이후 외국인이 자기 아이들을 데리고 본국으로 돌아가는 것이 금지되었다. 이것은 정책상의 모순이거나 정책이 바뀌었다는 증거인 듯이 보인다. 그렇지만 외국인이 일본에서 가구를 갖지 못한다는 원칙은 여전히 변하지 않았다. 게다가 1715년의 법령은 실제로 일본 당국이 통치하는 영토 내에서 태어난 사람들은 일본인으로 다룬다는 것을 명백히 보여주었다. 결국 그런 아이들은 일본 내의 어떤 가구에든 속하는 것으로 여겨졌다.

일본 남성들 사이에서도 자신의 가구를 가질 수 없는 사람들이 있었다.[34] 그러나 외국인 아버지를 둔 남성의 경우, 특히 자신의 독자적인 가구의 가장이 되기가 힘들었다. 중국인 저우아이팅(周愛婷)의 아들인 이시이 렌페이는 예외에 속하는데, 그는 나가사키의 지방 관리로서 자신의 가구를 가질 수 있었다. 스스로 일본인 남자의 서자라고 주장한 그는 한 지방

관리의 가구의 가장직을 계승할 권리를 가졌다.[35] 수석 중개상 헨드릭 두프(Hendrik Doeff)의 아들인 미치토미 조키치(道富丈吉)는 자기 아버지의 공적과 지속적인 청원을 통해 지방 관리로서 새로운 가구를 세울 수 있었던 또 다른 특별한 사례였다.[36] 두 사례 모두 나가사키의 고위직과 아버지 사이의 친밀한 관계와 아울러 상당한 양의 돈을 주고받음으로써 가능했다. 그렇지만 결국 두 아이 모두 외국인 아버지를 두었음에도 그들을 일본인으로 여긴다고 인정했기 때문에 어쨌든 그런 일들이 가능했던 것이다.

맺음말

앞서 보았듯이, 에도 시대 동안 나가사키에서 외국인의 지위는 그들이 가구를 가지지 않고 그 자체 일본 당국의 사법권에 속하지 않는다고 간주되는 단기간 거주자라는 특징을 가졌다. 그들의 범죄는 그들이 주소지를 가진 장소에서 처벌되어야 한다고 생각되었다. 게다가 일본인 매춘부와 이들 외국인에게서 태어난 아이들은 일본인으로 여겨졌고 그들의 아버지가 본국으로 귀환할 때 데리고 가는 것이 금지되었다.

이런 방식으로 외국인을 생각하는 것은 당국이 일본인을 정의하고 관리하는 방식을 뒤집어 놓은 것이며, 이 시기 일본사회의 구조를 반영한다. 해항도시의 비교사라는 관점에서 볼 때, 아시아의 해항도시들에서 유사한 사례들이 검토되어야 할뿐 아니라 해항도시들이 번성한 세계의 여러 나라와 지역들의 특별한 특징들을 분석하고 그 뒤 그것들을 그런 범주에 속하지 않는 다른 해항도시 및 지역들과 비교해야 할 것이다.

부 록

[일본인과 외국인의 대우와 관련한 훈령들]

일본력(서력)	발신	수신	항목수/해당주제
A 칸에이 10년 2월 28일 (16330406)	막부 쇼군	나가사키 부교들	17/(2)(3)
B 칸에이 11년 5월 28일 (16340623)	막부 쇼군	나가사키 부교들	17/(2)(3)
C 칸에이 11년 5월 28일 (16340623)	나가사키 부교들	나가사키 주민에게 공표된 나무 벽보	3/(3)
D 칸에이 12년 5월 28일 (16350612)	막부 쇼군	나가사키 부교들	17/(2)(3)
E 칸에이 13년 5월 19일 (16360622)	막부 쇼군	나가사키 부교들	19/(2)(3)(9)(10)
F 칸에이 16년 2월 21일 (16390325)	막부 쇼군	나가사키 부교들	15/(3)(9)(10)
G 칸에이 16년 7월 5일 (16390804)	막부 쇼군	모든 다이묘, 포르투갈인, 중국인, 네덜란드인	3

[자료]

A. 覺 (武家嚴制錄)

(B, D, E도 거의 같다)

(1) <u>호쇼센(쇼군에게서 받은 허가장을 갖고 있는 선박)을 제외하고</u> 해외로 선박을 보내는 것이 엄격하게 금지된다. (D와 E에는 "호쇼센을 제외하고"가 없고 "선박" 대신에 "일본 선박"이라고 하고 있다.)

(2) <u>호쇼센 외에</u> 다른 어떤 선박도 일본 사람을 해외로 보낼 수 없다. 누군가 불법적으로 여행을 하면 이 사람은 처형당할 것이고, 선박과 선장은 억류될 것이다. 나가

사키 총독은 막부에 그것을 보고해야 한다. (D와 E에는 "호쇼센 외에 다른"이 없다.)

(3) 외국으로 가서 거기서 거처를 정했던 누군가가 일본으로 돌아오면, 그/그녀는 처형될 것이다. (D와 E는 여기서 끝난다.)
하지만 그/그녀가 일정한 상황에 어쩔 수 없이 그곳에 머물다 일본에 체류할 의도를 가지고 5년 내에 돌아오는 경우에, 그/그녀는 조사 후에 풀려날 것이다. 그러나 그/그녀가 돌아갈 의향을 갖고 있으면, 그들은 처형될 것이다.

C. 禁制 (武家嚴制錄)
(3) 일본 사람이 호쇼센을 타는 것 외에 해외로 여행하는 (것이 금지된다).
보족: 일본에 거주하는 일본인의 경우 위와 같다.

E. 定 (憲敎類典)
(9) 부교는 남방인이 일본에 자기 아이들을 남겨두고 가는 것을 엄격하게 금지해야 한다. 이 법령을 위반하면 누구든 처형될 것이며, 일족의 구성원 전부가 죄의 경중에 따라 처벌될 것이다.

(10) 나가사키에 있는 남방인에게서 태어난 자식과 함께 그들의 양부모도 처형되어야 하겠지만, 그들을 사면하여 남방인들에게 넘겨준다. 그들 중 누군가 돌아오거나 일본과 서신을 교환하면, 그런 사람은 처형될 것이고, 일족의 구성원 전부가 죄의 경중에 따라 처벌될 것이다.

F. 覺 (長崎御役所留)
(3) 네덜란드인들은 일본에서 자식을 두는 걸 그만두어야 한다. 이미 태어난 아이와 그들의 엄마들은 아버지와 함께 해외로 내보낼 것이다.

(9) 나가사키에 거처를 정하고 있던 중국인들이 자기 본국으로 돌아가기를 요청하면, 그들은 원한다면 일본에 다시 돌아와 살지 않겠다는 조건으로 자기 아내와 자식들을 데리고 가는 것이 허용될 것이다.

(10) 나가사키에 거처를 정하고 있던 네덜란드인들의 경우도 위와 동일하다.

참고문헌

[필사자료]

Dagregisters van de factorij te Hirado en te Deshima, 1633~1833 NFJ53-249. (Historiographical Institute of University of Tokyo, *Nihon kankei kaigai shiryō Oranda shōkanchō nikki*, Tokyo: Tokyo daigaku shuppankai, 1974~로 일부 간행)

Nagasaki oyakusho dome at Naikau Bunko.

Nederlandse Factorij Japan (Deshima Archive: NFJ) at National Archief (NA), the Hague.

Vereenigde Oost-Indische Compagnie (Dutch East India Company: VOC) Archieve at NA. *Overgecomen Brieven en Papieren uit Indië* (OB).

[인쇄자료]

Buke gensei roku. Kinsei hōsei shiryō sōsho, vol.3, Tokyo: Sōbunsha, 1959.

Hayashi Akira, *et al.*, eds., *Tsūkō Ichiran*, Osaka: Seibundō, 1967.

Kenkyō ruiten. Naikaku Bunko shozō shiryō sōkan 37~43, Tokyo: Kyūko shoin, 1984~.

Kuroita Katsumi, ed., *Tokugawa jikki*, Tokyo: Yoshikawa kōbunkan, 1964~1966.

Kyūshū shiryō kankōkai, ed., *Nagasaki Hirado-machi ninbetsu chō*, Fukuoka: Kyūshū shiryō kankōkai, 1965.

Tōkyō daigaku shiryō hensanjo, ed., *Dainippon Shiryō*, Tokyo: Tokyo daigaku shuppankai, 1901~.

Valentijn, François, *Oud en Nieuw Oost Indiën*, 6 vols., Amsterdam: Gerard Onder de Linden, 1724.

Yoriaimachi shoji kakiage hikae chō. Nihon toshi seikatsu shiryō shūsei 6~7, Tokyo: Gakushū kenkyū sha, 1975~1976.

[연구서와 논문]

Arano Yasunori, "Nihongata ka'i chitsujo no keisei", in Asao Naohiro, Amino Yoshihiko, Yamaguchi Keiji and Yoshida Takashi, eds., *Rettō naigai no kōtsū to kokka*, vol.1 of *Nihon no shakaishi*, Tokyo: Iwanami shoten, 1987.

______________, "Kinsei Nihon no kokka ryōiki to kyōkai: Nagasaki yūjo to konketsuji kara kangaeru-", in Shigakukai, ed., *Rekishigaku no saizensen*, Tokyo: Tokyo daigaku shuppankai, 2004.

Erkin, H. Can, "16 seiki Nihon ni okeru 'gaikokujin' no hō teki ichi", *Rekishigaku kenkyu* 740, 2000: 1~15.

Fujita Kayoko, "Jōdaka-sei to Nagasaki shōkanchō Kuraiyā (Cleyer) tsuihō jiken", in Osaka daigaku bungakubu nihonshi kenkyūshitsu, ed., *Kinsei kindai no chiiki to kenryoku*, Osaka: Seibundō shuppan, 1998.

Gonoi Takashi, "Kinseika ni okeru Ōmura-han to kirishitan senkyōshi-Ōmura-han no gun'yaku wo chūshin to shite-", *Nagasaki dansō* 71, 1986: 1~38.

Harafuji Hiroshi, "Kinsei Nagasaki ni okeru ikokujim no keiji jō no ichi", in Miyamoto Mataji, ed., *Kyūshū keizaishi kenkyū*, Kyoto: Sanwa shobō, 1953.

______________, "Nukeni' zai zakkō", *Hōseishi kenkyū* 6, 1955: 177~223 (Harafuji Hiroshi, *Bakuhan taisei kokka no hō to kenryoku IV Keiji hō to minji hō*, Tokyo: Sōbun sha, 1983에도 수록).

Hayami Akira, "Koko", in *Nihon komonjogaku kōza*, vol.7 *Kinsei hen* II, Tokyo: Yūzankaku shuppan, 1979.

Iwao Seichi, "Sakoku", in *Iwanami kōza Nihon rekishi*, vol.10 *Kinsei 2*, Tokyo: Iwanami shoten, 1963.

__________, *Sakoku*, vol.14 of *Nihon no Rekishi*, Tokyo: Chūō kōron sha, 1966.

__________, *Nanyō Nihonmachi no kenkyū*, Tokyo: Iwanami shoten, 1966.

__________, *Zoku Nanyō Nihonmachi no kenkyū*, Tokyo: Iwanami shoten, 1987.

Kanai Madoka and Katō Eiichi, eds., *Foreign Relations of Tokugawa Japan: Sakoku reconsidered, Acta Asiatica 67*, The tōhō gakkai, 1994.

Katō Eiichi, "Sakokuron no Gendankai", *Rekishi Hyōron* 475, 1989: 2~25.

__________, *Bakuhansei kokka no keisei to gaikoku bōeki*, Tokyo: Azekura shobō, 1993.

Koga Jūjirō, *Shintei Maruyama yūjo to tō-kōmō jin*, Nagasaki: Nagasaki bunkensha, 1995, first published in 1969.

Leonard Blussé, "Japanese historiography and European sources", in *Reappraisals to Overseas History*, The Hague: Leiden University Press, 1979.

Matsuo Shin'ichi, "Bakuhansei kokka ni okeru 'tōjin' 'tōsen' mondai no suii: 'Yūwa' seisaku kara 'Kyōkō' seisaku e no tenkan katei to sono ronri", *Higashi Ajia to*

Nihon-Kōryū to henyō 1, 2004: 17~32.

Miyamoto Yukiko, "Maruyama yūjo no seikatsu - 'Nagasaki bugyōsho hanketsu kitoku Hanka chō wo chūshin to shite -", *Komazawa Shigaku* 31, 1984: 19~46.

Mizubayashi Tadashi, Ōtsu Tōru, Nitta Ichirō, and Ōtō Osamu, eds., *Hō shakai shi*, Tokyo: Yamakawa shuppansha, 2001.

Nagazumi Yōko, "Hirado Oranda shōkan nikki", *in Hirado Oranda shōkan Igirisu shōkan nikki*, Tokyo: Sohiete, 1981.

Nagamura Tadashi, "Kinsei no Nihon kakyō-Sakoku to kakyō shakai no henyō -", in Fukuoka Yunesuko(Unesco) kyōkai, ed., *Gairai bunka to Kyūshū*, vol.2 of Kyūshū bunka ronshū, Tokyo: Heibon sha, 1973.

Nishimura Keiko, "Edo bakufu no nukeni torishimari rei wo meguru hō ishiki no hensen", *Nihon joshi daigakubungakubu kiyō* 23, 1973: 11~36.

Shimizu Hirokazu, "Nukeni kō-Kyōho ki no nukeni taisaku wo chūshin to shite", *Chūō daigaku bungakubu kiyō: shigakuka* 24, 1979: 1~38.

Takeda Mariko, *Sakoku to kokkyō no seiritsu*, Tokyo: Dōseisha, 2005.

Tsuruta Kei, "Sore wa sakoku dattanoka?", *Rekishi chiri kyōiku* 568, 1997: 24~31.

Yamamoto Hirofumi, *Sakoku to kaikin no jidai*, Tokyo: Azekura shobō, 1995.

주

1) 이와오 세이이지(岩生成一)가 체계를 잡은 이래, A와 B, D, E, G는 칸에이(寬永 1624~1644) 연간의 소위 5단계 "쇄국입법"으로 흔히 받아들여졌고, 이는 단계 별로 쇄국체제를 수행한 것이다(Iwao, 1963, 1966a). 1970년대 동안, "쇄국" 개념에 대한 일본의 접근은 완전히 역전되었다. 관련 문서 각각의 형태와 전달 경로를 분석한 야마모토 히로후미(山本博文)의 연구에 따르면, A와 B, D는 G와 달리, 나가사키 부교(奉行)들이 나가사키로 출발할 때 재임기간의 지침을 제공하기 위해 막부가 그들에게 내린 내부 훈령이었다. 이런 훈령들의 내용은 매번 세부에 걸쳐 반드시 공표된 것은 아니었고, 나가사키 부교에게는 관련된 다이묘(大名)와 나가사키 시민들, 그리고 네덜란드인들에게 이런 집단들 각자에 직접 관련된 부분만 알려주도록 권유하였다. 게다가 이런 지침들 각각은 그것들이 나온 시간에 따라 특정한 문제들을 다루고 있었으며, 처음부터 소위 쇄국정책을 내다보고 그것을 점진적으로 수행한 것으로 보이지는 않는다(Yamamoto, 1995). 이 장에서, 필자는 소위 "쇄국입법"에 한정하지 않고서 일본인과 외국인을 다루는 이런 훈령들을 분석한다.("쇄국" 개념에 대한 검토는, 특히 Arano, 1987 ; Blussé, 1979 ; Kato, 1989 ; Tsuruta, 1997 ; Acta Asiatica 67, 1995를 보라.)

2) 실제로 외국에 기반을 잡은 일본인이 아주 많이 있었다(Iwao, 1966b, 1987).

3) Arano, 1987, 2004.

4) *Hizen no kuni Nagasaki kō kinrei* (Tsūkō Ichiran vol.170).

5) 중국인의 경우에, 심지어 17세기 말에도 "거류 중국인(Domiciled Chinese)"으로 여겨질 수 있는 인가를 받은 몇몇 예들을 볼 수 있다. 예컨대, 1672년(칸분寬文 12년)에 톤킨 통역관으로 유명했던 웨이 쥬강과 톤킨에서 태어난 그의 두 아들 그리고 하인들과 아울러 7명의 다른 중국인들이 나가사키에 거주할 수 있는 허가를 받았다(Nakamura, 1973, p.208).

6) Hayami, 1979, pp.52~60.

7) *Daghregister*, 1639년 5월 5일.

8) Gonoi, 1986, p.13.

9) *Daghregister*, 1638년 11월 26일과 29일 ; 1639년 2월 2일 ; 1639년 5월 9~10일과 18일.

10) *Daghregister*, 1639년 10월 24일.

11) Iwao, 1987, pp.17~22, 294와 첨부 자료 6과 7.

12) Nagazumi, 1981, pp.18~21 ; Kato, 1993, pp.29~32, 97~99.

13) *Dainippon Shiryō* 12~38, 겐나(元和) 7년 7월 27일, pp.183~207.

14) Valentijin 1724, vol.5 part 2, pp.30~32. (*Dainippon Shiryō* 12-43, 겐나 7년 zassai [雜載], pp.209~218)

15) *Daghregister*, 1637년 10월 30일.

16) 폭풍으로 조난당한 이 배는 푸주(福州)에서 어선의 공격을 받았고 지롱(基隆)으로 넘겨졌다. 그 배의 화물에 있던 비단 상품은 그곳의 스페인인들에게 팔렸다. 그 후 그 배는 캄보디아에 도착했고, 수석 중개상 반 데르 하겐(Van der Haghen)이 끈질긴 소송 끝에 배와 그 화물의 일부를 겨우 되찾을 수 있었다 (Daghregister, 1639년 7월 30일). 그런 분쟁 중에, 양측은 보통 배상금을 얻을 수 있는지 알기 위해 그런 문제와 관련된 사법권 같은 것을 행사했던 지역 당국에 맞고소했다. 어떤 경우에는, 네덜란드인에게 배상금을 지불하라는 명령이 내려졌다.

17) Takeda, 2005, p.157.

18) 1624년 일본은 스페인인과의 관계를 단절했다. 1628년과 1630년 사이에, 포르투갈인들이 '주인선'을 공격한 여파로 포르투갈인과의 무역이 중단되었다. 네덜란드인과의 무역 역시 노이츠(Nuyts) 사건(1628년 타이완에서 교역하던 일본인 상인들이 네덜란드의 부당한 세금 부과에 항의해 네덜란드 외교관 노이츠를 인질로 잡은 사건/옮긴이주)으로 인해 1628년과 1633년 사이에 중단되었다.

19) *Daghregister*, 1646년 10월 15~16일과 20~21일.

20) 켄카 료세이바이의 원칙에 대해선, *Hō shakai shi*, 2001, pp.215~217, 292~294를 보라.

21) Fujita, 1998.

22) 마쓰오 신이치는 쇼토쿠 신레이(正德新例: 1715년 나가사키에서 시행된 네덜란드 및 중국과의 무역을 제한하는 모든 규정의 총칭/옮긴이주) 때부터 막부가 정책을 바꾸어 중국인과 그들의 정크선을 해적만큼이나 불법적인 행위를 하는 것으로 간주하고 발포와 같은 강경 조치를 사용하기로 결정했다고 주장한다 (Matsuo, 2004). 그러나 개별 사례의 경우, 중국인 밀수꾼들은 사형선고를 받거나 처형당하지 않았다. 일본인 밀수꾼들의 처벌에 관한 정책은 몇 가지 변화를 겪었지만(Nishimura, 1973 ; Shimizu, 1979), 나가사키의 외국인에 대한 대우는 아주 큰 영향을 받지는 않은 듯하다.

23) Harafuji, 1953 ; 1956. 어킨(H. Can Erkin)은 16세기의 법에 유사한 경향이 있었음을 지적했고 그것을 다른 영지들을 외국으로 보는 센고쿠 다이묘(戰國大名)의 인식에 근거해 설명했다(Erkin, 2000).

24) 마루야마마치와 요리아이마치는 나가사키에서 허가받은 홍등가를 이루었다. 마루야마 매춘부와 외국인 사이의 교제에 대해선, Koga(1969)를 보라. 요시와라(吉原)(에도의)나 시마바라(島原)(쿄토의)와 같은 다른 홍등가와 비교할 때, 마루야마 매춘부들은 상대적으로 큰 권리를 누렸다. 그들은 자기 유곽 밖으로 나가는 것이 허용되었고 손님과의 사이에 아이가 생기면 그 아이를 키우는 것이 허용되었다(Miyamoto, 1984).

25) 네덜란드인들이 나가사키로 이전한지 두 달 뒤, 목재 벽보가 세워졌다. *Daghregister*에 따르면, 그 벽보의 내용에는 다음과 같은 금지령이 포함되었다. 매춘부는 데지마로 들어올 수 있지만, 다른 여자들은 들어올 수 없다(*Daghregister*, 1641년 8월 19일). 한편 수석 중개상 얼즈락(Elserack)은 자기 후임자에게 보낸 지침에서 많은 선원들이 뭍에 올라 술을 마시고 매춘부에게 간다고 탄식했다. (Instructie van Jan van Elserack voor Pieter Anthonissen Overtwater, Nangasacquy, 1644년 11월 20일, VOC 1148).

26) *Daghregister*, 1649년 8월 13일.

27) Shōtoku go nen itsubi no toshi roku gatsu, Tōjin yashiki hattogaki jōjō (*Tsūkō Ichiran* vol.204) ; Shōtoku go itsubi no toshi shichi gatsu Maruyama machi Yoriai machi e jōjō (*Tsūko Ichiran* vol.244) ; Koga, 1969, pp.108~111. 네덜란드인들에게 내린 훈령은 찾을 수 없었지만, 같은 종류의 훈령이 틀림없이 네덜란드인들에게도 내려졌다고 추정할 수 있다. 주 30)을 보라.

28) *Yoriaimachi shoji kakiage chō* (Part II), pp.115~116.

29) Brief van H. Vermeulen aan Masaki Shima-no-kami, Nagasaki, 1757년 12월 20일과 1758년 1월 30일. "Allerlei stukken van en betreffende Japan, 1734~1778" (NFJ495).

30) 앞서 언급했듯이, 외국인이 자기 아이들을 일본에서 데려가는 것을 금지하는 훈령은 1715년에 공표되었다. 1714년이 단순한 오류인지 아니면 네덜란드인들이 이 훈령을 한 해 일찍 받았는지는 불명확하다.

31) Letter of Vermeulen, 1758년 1월 30일자 ; 주 29)를 보라.

32) *Yoriaimachi shoji kakiage chō*, p.123 ; Koga, 1969, pp.111~113.

33) *Yoriaimachi shoji kakiage chō* (Part II), pp.223~224.

34) 가장(家長) 지위를 승계한 사람을 제외하면, 아들들 사이에 나누어 줄 만큼 충분한 가업과 재산을 가지지 않은 가구의 다른 아들들은 양자로서 다른 가구를 계승할 수 없는 경우, 방계 가족으로 자기 형의 가구에 속해야 하거나 도제로서 고용주의 가구에 속해야 했다.

35) 렌페이가 중국인의 아들임이 알려지게 되자, 그는 자신의 가구와 공식적 지위

를 상실했다. Koga, vol.2, pp.142~144를 보라.

36) 조키치에 대해선, Koga, vol.2, pp.401~455, *Daghregister*, 1817을 보라.

제3장 18세기 광조우 주재
네덜란드동인도회사의 상업문화

류 용(劉墉)

18세기 초 유럽 동인도회사들이 광조우 항에서 무역을 개시하는 순간부터 바로, 이들 회사의 대표들은 자신들이 살고 사업을 수행하리라 예상했던 광조우 성벽 밖의 좁고 긴 작은 땅에 사업소를 정하고 함께 살아야 했다. 중국 관헌이 공표한 엄격한 규정하에서 그들은 중국 본토는 고사하고 광조우 시(廣州城)에도 들어가는 것이 허용되지 않았다.

반세기 뒤 1760년에 광동 시스템(1760~1842)이 공식적으로 도입되자, 유럽인의 사업 활동과 일상생활을 통제하고자 하는 규정이 상당히 강화되었다. 유럽인의 무역은 매우 세심하게 조직되었고 천편일률적인 방식을 따랐다. 무역의 각 단계는 중국인 관리가 엄격하게 통제하였다. 이 시스템은 광조우의 최고위급 관리들이 고안해 낸 것이었다. 즉 양광총독(兩廣總督)[1]과 순무(巡撫),[2] 그리고 호포(월해관 監督)[3]가 그들이다. 비록 시스템을 고안했지만 이런 고위 관리들은 시스템의 실제 작동과는 무관했다. 유학자인 중국 엘리트 관리들은 상인 계층을 크게 경멸했기 때문에, 유럽인 무역상과 중국인 관리 사이의 모든 관계는 행상(行商)과 통역관이 중재하였다. 이런 젠 체하는 태도는 그들이 외국 상인들을 다루어야 했을 때 훨씬 뚜렷하게 나타났다. 실제로 호포는 외국인 무역상이 정식으로 접촉할 수 있었던 상대적으로 높은 유일한 상급 관리였다. 이는 호포가 관세 행정과 광조우 무역의 감독을 직접 책임지고 있었기 때문이었다.

엄격하게 통제되는 이런 무역 시스템에 빈틈없이 구속 받았던 각 외국 회사들은 몇몇 행상들을 관세 납부를 보장하는 보증인으로서 이용할 수밖에 없었다. 보증 상인(欽定商人)들은 단순한 재정 보증인에 그치는 것이 아니라 또한 외국인들의 행실에 대한 책임도 졌다. 이로 인해 많은 차질이 있었음에도, 다른 회사 대표들과 격렬한 경쟁을 벌일 수밖에 없던 유럽인 무역대표들은 상품거래를 하기 위해선 자신의 중국인 상대(보증 상인)와 협상하는 것 외에 달리 선택의 여지가 없었다.

낯선 나라에서 사업을 하는 데는 단순한 재정적 명민함 이상의 것이 필요했고 지금도 필요하다. 광조우에서 유럽인의 사업 운영의 핵심 기능에는 마케팅과 협상 그리고 조달이 포함되었는데, 이런 일을 하기 위해서는 사업이 예외적인 토착 상업 환경에서 수행된다는 맥락에서 문화적 차이와 이문화간 관계를 고려해야 할 필요가 있었다. 중국의 사업 활동에 영향을 미치는 가치들에는 '꽌시(關係)'(즉 중국어로 "개인적 인맥")와 "체면(面子)" 개념 그리고 무엇보다 중국 상업문화가 포함되었는데, 유럽인 무역대표들은 광조우 시장에서 사업을 수행할 때마다 이런 가치들을 한시도 간과한 적이 없었다. 그들이 사업 이윤이라는 자신의 목적을 이루려면, 접촉을 시작할 때의 정확한 예절과 만남에서 예상되는 바가 무엇인지, 그리고 협상과 의견 교환 과정에서 어떻게 행동할지를 끊임없이 의식해야 했다. 따라서 광조우의 외국인 무역상들은 독특한 상업문화를 발전시켰다.

이런 상업문화의 보다 미세한 모습들은 다양한 측면에서 드러났다. 예컨대, 유럽인 무역대표들로서는 자신의 무역 상대에게 확실하면서도 흠 없는 상업적 면모를 제시하고 유지하며, 사업 관계에서 중국인이 기대하는 바를 간파하고, 중국의 사업 예절과 의례에 통달하며, 핵심 인사와 일관된 접촉을 유지하는 것이 필요했는데, 서로 이익이 되는 계약 결과를 얻으려면 중국인의 거래 및 협상 전술을 이해하는 것이 반드시 필요했다. 이런 모든 것을 위해서는, 중국인의 예절과 방식에 익숙해지는 것만이 아니라 중국인이 터부시하는 것과 선호하는 것을 잘 아는 것도 필요했다. 마찬가지로 모임을 어떻게 꾸리고 중국인의 연회에 어떻게 참여하는지 정확히 아는 것도 필수적이었다.

네덜란드동인도회사(이하 VOC)의 상업문화와 이 상업문화가 그 무역대표들이 광조우에서 행한 사업 협상과 일상생활의 과정에서 어떻게 발전했는지 검토하는 것은 그 자체로 매력 있는 연구 주제다. 그런 행동 양상은 VOC 직원들의 조직과 운영을 분명하게 드러내면서, VOC의 지역 토착민 직원들과의 접촉 및 협력은 말할 필요도 없고 VOC 무역대표들이 중국인 무역 상대와 벌인 협력 및 협상과 중국 관헌과의 관계 및 의사소통, 그리고 다른 외국인 무역상과의 경쟁 및 협조의 실상을 파악할 수 있는 소중한 실마리를 제공한다.

VOC 직원의 조직과 운영

전문적으로 조직된 18세기 무역회사로서, VOC는 대중국 무역을 성공적으로 수행할 계획을 세심하게 만들었다. 대중국 무역 사업을 책임진 사람들로서 VOC 무역대표들은 정해진 회사의 지시를 엄수했고 VOC 직원의 조직과 아울러 그들 사업의 수행에서 주의 깊게 행동했다. 동시에 그들은 현명하게도 광조우의 유럽인에게 중국 관헌이 부여한 중요한 정책들을 결코 놓치지 않았다.

광조우 상관의 VOC 직원은 화물관리인들과 보조들, 회계원, 조달계, 요리사, 시종, 안내인, 의료 간병인, 야경꾼, 고수 등으로 구성되었다. 그들은 그들 사이에 독특한 위계를 유지했다. 이런 위계는 식탁 배치가 위에서 아래로 서열에 따라 정해졌기에 식사 시간에 앉는 방식을 보면 알 수 있었다. 즉 "1등 식탁", "2등 식탁", "3등 식탁"이 정해져 있었다. 이런 식탁마다 식사의 화려함과 풍부함에서 큰 차이가 있었다. 지금도 종종 그렇듯이, 겉모습이 한 사람의 사회적 지위를 나타내었고, 외부인도 사람의 옷과 행동을 보면 그 사람의 서열을 쉽게 알 수 있었다.

네덜란드 무역대표들은 자신들 사이에 정확한 관계를 유지하고 서로에 대한 행동이 모든 면에서 적합한 상태를 유지하는 것을 확실히 하기 위해 '무역 종사자의 법규와 규정(Rules and Regulations for the Servants of the Trade)'을 세웠다. 이 법규의 세부적 내용은 다음과 같은 것들을 정하였다. 창고 내에서 흡연 금지, 방의 문과 창문에서 추잡하거나 무례한 언사의 금지, 상관에서 난폭한 행동 금지, 북치는 행위와 폭죽 발사의 최대한 자제, 사원들 간에 좋은 분위기의 유지와 부하에 대한 지나치게 친밀한 태도의 자제, 적당한 음주, 단정한 옷차림, 저녁 10시까지 귀가 등이 그것이다.[4] 이 모든 법규와 규정은 모든 이들이 무조건 준수해야 했다.

상관의 안전을 유지하는 데 많은 시간과 노력이 투여되었다. 하루 두 번, 매일 아침과 저녁 8시에 경비를 정렬시켜서 점검하였다. 조장은 조원들이 복장을 갖추고 단정한 옷차림을 하게 하라는 엄격한 지침을 받았다. 이를 확실히 하기 위해, 그들은 의복과 비누 같은 필수 품목들을 지급받았다. 유럽인의 집단적 이미지가 손상되는 것을 막기 위해 중국인이 보는 데서 조장이 조원을 때리거나 욕하는 것도 금지하였다.[5] 수비대와 보초가 안전하게 지킨 덕분에, 저장 상품의 대규모 절도사건 같은 일은 전혀 일어나지 않았다.

광조우 무역대표들의 숙의기관인 무역평의회가 무역 시즌 동안 회사 업무와 관련한 결정사항들을 입안하기 위해 소집되었다.[6] 몇 명의 화물관리인과 그들의 조수들이 무역평의회를 구성하였다. 화물관리인 각자는 최종표결권을 하나씩 가졌고, 조수들은 자문 표결권을 하나씩 가졌다. 화물관리인이 한 명 이상 어떤 이유로 평의회 회의에 불참하면, 서열상 그 다음에 있는 조수가 최종표결권을 행사하도록 선택될 수도 있었다.[7]

광조우에서의 상품 판매 및 구매에 관한 모든 업무는 이 평의회가 통제하였다. 평의회 구성원 중 일부가 병이나 다른 불가피한 이유로 참석하지 못하는 경우를 제외하면, 표결권을 가진 모든 구성원들이 보는 앞에서 계약이 성립되거나 승인되었다. 무역평의회는 모든 판매 및 구매 계약과 상품의 정식 접수를 책임지도록 지시받았다. 평의회 구성원들이 특별한 결정을 할 때마다, 이유도 명확히 밝혀야 했다. 광조우의 무역대표들 전부가 무역평의회에 참석할 수 있었던 것은 아니지만, 중국 위원회의 지침에 따르면, 평의회는 그들에게 일정한 임무를 세부적으로 할당하였다.[8]

무역평의회는 판매와 구매 과정 이후 대금 지급과 상품 배달을 결정했고, 매번 그런 결정을 한 이유를 설명하느라 상당한 신경을 기울였다. 만장일치로 합의하지 못하면, 다수결 표결로 결정을 내릴 수도 있었다. 그런 경우, 이런 결정을 내린 이유를 명시해야 했고, 거기에는 다른 생각을 가진 구성원들이 가진 견해를 옹호하여 제기한 특별한 반대의견도 포함되었다. 표결 결과 양편이 동수로 나올 경우, 평의회를 주재하는 네덜란드 상관장(제1 화물관리인)이 항상 두 표를 던질 권리를 가지며, 최종 결론에 이르는 것을 확실히 하기 위해 결의를 결정하였다. 이것은 네덜란드 상관장에게 무역평의회 내에서 특별한 위치를 부여했다. 모든 여타 업무에 대한 숙의와 운영에서, 그는 주도권을 쥔 사람으로 인정받았고 사전에 그가 알지 못하는 일은 아무것도 수행할 수 없었다.

무역평의회의 모든 구성원들은 회사의 상업적 이해관계를 지키기 위해서 회사와 확실한 면식이 있는 사람들과만 회사의 업무를 논의하겠다는 엄숙한 맹세를 하였다. 평의회 구성원들은 상품의 판매와 구매, 대금결제, 중국 상인 등과의 계약체결 같은 일을 진행할지를 숙의하거나 결정하기에 앞서, 상황을 완전히 공개하고 직접적으로나 간접적으로 보고해야 했다.

광조우에 회사의 직원들이 체재하는 동안, 무역에 필요한 현금을 넣어둔 상관의 금고마다 4개의 다른 자물쇠와 열쇠가 부착되었고, 네덜란드 상관장과 그 아래 서열에 있는 다른 세 명의 하위 화물관리인들이 각각 열쇠 하나씩을 지니고 있었다. 그리하여 무슨 일이든 돈을 꺼내려면 위의 화물관리인들 모두가 있어야 했다. 화물관리인과 조수들은 일지(日誌)에 회사 경영만이 아니라 상거래에 대한 기록도 남겼다. 일지에는 외국 선박의 도착과 선박명, 화물관리인과 선장의 이름, 선박의 출항지, 그들의 업무, 귀환 시 가져갈 상품 종류가 아주 상세하고 정확하게 기록되었다. 이런 정보 모두는 광조우로 가져간 외국 상품의 판매와 관련하여 회사가 내려주는 지침에 유용할 수 있었다.[9]

광조우에서는 거래대장, 일지 그리고 현금출납부를 위시한 일반적인 무역 관련 책자들 역시 한 사람이 보관했는데, 그는 이런 책자들의 내용을 대조한 후에 자기 서명을 하도록 지시받았다. 이런 책자들에 들어있는 모든 정보는 나중에 같은 역할을 수행하게 될 후임 무역대표들에게 도움이 될 터였다. 그것은 그들의 선임자들이 어떻게 지냈는지, 체재 조건은 어떠했는지, 회사의 비용으로 채무가 변제되어야 한다면, 어디서 누구의 주도로 계약이 체결되었는지 등을 후임자들이 이해하도록 도울 것이다.

매년 업무가 마무리되면, 화물관리인들은 다음해 중국으로 떠날 사람들에게 세부적인 정보를 제공하기 위해 필수 지침이 잔뜩 들어있는 상세한 비망록을 작성하였다. 이 비망록에는 가구와 여타 비품의 목록과 함께 상관의 상태에 대한 묘사가 들어 있었다. 무엇보다도, 그들은 어떤 상인들과 거래를 했는가와 그들이 거기서 판매하고 구입한 상품이 무엇인지, 가격은 얼마인지, 그리고 광조우에서의 업무 상태와 여타 상업 문제와 관련하여 자신이 생각하는 것이 무엇인지와 함께 자신들에게 일어났던 주요 사건들을 세심하게 기록해야 했다. 비망록 역시 후임자들이 이윤을 남기면서 일을 수행하는 데 도움을 주는 쓸모가 있었다.[10]

상업 거래가 완료되는 시기 무렵엔, 일부 상품을 사적으로 팔거나 사고, 아니면 지방 상인과 소매상, 밀수업자와 사고파는 데 연루되면서 빚더미에 빠지는 회사 직원이 꼭 몇 명 있었다. 이런 이들은 상품을 받거나 배달하는 즉시 내놓을 돈이 없거나 현금이 부족한 것으로 드러났고, 그것은 그 대금들이 제때 지불되지 못함을 의미했다. 회사의 직원 모두에게는 그런 곤경에 빠지지 않도록 조심하라는 지시가 내려졌다. 중국인과 다른 유럽 상인들에게는, 네덜란드 회사가 자기 직원들의 신용이나 부채를 책임지지 않을 것이라고 경고하는 공고문이 게시되었다. 금융 관례를 극히 의식한 무역대표들은 회사의 명성과 이해관계를 보호하기 위해 수출품과 수입품에 가해진 하역료나 여타 관세들을 세심하게 지불하고자 하였다.[11]

무역관련 비밀사항을 유지하기 위해, VOC의 모든 공식 보고서와 서한은 회사 선박을 통해서만 발송되어야 한다는 지시가 내렸다. 그렇지만 중국에 있는 회사 직원들이 사적인 편지를 다른 나라 국적의 선박을 통해 본국으로 보내야 할 경우, 이런 사람들이 이 편지들에다가 회사에 해로울 수도 있는 중국에서의 VOC의 사업에 관한 무엇인가를 언급한다고 생각하지는 않았다. 편지 배달에 대한 부가적인 보장책으로서, 편지를 보내는 사람은 봉투에 담아 편지를 싣고 간 배가 어떤 배인지 네덜란드 공화국의 회사 관리부서에 알렸다.

중국인 교역 상대와의 협력과 협상

중국에서 VOC 사업의 장기적인 발전과 지속적인 이익을 위해, VOC의 무역대표들은 자신의 안정된 교역상대로 믿을 만하고 지불 능력이 있는 행상을 선호했고 항상 그런 이를 택하고자 했다. 마찬가지로 그들은 잠시도 행상을 놓치지 않으려고 아주 공을 들였다. 그들은 적절한 핵심 인물과 끊임없이 관계를 유지하는 것이 노력을 반만 들여 두 배 사업성과를 거두는 것과 같다는 사실을 결코 잊지 않았다. 선정된 상인들이 외국인 무역상의 마음에 들만큼 무역에 탁월해야 했고, 반대로 중국 관리들, 특히 호포의 총애도 받아야 했기 때문에, 외국인 무역상이 그런 만족스런 상대를 정하는 것은 분명 쉬운 일이 아니었다. 조금이라도 잘못 보거나 판단을 잘못하면, 회사의 이해관계에 해를 끼칠 수도 있었다. 특히 예컨대 상인이 관리와 관계가 틀어져 관리로부터 지원을 받지 못해 파산하거나 관리가 상인을 부당한 강탈의 대상으로 삼거나 할 경우가 그러했다.

18세기의 여러 단계에, VOC 무역대표들은 적합한 교역 상대를 신중하게 선정했다. 대중국 무역의 초기 수십 년간, 네덜란드 무역대표들은, 탄혼쿠아(陳芳觀)가 믿을 만하고 신용이 있었기에 그를 보증인이자 교역 상대로 정했다.* 1750년대에는 1740년대의 유명한 광조우 상인인 텍시아(顔德舍)의 아들인 스웨차(顔瑞舍)가 VOC의 보증 상인이 되었고,[12] 1763년에는 스웨차의 형제인 잉스야가 그의 뒤를 이었다. 네덜란드인들은 잉스야를 용기 있고 결단력 있다는 평판을 얻은 사람으로 생각했고,[13] 1760년대와 1770년대에 그와 작업했던 모든 유럽인 회사들이 그를 크게 신용했다.[14] 1760

---

* 이하의 중국어 표기는 네덜란드 문헌에 기록된 알파벳 문자에 근거하여 발음된 것이어서 정확한 중국어 발음이 아니다. 가능한 한자 표기를 찾아서 원래 이름을 병기했으나 확인이 불가능한 것도 있었다.

년대 VOC의 또 다른 두 명의 보증 상인들은 챠 훈쿠아(蔡雄觀)와 탄 쳇쿠아(陳捷官)였다. 챠 훈쿠아는 VOC의 세 명의 보증 상인 중 리더였고,[15] 네덜란드인들이 볼 때, "산전수전 다 겪은 사람으로 모든 중국인 중에서 가장 정직"하며 "… 결코 우리[네덜란드인들]를 속이지 않는" 사람이었다.[16] 탄 쳇쿠아는, 네덜란드인들이 보고했듯이, 가장 하찮은 일에도 이의를 제기할 만큼 결단력 없는 사람이라는 별로 탐탁치 않은 평판을 지닌 사람이었다.[17] 이윽고 1780~1790년대에는 VOC 무역대표들이 앞에 말한 행상을 선정하기 위한 엄격한 기준에 따라, 자신들의 정식 교역 상대로 탄 초쿠아, 춉쿠아, 타이쿠아(葉朝官), 콘시엔스 지쿠아(葉義官), 코우시아(Kousia), 핀쿠아, 키쿠아(陳貴官), 몬쿠아(蔡文官)를 선정했다.

1760년대에는 판 키쿠아(潘啓官)가 공행(公行)의 지휘자로 임명되었고, 1771년 공행이 해체될 때까지 그 지위를 유지하였다. 다른 공행 구성원들 전부가 1760년대에 판 키쿠아에게 반항했음에도, 그는 1788년 죽을 때까지 대유럽인 교역의 대가 자리를 지켰다.[18] 네덜란드인들의 견해를 빌리면, 그는 항상 술책으로 넘치고 대유럽인 교역 전체를 자기 통제하에 두고자 하는 "교활한 여우"였다.[19] 네덜란드인들은 "고관들을 위해 연회를 열고, 휘황찬란한 집을 짓고 고관인 자기 아들들의 경비를 지불해 주는" 그의 "웅장한 생활방식"을 결코 칭찬하지 않았다.[20] 따라서 네덜란드 무역대표들이 자신의 교역 상대를 정할 때 중요한 기준은 그 교역 상대가 당대에 가장 힘 있고 유명한 행상일지라도 무역대표들의 일에 절대 직간접적으로 쓸데없이 간섭하지 않는 것이었다.

사업 협상은 화물관리인과 그들의 무역 상대 모두가 가장 힘을 기울이는 일이었다. 이런 일들은 통상 매년 첫 4분기에, 때때로 2월이나 3월 초에 VOC 선박이 출발한 후에 시작되었다. 문서상으로 보면, 그것은 단순한 것 같았다. 협상 과정 동안 교역 상대는 요구 가격과 함께 상품 샘플을 제시했고, 그러면 네덜란드인 화물관리인들은 샘플을 검토한 후에 입찰 가격을 제출했다. 최종적으로 양편 모두가 합의에 이르러 가격을 정했다. 실제로는, 그것은 매우 시간이 많이 걸리는 과정이었고 양쪽 사이에 표면상으로는 예의바른 왕래가 상당히 빈번하게 이루어져야 했다. 그런 과정은 중국인과 네덜란드인의 상업적 교활함과 빈틈없는 상거래를 진정 있는 그대로 비추어 주었다.

일단 협상에 돌입하면, 교역 상대들은 보통 네덜란드인 측에 가능한 가장 빨리 기회를 잡아 자신들의 제안을 지체 없이 받아들이라고 촉구했다. 그들은 네덜란드인들이 그들의 제안을 일찍 받아들이면 받아들일수록, 낮은 가격에 더 좋은 질의 상품을 얻을 수 있을 것이고 더 빨리 운송할 수 있을 것이라고 넌지시 알렸다. 네덜란드인들은 그에 대해 약간 다른 시각을 가지고 있어, 그들이 일찍 결정하면 할수록 판매자에게 압박을 가할 기회가 줄어들며 사실상 더 높은 가격을 지불해야 할 것이라고 판단했다. 그것이 VOC 선박이 출항한 후에 네덜란드인 대표들이 가능한 늦게 광조우를 떠나려고 하는 경우가 빈번했던 이유였다.

화물관리인들이 광조우에서 교역 상대와 협상에 돌입하면, 중국인들이 그들에게 선물을 보내 받으라고 하는 경우가 종종 있었다. 모든 무역대표들에게는 중국 상인으로부터 선물을 받지 말라는 엄격한 지침이 내려졌다. 회사 규정에 따르면 그들이 중국인에게 선물을 하는 것은 허용되었음에도, 그들은 그런 금지된 물품을 거절해야 했다. 그런 선물을 거절하기가 불가능하며 선물을 받아도 회사의 업무에 손상을 입히지 않는다는 것이 실제로 입증된다면, 구성원들이 선물을 받을 수도 있었고, 그런 경우 자기 행동에 대해 설명해야 했을 것이다. 그런 선물들은 회사의 상품과 함께 신속히 처리해야 했고, 선물들이 네덜란드에 도착하면 VOC 운영진의 처분하에 맡겼다. 무슨 일이 있어도, 모든 직원은 회사의 이해관계에

관해서는 주도면밀한 자세를 견지해야 했다.[21]

사실 VOC의 무역대표와 행상들은 사업 선물을 얼마간 정기적으로 교환했다. 예컨대 VOC 무역대표들이 무역 시즌 초기에 광조우로 돌아와 자신의 교역 상대를 방문했을 때 그러했다. 선물을 주는 것은 네덜란드 화물관리인들이 자신의 교역 상대와 관계를 트고 더 나은 친교를 맺는 좋은 방법이었다. 선물은 옷과, 와인, 거울, 괘종시계, 회중시계, 여타 물품들이었다. 그것들은 대부분 중국인의 도락을 만족시키기 위한 장난감에 불과했지만, 설치하여 창고에 저장된 상품을 화재로부터 보호하는 데 이용할 수 있었던 소방펌프(물 펌프)와 같은 다른 것들은 아주 실용적이었다.[22] 행상들은 그들대로 통상 고급차와 고급 비단, 도자기, 여타 중국 기예품들을 주었다.

도시 내 자기 거처에 머무르는 중국인 상인들과 도시 성벽 밖에 상관으로 제약받고 있던 유럽인 무역대표들이 서로 만나 즐길 수 있는 사업 관련 연회를 여는 것은 대체로 불가능했다. 유럽인 무역상들과 좋은 사업 관계를 맺기 위해, 중국인 상인들은 때때로 유럽 회사들의 화물관리인들을 광조우 맞은 편 강을 따라 나있던 좁은 거리에 있던 자기 거처와 저택에 초대하곤 했다. 이들은 거기서 황제(나 상인 자신)의 생일과 얼마간 잘 알려진 전국적 축제인 신년 잔치, 결혼식 잔치, 여타 특별한 일과 같은 축하연을 구실로 여는 잔치나 식사대접 또는 심지어 불꽃놀이를 함께 즐겼다. 이런 경우에, 풍성한 음식이 마련되었고 흔히 얼마간 미리 짜여진 여흥이 벌어졌다. 주인은 정식으로 호의를 표현했고 기쁘게 잔치를 즐기기를 바랐다. 그리고 손님은 이에 대해 정성들여 치하했다. 외로운 네덜란드인 화물관리인과 실제로 다른 유럽인 화물관리인들은 "중국 희극"의 공연을 얼마나 이해하는지와 별개로, 그런 행사들에 참석하기를 기대했다. 그 희극은 보통 상당한 시간이 걸렸고, 일찍 자리를 뜨면 주인이 불쾌해 했기

때문에 손님들은 일찍 자리를 뜰 수가 없었다.[23)]

중국 관헌과의 관계 및 소통

모든 외국인들은 (몇 안 되는 조공국 사람들을 제외하면) 문명화가 덜 된 "야만인"이라는 중국인의 세계관에 더해, 유학자인 행정 엘리트들이 (그리고 심지어 보통 사람들도) 상인과 상인 계층에게 상당히 열등한 사회적 지위를 부여함으로써 그들을 크게 멸시했다는 사실이 중국의 상업문화에 큰 영향을 끼쳤다. 이로 인해, 18세기 동안 내내 중국의 관헌은 대등한 기초 위에서 외국인 무역상들과 소통하고 접대하는 데 조그마한 가치도 두지 않았다. 중국 정부는 광조우에 대유럽 무역을 허용한 것이 유럽 나라들에 대한 시혜라고 생각했고, 대유럽 무역에 어떤 특별한 가치도 두지 않았다. 유럽 무역상들은 중국에서 자신의 사업을 성공적으로 수행하고자 한다면 이 거대한 제국의 관헌과 어떤 마찰도 일으키지 않아야 한다는 것을 항상 염두에 두어야 했다.

이런 상황을 고려한다면, 유럽 무역상이 사업과 관련해서든 사적인 관계에서든 광조우의 고관들과 개인적으로 접촉하기는 어려웠다. 양광총독과 순무를 만나는 것은 유럽 무역상들의 불만에 대한 중국 관헌의 해결책을 고지 받을 때와 계약 위반 행상의 부채 해결을 논의할 때와 같은 아주 특별한 조건에서만 허용되었다.[24)] 그렇게 만나는 동안에는 유럽인들이 착석을 권유받는 것이 아니라 고관 앞에 계속 서있도록 지시받는 것이 관례였다.

고위 관리들과 가깝게 만날 수 있는 다른 경우도 가끔씩 있을 수 있었다. 드물게 생기는 그런 일들은 베이징에서 온 관리가 가끔 광조우에 들릴 때 열리는 모임에 고관들이 네덜란드인 무역대표와 다른 외국인 무역대표들을 초대할 때나, 광조우 고관들이 취임하거나 이임할 때, 또는 이웃 성(省)들의 관리들이 새로운 임지로 가는 중에 들릴 때였다. 이런 경우에도, 외국인 화물관리인들은 당연히 중국인 관리들과 사업에 관해 조금도 얘기를 나눌 수 없었고, 형식적인 인사말만 나누었다.

관세 행정의 장이자 광조우 무역의 감독자라는 지위로 인해, 호포는, 앞서 언급한 것처럼, 유럽인 무역대표들이 정식으로 접촉할 수 있는 비교적 높은 직책의 유일한 관리였다.

18세기 전반에는 네덜란드인 화물관리인뿐만 아니라 다른 유럽인 화물관리인들도 광조우의 거처에서 호포를 사적으로 만나기를 청할 수 있었다. 1730년대 말 무렵, 일단 광조우 무역이 비교적 안정된 궤도로 안착하자, 그러한 만남의 허용이 전보다 한층 줄어들었다. 도시 내 호포의 거처에서 유럽인 무역대표를 만나는 것은, 호포가 유럽인들의 늘 반복되고 똑같은 불평을 듣는 데 싫증이 났기 때문에 이전보다 선별적으로 허용되었다. 1750년대 말 이래로는, 유럽인 무역대표들이 도시 내 호포의 거처에서 청원이나 불만을 제시하는 대리인으로 그들의 보증 상인과 통역관들을 보내도록 지시받았다.[25]

긴급한 일이 있으면, 새로운 도시 성벽의 남서쪽 구석에 있던 상관 가까이의 성문 파수꾼에게 청원서를 개인적으로 넘길 수도 있었다. 그러면 파수꾼이 청원서를 호포의 거처로 넘겨주곤 했다. 이런 절차가 가진 약점은 청원서가 호포에게 전달되고 호포가 그것을 보고 설명을 듣고 결국 답장이 돌아와 그들의 요청을 고려 중이라는 것을 알기까지 청원자가 문 앞에서 몇 시간을 기다려야 한다는 것이었다.[26] 호포와 그의 고관이 상관을 방문하는 일은 사실 아주 드문 일이었다.

이 모든 것 외에도, VOC 무역대표들에게는 그들의 문제나 요청을 전달하기 위해 호포에게 직접 얘기할 또 다른 좋은 기회가 있었다. 그것은 호포가 선박을 자세히 살피기 위해 황푸(黃埔)로 내려올 때였다. 이런 의례는 선박이 도착한지 하루나 이틀 뒤에 있었고, 네덜란드 무역상과 호포 간에 교류가 1760년대 무렵에는 다음과 같이 묘사되어 있다. "…호포의 행렬이 나타나면 바로 예포를 쏘아 그를 환영하고 통역관을 대동한 직원이 나가 그를 만나서 통상적인 치하의 말을 하는 것이 관례이다. … 통역관은 직원이 타고 온 배의 이름을 밝히고 호포에게 경의를 표한 뒤 중국인에게 인사하면서 배로 돌아온다. 호포가 배 가까이에 이르면 곧 화물관리인들은 난간 위에서 호포를 맞이하거나, 아니면 호포가 원하면, 호포의 보트 위에서 맞이한다. 갑판에 올라 두 번째 예포가 발사되면 호포는 배를 살펴보는 일에 착수하고, 그 일이 끝나면 그는 선실로 들어오도록 권유받는다. 선실에는 탁자에 사탕과자가 준비되어 있다. 호포가 이것을 먹을 때는 항상 좋은 술을 대접받는다. 그 뒤 그는 갑판으로 가서 보트로 돌아가는데 이때 세 번째 예포가 발사된다."27)

배를 살펴보는 의례 동안, 호포와 외국인 무역대표들은 분위기를 돋우기 위해 부하들에게 음악을 연주하게 했다. 호포는 환영 인사를 했고, 외국인 무역상들은 형식적인 인사를 담아 그들에게 예정된 답례의 말을 하였다. 중국인 관리 및 상인과 외국인 관리와 상인 모두가 자기들 일의 위엄을 강조하기 위해 예복을 입었다.28) 호포는 배를 살펴보는 동안 네덜란드 화물관리인들로부터 작은 선물을 받을 수 있었지만, 선박 하나가 그에게 주는 사적인 선물(또는 선물 가격)은 1,950냥(대략 7,020길더)으로 공식적으로 정해져 있었고, 용적료로 알려진 형태로 제공하였다. 여기에 다른 입항세들이 더해지면 외국인 무역대표들에게는 큰 부담이 되었다.

배를 살펴볼 때 호포와 대화를 나누는 것이 긍정적인 결과를 낳은 경우는 사실 아주 드물었을 것이다. 호포는 같은 날 여러 척의 선박을 살펴볼 수도 있었고, 그런 힘든 일을 하고 그렇게 많은 사탕과자와 술을 먹은 뒤에 화물관리인들의 요청이나 불만을 쉽게 잊어버리더라도 어쩔 수 없었다. 후대에는 호포가 선박을 살펴보는 의례에 몸소 나타나지 않고 대리인에게 그 일을 맡겼는데,[29] 대리인들은 네덜란드인 무역대표들의 요청에 응하는 경우가 아주 드물었다.

비록 베이징과 거리가 아주 멀었지만, 모든 의미에서 VOC 무역대표들이 베이징의 청 조정과 의견교환을 했다고 말할 수 있는 부분이 있다. 바로 18세기 후반 수십 년간 광조우 무역이 발전할 때에, 유럽인 무역상들은 그들의 대중국 수출무역을 아직 그들이 바라는 만큼 널리 확장시킬 수 없다는 것을 깨달았다. 핵심적인 문제는 재정불안이었다. 광조우의 시장가격은 빈번하게 요동쳤고, 세관 관리들이 부과하는 조세와 세액은 급격하게 증가했다. 그 문제는 유럽 회사들이 반드시 해결책을 찾아야 할 문제였다. 청 조정과의 직접 접촉이 좋은 방법으로 생각되었다. 하지만 그 방법에는 사실 넘을 수 없는 난관이 있었다. 중국의 청제국과 대등한 기초에서 무역과 외교 관계를 세우고자 했던 영국 왕 조지(George) 3세는 1792~1793년 동안 조지 매카트니(George Macartney)를 특사로 청 조정에 파견했다. 매카트니의 임무는 얼마간은 중국의 궁정 예절에 대한 중국과 영국의 태도상에서 비롯된 문화적 충돌로 실패했는데, 중국의 궁정 예절은 모든 방문자들이 건륭제에게 신하의 예를 하도록 요구했다.

이에 질세라 네덜란드인들도 영국인에 이어 그 직후인 1794~1795년에 베이징으로 황제의 치세 60주년을 축하하는 사절을 파견하였다. 이 사절은 더 나은 교역 조건을 확보하고 또한 광조우에서 늘어나는 부당강탈 행위를 논하려는 의도를 숨기고 있었다. 조정에서, 네덜란드인들은 군말 없이 세 번의 큰 절과 아홉 번의 부복(叩頭)을 행하고, 중국의 궁정 예절 요구에 전부 다 응하였다. 그들은 자신이 무역 회사를 대표할 뿐이고 외국 군주의 대표로 간주될 수 없으며, 그래서 외국 궁정에 나가면 그곳의 예절에 따라야 한다는 실용적인 가정 위에서 일하였다. 그들은 수많은 동방의 군주들에게 그렇게 행동해 왔으며, 중국의 경우에도 차이를 두지 않았다.30) 황제는 궁정에서 보여준 네덜란드인들의 행동에 크게 만족해서 그들에게 자비를 베풀었고, 그로 인해 VOC는 다음 해부터 여러 해 동안 이익을 보았다.

다른 외국 무역상들과의 경쟁과 협력

직접적인 대중국 무역이 진행되는 동안 줄곧(1729~1794년), VOC는 광조우항에서 사업을 수행했다. 무역 시즌 동안 도시의 성벽 밖에서, VOC 무역대표들과 다른 회사에서 온 그들의 동료 상인들은 육지의 작은 구획에 위치한 자신의 상관들로 활동이 제한되었다. 그렇게 어쩔 수 없이 가까이 있어야 했던 것은 그들이 사업적 측면에서 상황에 따라 서로 경쟁할 뿐만 아니라 서로 협력하기도 했다는 것을 의미했다.

VOC 무역대표들 외에도, 광조우 시장에는 다른 경쟁국들로부터 온 수많은 무역대표들이 있었다. 이들은 영국동인도회사(EIC), 덴마크아시아회사(DAC), 스웨덴동인도회사(SOIC), 프랑스동인도회사(CFI), 그리고 뒤에는 미국을 대표했다. 그들 중 EIC가 (그리고 1784년 이래 미국인들도) VOC의 가장 큰 경쟁자였고, 그 영향의 흔적은 심지어 네덜란드 화물관리인과 그들의 교역 상대 사이의 사업 계약에서도 찾을 수 있었다. 그런 계약의 작성 시에 비교를 위해 중국 상인과 EIC의 사업 계약이 종종 이용되었던 것이다.31) 이런 외국 경쟁자들과 별개로, 동남아시아로 항해하는 중국인 정크 선원들 역시 상품의 수출과 수입 면에서 중요한 경쟁자였다. 왜냐하면 그들은 항상 광조우의 무자비한 경쟁 시장에서 그들의 동포로부터 더 낮은 가격에 중국 상품을 얻었고, 그들이 수입한 동인도제도산 상품을 주저 없이 더 싼 가격에 팔았기 때문이다.

또한 VOC의 교역 상대 중 일부가 특히 차 거래에서 다른 외국인 무역상들과 사업할 수 있다는 것도 으레 문제가 되었다. 이 점을 꿰뚫고 있던 네덜란드 무역대표들은 EIC와 같은 그들의 경쟁자들의 주요 교역 상대인 사람들과는 긴밀한 접촉을 하지 않는다는 것을 확실히 하고자 했다. 1760년 이후 오래 동안 EIC와 막대한 사업을 하였고 영국인들이 항상 찬사를 보냈던 가장 강력한 행상의 이름인 퐌 키쿠아는 네덜란드 화물관리인들의 블랙리스트에 자랑스럽게 이름을 올리는 반갑지 않은 명예를 얻었다. 놀랍게도, 광조우의 대유럽인 무역에서, 그는 1760년대에 VOC의 보증 상인을 이끈 챠 훈쿠아의 가장 강력한 적대자이곤 했다.[32]

네덜란드 화물관리인들은 교역 상대와 협상하는 동안 자신의 제안을 받아들이면서 계약을 체결하도록 중국인 상인들을 설득하기 위해 여러 가지 수많은 방법으로 얻은 시장 정보를 노련하게 이용했다. 네덜란드 무역대표들은 주로 자신의 보증 상인과 통역관들 사이에 촉수를 두어 그런 정보를 찾았다. 이런 사람들은 다른 외국인 무역회사의 사업 상태에 대한 정보를 말로 넘겨주거나, 다른 회사의 선박이나 중국 정크의 송장(送狀)과 같은 관련 사안이 적힌 호포의 장부를 베껴 얻은 더욱 상세한 문자 정보를 넘겨주었다. 그런 정보에는 수출품과 수입품의 양과 종류 그리고 가격, 선장의 이름, 심지어 동남아시아에서 온 정크가 출범한 항구명까지 있었다.[33]

영리하게도, 중국인 교역 상대들 역시 주저하는 네덜란드인들을 과감하게 움직이도록 하기 위해 다른 외국 무역상들, 특히 EIC와의 협상을 이용하는 방법을 잘 알고 있었다. 경쟁자들이 자신들을 앞지를지 모른다는 우려가, 네덜란드인 무역대표들이 때때로 서둘러 협상을 마무리 지은 진짜 이유였다. 즉 그들이 중국인의 제안에 진정으로 만족해서라기보다는 그들이 다른 경쟁자들도 같은 상품에 눈독을 들이고 있거나 이미 더 높은 입찰가를 제시했다는 것을 정확히 알고 있었기 때문이다. 그런 상황에서는 주저하는 자가 지게 마련이었다!

차 구매에서 다른 외국 무역상과 치열한 경쟁을 벌인, VOC 무역대표들은 무역 시즌이 끝난 후에도 가능한 늦게 광조우를 떠나려고 하면서 지체하였다. 이따금, 그들의 체류기간이 너무 길어, 실제로 중국 관리들이 위협을 가해 강제로 철수하게끔 하기도 했다. VOC 무역대표들이 출발을 지체한 것은, 그들이 시장에 팔다 남은 '오래된 차'를 구입할 수 있다는 것을 의미했다. 그들은 훨씬 싼 가격에 대량으로 공급된 "오래된 차"인 무이차(Bohea)*를 얻었다. 따라서 차의 품질이 아주 낮았다. 이런 종류의 차는 네덜란드 공화국의 차 구입상들의 엄청난 불만을 불러일으켰다. 18세기 중반 이후 그들은 구입한 차의 질이 너무 나쁘다고 VOC에 자주 불만을 제기했다. 1760년 이래 이 사안을 '17인 이사회(Gentlemen Seventeen)'가 줄곧 주목하고 있었음에도 말이다.34)

비록 경쟁관계가 아주 큰 역할을 한 것은 틀림없지만, 광조우에서 네덜란드 무역대표와 다른 외국인 무역대표들 사이의 사업 관계가 순전히 격렬한 경쟁관계였던 것은 아니다. 그들은 서로 돕고 협력했으며, 이런 친밀 관계는 때로는 중국에서 그들 나름의 업무에 중요한 연관이 있었다. 이에 대한 가장 좋은 실례는 아마도 공행(公行)에 맞선 그들의 저항일 것이다. 수입품과 수출품의 가격을 결정할 특권을 지녔던 공행은 1760년에 중국 관헌의 지시에 따라 행상들이 설립하였다. 공행의 임무는 그 구성원 각각의 광조우 무역을 통제하고 대유럽 무역에 대한 그들의 독점을 강화하는 것이었다.35) 네덜란드 화물관리인들은 영국 및 스웨덴인들과 협력

* Bohea는 원래 무이산에서 나는 명차인 무이차(武夷茶)를 뜻했지만, 뒤에 유럽인 상인들은 이 말을 오래 묶은 질 낮은 차를 지칭하기 위해서도 사용했다.

하여, "그런 유해한 결사"의 설립에 맞선 저항을 과감하게 이끌었다. 그 이유는 그것이 중국에서 그들 모두의 사업에 분명 해로울 것이기 때문이었다.[36] 불행히도, 그들은 공행의 설립을 지지하는 중국 관리의 공식 확인을 알고 난 후 결국 포기하였다.

1777년에는 "지난 몇 년 동안 다른 세관들에서 중국인들의 탐욕에서 결과한 과중한 과세를 받아온" 영국인 화물관리인들이 프랑스와 덴마크 그리고 스웨덴 화물관리인과 아울러 네덜란드 화물관리인도 설득하여 함께 순무와 호포에게 이 문제에 대해 항의했다. 호포가 첫 번째 선박을 살펴볼 때, 각 나라 출신 화물관리인이 이런 경우 배상을 요구하는 청원서를 전하기 위해 승선했다.[37]

물리적인 위협이 가해질 때도 그들은 협력했다. 외국 상관들 근처에서 화재가 발생하면, 당연히 네덜란드인들을 포함하여 모든 외국 무역대표들이 소방펌프와 장정들을 데리고 도움을 주기 위해 현장으로 달려가곤 했다.[38] 이것은 모든 외국 회사들의 직원들에게, 특히 선원들에게 중국에 체재하는 동안 도망할 수 있는 첫째가는 기회임이 드러났다. 네덜란드 무역대표들은 영국인들과 도망자를 돌려보내야 한다는 협정을 맺었다.[39]

각 무역 시즌 초에 마카오에서 광조우에 도착하면, 네덜란드 화물관리인들은 여러 다른 상관들에 공식적인 인사 방문을 했고, 이런 방문을 서로 주고받았다. 전시에는, 예컨대 제4차 영국·네덜란드 전쟁(1780~1784년) 동안에는 상호 관계가 불가피하게 긴장되었지만, 광조우가 자유무역항이었기에 상황이 공개적인 전면대립으로 발전하지는 않았다. 모든 외국 무역대표들은 어떤 정면 대결도 피하고자 애썼지만, 일부 작은 충돌들이 산발적으로 일어날 수 있었고 실제로 일어났다. 물론 이런 충돌은 보통 그들의 하급 직원들, 특히 선원들 사이에 싸움이나 말다툼, 격투가 일어난 것에 불과했다. 네덜란드 화물관리인들은 다른 외국 고위급 화물관리인들과의 문서 교환을 통해서나 개인적으로 그들을 방문해서 혹은 질서를 회복하려는 마지막 시도로 중국 관헌에 직접 개입할 것을 요청함으로써[40] 이런 문제들을 해결하곤 했다. 그런 사건의 발생수치는 18세기 후반 상당히 올라갔는데, 수지맞는 중국 무역에 자기 몫을 주장하기 위해 도착한 사적인 자유무역상들의 진입이 이런 상승에 불을 지폈다. 이 시기 영국 순회상인들(English Country traders)로 알려진 집단이 인도와 광조우 사이에 자기 선박으로 무역할 수 있는 특허를 얻었다. 곧 중국과 영국 간 무역 내에서 그들이 입지를 강화하면서 광조우에서 그들이 EIC 무역대표들의 권위에 복종하기를 거부하게 되었다. 이런 제어할 수 없는 행동은 영국 화물관리인들이 다른 외국 무역상과의 평화로운 공존을 유지하고자 하면서 겪는 딜레마의 전조가 되었다.

지방 토착 고용인과의 접촉 및 협력

VOC가 광조우에서 임시직이나 상임으로 고용한 중국인들도 네덜란드 무역대표들과 같이 일하고 있었다. 이 중국인들에는 통역관과 매판상인 —상관과 선박 모두의 매판상인— 그리고 이 매판상인이 고용한 다른 고용인들이 있었다. 그들은 상관에서 일하는 쿨리, 요리사와 그의 조수들, 이발사, 목수, 벽돌장이, 칠장이, 수상 짐꾼들 같은 이들이었다. 초기에는 네덜란드 상관이 밤 10시에 문을 닫았고 모든 중국인들은 상관을 떠나야 했다. 이것은 1772년에 바뀌었는데, 그때 (상관) 매판상인과 상근 중국인 직원들은 입구 가까이의 구내에 생활 구역을 제공받았다.

토착 중국인 고용인과 긴밀하고 매끄러운 협력관계를 형성하는 기술은 네덜란드 무역대표들이 사업에 성공하고자 한다면 반드시 익혀야 할 기술이었다. 그 기술은 주로 통역관 및 매판상인과 맺는 그들의 관계에서 드러났다. 그보다 하급의 고용인들과의 접촉은 보다 소원하였다. 어떤 문제가 발생하면, 네덜란드인들은 하급 고용인을 건드리지 말고 매판상인들에게 직접 부탁하라는 엄격한 명령을 받고 있었다.

통역관들은 네덜란드 무역대표들과 중국인 관리 사이의 지정 중재자였다. 그들은 양쪽 사이에 의사소통을 책임졌다. 따라서 구두 보고 외에, 그들은 화물관리인의 청원서를 번역하여 고관에게 넘겨주고 고관의 대답을 돌려받아야 했고, 고관을 만나는 동안 준수해야 할 정확한 의전 예절을 화물관리인들에게 가르쳐 줄 책임이 있었다. 통역관들은 호포가 선박을 살펴볼 일정을 잡고, 각 선박을 위해 수출 및 수입 업무와 관세를 살피며, 삼판선을 거룻배로 이용하는 데 호포의 허가장을 사용하고, 임금과 사례금 등을 모음으로써 VOC를 위해 자신의 의무를 수행하였다. 정식 일 외에도, 통역관들에게 네덜란드인들은 화재와 난파 같은 긴급 상황에 도움을 주고 중국인 관리들과의 업무와 무관한 모임 같은 일들에 참석하도록 요청하였다.

위에서 설명한 모든 사안들에서, 네덜란드 무역대표들은 당연히 통역관들이 언제든 회사의 이익을 우선시하면서 적절하게 행동하기를 기대했다. 그들의 헌신적인 봉사는 위급하거나 곤경에 처했을 때 도움이 될 수 있는 중국 관리와의 관계를 향상시킨 것은 물론이고, 중국인 상인들과 사업 계약을 체결할 때 네덜란드 무역대표들에게 엄청난 도움이 되었음을 뜻할 수 있었다.

위에서 언급한 것처럼, 네덜란드 무역대표들이 적절한 정보를 모으는 방법 중 하나는 통역관들에게 광조우에서 전해 듣는 유용한 시장 정보는 무엇이든 보고하도록 요구하는 것이었다. 일반적으로 다른 외국 무역상에 대한 정보는 세관에서 쉽사리 얻을 수 있었다. 왜냐하면 세관 관리들이 외국 무역상들 사이에 경쟁을 알맞게 유지하고 그렇게 하여 외국 무역상들이 일을 서둘러 마무리 짓게끔 하려고 그들 전부에게 이런 정보를 기꺼이 퍼뜨렸기 때문이다. 호포의 무역 장부는 모든 외국 무역상들에게 공개되어 적절한 데이터베이스를 제공했기에, 네덜란드인들이 자신의 내밀한 사업 정보를 보존하기 위해 취할 수 있는 유일한 조치는 통역관들과 교역 상대들이 가능한 적게 말하도록 요구하는 것뿐이었다.

18세기의 초기 수십 년간, 통역관들은 마카오 출신이었고 포르투갈어로 외국 무역상들과 소통하였다. 아마도 1730년대 초 무렵부터 통역관들은 외국인과의 의사소통 수단으로 소위 피진 영어를 사용하기 시작했다. 피진 영어는 영어와 포르투갈어를 섞어 놓은 것에다 중국어와 말레이어에서 나온 많은 단어와 표현들이 군데군데 섞여 있었다. 그런 말을 사용하는 통역관의 이야기를, 여러 외국 무역상들은 그럭저럭 대충 이해할 수 있었다. 당연히 예상할 수 있듯이, 그들이 말하는 것이 얼마나 명확하고 정확한지는 절대 보장할 수 없었지만 말이다.

다른 모든 외국 무역상들처럼, 네덜란드 무역대표들도 통역관들의 일솜씨에 절대 백 퍼센트 만족하진 않았다. 이런 불만은 얼마간 통역관들의 충분히 만족스럽지 못한 언어 능력 탓일 수도 있었지만, 그것은 또한 통역관들이 네덜란드 무역대표들의 요청을 들어주기를 내켜하지 않은 데서 비롯되기도 하였다. 네덜란드인들은 때로는 중국인들의 귀에는 미개한 것으로 들리거나 전혀 이성적이지 못한 것으로 들리는 요청이나 불만을 담은 청원서를 통역관들에게 전달하도록 요구했고, 통역관들은 감히 그것을 자세하고 정확하게 번역하여 제출할 수가 없었다. 이런 결함을 알게 되자, 네덜란드인들은 심지어 통역관들을 회피하기도 하고 양측이 청원서의 내용에 대해 서로 합의하지 못할 경우에는 자신의 의도를 실현하기 위해 보다 극단적인 조치를 취하기까지 하였다.[41]

이런 두 가지 요소에 화가 난 네덜란드 무역대표들이 한때 중국인 통역관들에 대한 의존을 줄이기 위해 자신들의 통역관을 양성하려고 시도한 적도 있다는 것은 분명하다. 1756년 초와 1758년 말 두 차례 그들은 자신들에게 중국어를 가르칠 중국어 교사를 고용했지만, 1759년 EIC와 중국 관헌 사이에 일어난 '플린트(Flint) 사건' 직후인 1760년에 이런 시도를 포기했다.[42] 이 불운한 사건으로 영국 신사인 플린트 씨의 중국인 교사가 플린트 씨에게 중국어를 가르쳤다는 이유로 참수 당했다. 중국 법 하에서 외국인에게 중국어를 가르치는 것은 사형에 처할 수 있는 중죄였기 때문이다. 네덜란드인과 다른 외국 무역대표들은 원래대로 중국인 통역관을 다시 사용하는 수밖에 다른 도리가 없었다.

상관 매판상인들은 상관에서 먹을 모든 식량을 공급했고 중국인 직원들을 채용했다. 그들은 비수기가 끝난 뒤 무역대표들이 마카오에서 광조우로 되돌아 올 수 있는 호포의 허가장을 얻는 책임을 졌다. 그들은 또한 선박이 황푸에 도착한 후 그것을 유도하도록 마카오 도선사에게 요청하는 책임도 졌다. 선박 매판상인의 일은 그보다는 힘들지 않았다. 그 이유는 그들은 관헌과 협상할 필요가 없었고 단지 VOC 선박에 식량과 노동력을 공급하면 되었기 때문이다.

여러 해에 걸친 접촉 과정에서 네덜란드 무역대표들과 그들의 매판상인들, 특히 상관 매판상인들은 가깝고 믿을 만한 친구가 되었는데, 이것이 중국에서 VOC 사업의 안정성과 성공에 기여한 것은 분명하다. 상관 기록에서, 우리는 네덜란드 무역대표들에 대한 매판상인 아탁의 평생에 걸친 봉사를 담은 놀라운 이야기를 읽을 수 있다. 아탁은 1737년 15살에 네덜란드 상관에서 매판상인으로 일하기 시작했다. 자신의 형제와 다른 매판상인들과 함께 그는 네덜란드인 가족을 돌보았고 VOC 선박들에 식량을 공급했다.

1760년대에 아탁은 두 명의 다른 상관 매판상인인 아미에와 아포와 함께 네덜란드인들을 도왔다. 그들은 네덜란드 상관과 VOC 선박 모두에게 필요한 식량을 전부 공급했다. 그들은 또한 네덜란드인 가족을 돌보았고, VOC 선박에 상품을 공급하도록 4명의 선박 매판상인들에게 의뢰하였다. 1774년 무렵 아탁이 50세가 되었을 때, 그는 비수기에는 상관을 돌보고 그 뒤 8월이나 9월에 무역대표들이 마카오에서 돌아오면 네덜란드인 가족을 돌보면서 한 해 동안 내내 광조우에 머물기 시작했다. 네덜란드인들은 마카오에서 사업 정보를 요구하거나 어떤 행상을 방문하도록 요청하는 편지를 아탁에게 종종 보내었다. 심지어 그는 노인이 되어서도 여전히 고용되어 상관을 돌보고 있었다. 1797년 그는 상관 구내를 위협하던 큰 홍수를 이겨냈다. 늙은 아탁은 1798년 1월 16일 75세의 나이로 병사했다. 아탁을 크게 존중했던 네덜란드 무역대표들은 그의 죽음을 진심으로 애도하였다. 그는, 네덜란드 무역대표들이 그가 얼마 동안 그들을 위해 일해 왔는지를 기억할 수 없을 정도로까지 그렇게 오랫동안 VOC에서 일했었다.[43]

결어

18세기에 네덜란드 무역대표들은 광조우에서 사업 거래를 하면서 아주 특별한 상업문화를 창출하였다. 그들로서는 광조우에 존재하는 지방 특유의 유별난 상업 조건이라는 환경에 적극적이고 유연하게 적응하기 위해 그런 상업 조건에 세심한 주의를 기울이는 수밖에 다른 도리가 없었기 때문이다. 광조우에서 VOC의 상업문화의 형성 과정은 VOC 무역대표들이 자신들의 기본적인 상업 원칙을 고수하면서도 동시에 토착 지방의 조건에 맞추어 각각의 기준을 수정하면서 "중국(상인들)이 하는 것처럼 중국에서 행동"하고자 했던 과정이었다. 따라서 광조우에서 VOC의 상업문화는 VOC가 광조우 지방 특유의 사회적 사업 관계로 유연하고 탄력적으로 진입하면서 발생한 특이성을 지니고 있었다.

이 거대한 중국 남부의 해항에서, 네덜란드 무역대표들은 훌륭한 조직을 갖추고 규율을 지니고 회사의 지침을 엄격하게 따르며 사업을 수행했다. 중국에서 그들의 사업 활동을 통제하는 규칙과 규정들은 명명백백했다. 그와 동시에 무역대표들은 또한 지방 상업 규칙과 국내법도 주의 깊게 준수하였다. 광조우의 VOC 직원의 조직과 운영에서 드러나는 행동 양상에서 우리는 현대 무역회사에서 볼 수 있는 경영과 운영의 훌륭한 싹을 볼 수 있을 것이다.

네덜란드 무역대표들은 광조우에서 그들의 사업에 도움이 되는 믿을 만하고 신뢰할 수 있는 정식 교역 상대를 신중하게 선택하였다. 그들은 이런 중국 상인들과 호의적인 접촉을 유지할 필요성을 잘 알고 있었고, 공정한 거래를 이루기 위해 교역 상대들과 최선을 다해 협상하고 협력하였다. 그들은 중국에서 장기적이고 안정된 사업의 확고한 토대를 세우기 위해 교역 상대와 서로 이익이 되는 계약을 체결하고자 노력했다.

직접적이든 간접적이든 광조우에서의 대유럽 무역은 중국인 관료들이 통제했다. 이런 상황으로 인해 네덜란드 무역대표들은 최선을 다해 고관들과 친밀한 관계를 유지하고 스스로를 "정직한 사람"으로 내세움으로써 고관들에게 호의적인 인상을 심을 수 있었다.[44] 그들은 광조우의 대유럽 무역에서 중국 관헌이 하는 지배적 역할을 힘들여 깨닫고 있었기에, 중국의 관헌을 충분히 존중하면서 성실하게 사업을 추구했다.

광조우와 같은 그런 격심한 경쟁을 벌이는 해항에서, 네덜란드 무역대표들은 필연적으로 여러 다른 경쟁자들과 마주쳤다. 그래서 그들은 자신들이 당연히 다른 외국 무역상들 전부와 경쟁관계에 있지만 또한 필요하다면 기꺼이 그들을 돕고 그들과 협력한다는 사업 전략을 채택하였다. 물론 장기 계획에 입각하여 벌이는 경쟁자들과의 경쟁이, 주어진 순간에만 효과적인 전술인 경쟁자들과의 단순한 협력보다 훨씬 우위에 있었다. 그럼에도 네덜란드 무역대표들은 여전히 광조우의 일상생활에서 경쟁자들과 사이좋게 교류하고자 했고 그들과의 공개적인 직접 충돌을 피하고자 애썼다. 비록 일부 작은 충돌들은 때로는 피할 수 없었지만 말이다.

중국인 지방 토착 고용인들, 특히 통역관과 매판상인의 공헌 역시 중국에서 VOC 사업에 진정 없어서는 안 되는 것이었다. 네덜란드 무역대표들은 자신의 사업과 일상생활 모두에서 통역관들의 일솜씨에 완전히 의존했지만, 그들을 전적으로 신뢰할 수는 없었다. 그것은 주로 통역관들이 때로는 자신의 고용주들의 청원을 전달하기를 내켜하지 않았기 때문이다. 네덜란드 무역대표들은 매판상인들과 긴밀하고 신뢰가 가는 친교관계를 세우고자 애썼는데, 중국에서 네덜란드인 거류지의 물류 공급을 매판상인들이 세심하게 돌보아 주어 VOC 무역대표들이 부담해야 할 일상적인 노역이 크게 줄어든 것은 분명했다.

주

1) 광동 및 광시 성에 대한 권한을 가진 최고위 문관.

2) 광동 성에 관련한 문제를 맡는 지사나 총독의 하위 관리.

3) 광조우에 본부가 있는 광동 세관(粤海關)의 최고 감독자.

4) *National Archief* (NA), The Hague, *Archieven van de Verenigde Oostindische Compagnie* (VOC) 4442, "Rules and regulations for the servants of the trade." 이 문서는 날짜 미상의 1789~1790년 시기 사법문서에 포함되어 있다.

5) C.J.A. Jörg, *Porcelain and the Dutch China Trade* (The Hague: Martinus Hijhoff, 1982), p.62.

6) NA VOC 4543, 화물관리인과 조수들에게 보내는 중국위원회의 특별 지침, 3조, 1759년 10월 10일.

7) Ibid., 2~4조, 1759년 10월 10일.

8) NA *Nederlandse Factorij te Canton* (NFC) 36, 무역평의회의 결의, 1773년 8월 25일.

9) NA VOC 4543, 화물관리인과 조수들에게 보내는 중국위원회의 특별 지침, 9~15조, 1759년 10월 10일.

10) Ibid., 18조, 1759년 10월 10일.

11) Ibid., 19~21조, 1757년과 1758년.

12) Paul A. Van Dyke, *The Canton Trade: Life and Enterprise on the China Coast, 1700~1845* (Hongkong: Hongkong University Press, 2006), 5장 ; Van Dyke, "The Yan Family: Merchants of Canton, 1734~1780s", *Review of Culture* (International Edition 9) (Macao 2004), pp.30~85.

13) NA NFC 73, 화물관리인들의 일지, 1764년 6월 24일.

14) NA NFC 38, 무역평의회의 결의, 1774년 1월 6일.

15) NA NFC 33, 무역평의회의 결의, 1770년 8월 2일.

16) NA NFC 73, 화물관리인들의 일지, 1764년 8월 10일.

17) Ibid., 1764년 6월 24일.

18) Ch'en Kuo-tung, "Pan Youdu, a Successful Businessman for a Foreign Firm", in Liu Ping et al. (ed.), *Guangzhou shisanhang cangsang* (광동 13행의 변화과정) (Guangzhou: Guangdongsheng ditu chubanshe, 2001), pp.150~193 ; Dilip Kumar Basu, *Asian Merchants and Western Trade: A Comparative Study of Calcutta and*

Canton 1800~1840 (Ph.D. dissertation, Berkeley: University of California, 1975), p.355 ; Cheong, *Hong Merchants*, pp.40~41과 p.71(주 79) ; Huang Qichen and Pang Xinping, *Mingquing guangdong shangren* (명청대의 광동상인) (Guangzhou: Guangdong jingji chubanshe, 2001), pp.259~269 ; Liang Jiabin, *Guangdong shisanhang kao* (광동 13행) (Guangzhou: Guangdong renmin chubanshe, 1999), p.259 ; NA NFC 73, 화물관리인들의 일지, 1764년 4월 18일.

19) NA NFC 73, 화물관리인들의 일지, 1764년 5월 31일과 6월 23일.

20) NA VOC 4417, 무역평의회의 총괄보고, 1779년 1월 24일.

21) NA VOC 4543, 화물관리인과 조수들에게 보내는 중국위원회의 특별 지침, 4~8조, 1759년 10월 10일.

22) 1764년 네덜란드인들은 자신의 교역 상대인 챠 훈쿠아에게 모든 장치를 갖춘 소방펌프를 제공했고, 그는 자신의 창고에 소방펌프를 설치했다. 광조우에서 그것은 큰 관심을 끌었다. Jörg, *Porcelain,* p.71을 보라.

23) Jörg, *Porcelain*, p.65.

24) British Library(BL), India Office Records (IOR)-R/10/4, Diaries and consultations, 1759년 12월 6일과 1779년 10월 22일.

25) BL IOR-R/10/4, Diaries and consultations, 1762년 1월 18일.

26) Van Dyke, *The Canton Trade*, p.21.

27) 로테르담(Rotterdam)의 '핸드릭 왕자 해양박물관(Prince Hendrik Maritime Museum)' 에 보존된 C.H. Gietermakers의 원고, *'t Vergulde Licht der Zeevaart ofte const der Studerlieden*에 실려 있는 사본을 참조하라. 거기에는 "광조우에 도착할 때와 머무는 동안 그리고 출발할 때 존중해야 할 의례들과 관련하여 화물관리인들이 준수해야 하는 것에 대하여"(작자불명)라는 제목의 주석이 붙어있다. 또한 Jörg, *Porcelain,* p.50도 보라.

28) Jan Parmentier, *Tea Time and Flanders: The Maritime Trade between the Southern Netherlands and China in the Eighteenth Century* (Ghent: Lundion Press, 1996), p.95 ; Van Dyke, *The Canton Trade*, p.24.

29) Parmentier, *Tea Time and Flanders*, p.95 ; Van Dyke, *The Canton Trade*, p.25.

30) J.J.L. Duyvendak, "The last Dutch embassy to the Chinese Court (1784~1795)", *in T'oung pao*, XXXIV (Leiden: Sinology Institute, 1939), p.1.

31) NA NFC 26, 무역평의회의 결의, 1763년 5월 25일.

32) NA NFC 73, 화물관리인들의 일지, 1764년 5월 31일과 6월 23일 ; Liu Yong, *The*

Dutch East India Company's Tea Trade with China, 1757~1781 (Leiden: Brill, 2007), p.166 (주 49).

33) Liu Yong, *The Dutch East India Company's Tea Trade*, p.82.

34) NA NFC 73, 화물관리인들의 일지, 1764년 11월 3일.

35) Liang Tingnan (ed.), *Yue haiguan zhi* (광조우 세관의 연대기) (Taipei: Chengwen chubanshe, 1968), vol.25, p.1797 ; Ch'en Kuo-tung, *The Insolvency of the Chinese Hong Merchants, 1760~1834* (Taipei: Institute of Economics, Academia Sinica, 1990), p.8.

36) 공행의 설립에 맞선 유럽인의 저항에 대한 보다 세부적인 묘사는, Liu Yong, *The Dutch East India Company's Tea Trade*, pp.92~101을 보라.

37) BL JOR-R/10/4, Diary and consultation, 1777년 9월 25일.

38) Van Dyke, *The Canton Trade*, p.88.

39) 그렇지만 어느 쪽도 그 협정을 엄격하게 따르지 않았다. 이것은 그들의 선박에 때로는 일손이 크게 부족했고 탈주자를 낮은 보수로 이용 가능한 값싼 노동력으로 보았기 때문이다. Jörg, *Porcelain*, p.50을 보라.

40) Liu Yong, *The Dutch East India Company's Tea Trade*, pp.111~117에 상세하게 서술된 1781년의 구드 호프(Goede Hoop) 호의 탈환 사건과 같은 것이 그런 경우이다.

41) 1747년 네덜란드 무역대표들은 자신들을 위해 중국 상인 중 한 명에 대한 불만을 적을 때까지 가택 연금 상태에 두겠다고 "늙은 외국어 능통자 자 쿠아"를 위협했다. NA NFC 8 ; Van Dyke, *The Canton Trade*, p.78을 보라.

42) Morse, *The Chronicles of the East India Company Trading to China 1635~1834* (London: Routledge, 2000), vol.V, pp.68~107을 보라.

43) 광조우 상관 기록에 따르면, 네덜란드 화물관리인들 자신들도 아탁이 회사를 위해 일한 연도 수에 관해 헷갈리고 있었다. NA NFC 97 ; Jörg, *Porcelain*, p.334 (주 8) ; Van Dyke, *The Canton Trade*, p.55를 보라.

44) BL JOR-R/10/4, Diary and consultation, 1760년 8월 17일 ; NA VOC 4384, 영국인과 네덜란드인에 대한 호포의 훈령, 1760년 8월 16일.

제4장 18세기 일본 회화에 미친 서구와 중국의 영향

이토 시오리(伊藤紫織)

머리말

에도 시대 쇄국시기에 중국과 네덜란드 회화(그리고 또한 다른 서구의 회화)가 나가사키를 경유해 일본으로 들어와서 당시 일본 회화에 여러 가지 영향을 미쳤다.[1] 특히 중국과 서구 회화의 영향은 에도 시대 중기 또는 18세기 무렵에 두드러졌다. 나는 이 시대 일본 회화에 미친 서구 및 중국의 영향을 개관하고 그것에 대해 논하고자 한다.

나가사키는 네덜란드동인도회사의 교역소가 있던 해항도시였다. 에도 시대에 나가사키는, 일본이 네덜란드 선박을 통해 들어온 여러 서구 문화와 기술들을 수입하는 통로였을 뿐만 아니라, 중국과의 접촉 지점이기도 했다. 고대 이래로 일본 문화는 중국 문화에 큰 영향을 받았다. 따라서 당시까지의 중국 문화의 영향과 당대 중국 문화의 영향 사이에 명확한 선을 긋기는 어렵다. 게다가 메이지(明治) 시대 이래의 근대 일본에서는 중국 문화의 영향을 추적하는 것보다는 서구의 영향의 시작을 연구하는 것이 더 가치 있는 것으로 여겨져 왔다.[2] 이런 맥락에서 나가사키 역시 서구 문화의 유입 통로로서 그 역할과 기능에 대해 인정을 받아왔다. 그렇지만 우리는 나가사키가 또한 중국과 통하는 문이었다는 사실도 간과할 수 없다.(나가사키 항에 입항한 중국 선박의 수와 중국과의 교역량이 네덜란드 선박 수와 교역량보다 더 많았다.) 사실 일부 서구 문화와 기술들은 중국을 경유해 중국어를 번역한 책의 형태로 일본으로 들어왔다. 게다가 중국의 영향과 서구의 영향이 모두 일본 회화에 공존하고 있으며, 때로는 그 둘 사이에 경계를 정하기가 어렵다.

　이 장에서 우리는 어떻게 해서 서구의 영향과 중국의 영향이 18세기 일본 회화에 서로 중첩되어 나타났는지 검토할 것이다. 먼저 나는 원근법적이고 사실주의적인 표현 현상이 어떻게 인기를 얻었는지를 추적함으로써 당시의 국내 사정을 개관할 것이다. 우리는 나가사키의 화가와 함께 교토(京都)와 에도의 화가도 고려할 것이며, 그들이 어떻게 새로운 회화 양식을 수용했는지를 검토할 것이다. 그에 더해 일본 회화에 중국의 영향과 서구의 영향이 공존하므로, 이런 상황이 어떻게 일어났는지도 논할 것이다.

18세기 일본 회화에 미친 서구와 중국의 영향

　에도 시대 중반에는 각종 양식으로 그림을 그리는 많은 화가들이 있었다. 오늘날 우리는 이 시대에 펼쳐진 각종 회화 양식들을 볼 수 있다.[3] 이런 새로운 흐름은 서구 문화와 중국 문화의 다양한 영향에 자극받은 것이었다.

　첫째로, 오바쿠(黃檗) 양식 회화가 오바쿠 문화(黃檗文化)와 함께 일본으로 들어왔다.[4] 1654년 인겐 류키(隱元隆琦)* 가 초대를 받아 나가사키로 왔고 교토의 우지(宇治)에 린자이종(臨濟宗)의 오바쿠 선종(黃檗禪宗)의 절 만푸쿠지(滿福寺)를 세웠다. 오바쿠 문화는 이 절에서 나라 전역으로 확산되었고 18세기 중국 문화의 수용을 뒷받침하였다. 기타 겐키(喜多元規, ~1709년) 같은

---

* 중국 명말청초 초기 선종 승려로 염불선을 특징으로 하는 명조선을 일본에 전파하고, 당시 일본 선종계에 큰 영향을 주었다.

[그림 1] 키타 겐키(喜多元規), 王心渠図, 1679,
神戸市立博物館(Kobe City Museum)

화가들은 지금은 '가부키(歌舞伎)'의 화장술로 알려진 '구마도리(隈取)'라 불리는 사실적인 초상을 그렸다(그림 1). '구마도리' 기법은 형태를 정형화하는 동시에 또한 사실적인 질감을 표현한다. 이 기법은 명말 활동한 초상화가인 쩡 징(曾鯨, 1568~1650년)*의 작품에서 처음 등장했다. 아주 흥미롭게도 쩡 징은 서구 회화에서 발견되는 광원(光源)을 감춘 채 그림자를 이용하는 방식에 영향 받은 것으로 생각되고 있다. 오바쿠 초상화들은 실제로 중국을

---

* 중국 명말의 초상화가, 인물 표현에 서양화법을 가미하면서도 배경 산수 묘사 등에선 전통 수법을 고수하였다. 그의 유파를 '파신파(波臣派)'라고 한다.

경유해 일본으로 들어온 서구 회화들에 영향 받았다.5) 새로운 중국 양식에 영향 받은 전문 미술가의 초상화와 '가라에(唐絵)' 회화도 둘 다 오바쿠문화에서 기원하였다.6) 이쓰넨 쇼유(逸然性融)*는 오바쿠선종의 승려였고, 인겐 류키를 초대한 사람들 중 중요 인물이었다. 그는 또한 '가라에' 회화도 그렸다. 그 뒤 이쓰넨의 회화 양식은 나가사키의 카와무라 쟈쿠시(河村若芝, 1638~1707년)와 와타나베 슈세키(渡辺秀石, 1639~1709년)가 계승하였다([그림 2]와 [그림 3]). 슈세키는 '가라에' 회화의 관선 화가이자 공인된 감식가로 임명되었다. 다색의 '우키요에(浮世絵)' 판화('니시키에[錦絵]')의 확립은 오바쿠 문화를 통해 중국에서 채색 종이를 도입함으로써 촉진되었다. 이 새로운 '니시키에' 방식에서 '우키에(浮絵)'가 인기를 얻었다. '우키에'는 선에 의한 투시화법을 이용하여 실현된 3차원적 형상과 거리감이 특징인 회화 양식이다.

[그림 2] 가와무라 쟈쿠시(河村若芝), 布袋渡水図, 長崎歴史文化博物館(Nagasaki Museum of History and Culture)

* 1601~1688년. 중국 명의 오바쿠 종 승려로 절강 출신이다. 1644년 일본으로 건너와 나가사키 고후쿠지(興福寺)의 제3대 주지가 되었고, 북종화풍의 인물화, 불화에 뛰어나 나가사키 한화(漢畫)의 시조가 되었다.

[그림 3] 와다나베 슈세키(渡辺秀石), 壽老図,
長崎歴史文化博物館(Nagasaki Museum
of History and Culture)

에도 막부의 8번째 쇼군인 토쿠가와 요시무네(德川吉宗, 1684~1751년)는 1720
년경 외국 서적에 대한 규제를 완화하였고, 기독교를 전파하는 책을 제외
한 서적의 수입을 허용했다. 이것은 네덜란드 연구의 시작을 뜻하였다.
1722년 쇼군 요시무네는 나가사키 지방관에게 '가라에'(중국 회화)와 '오란다에
(オランダ絵)'(네덜란드 회화)의 수입을 명하였다. 그 결과 1726년 네덜란드 선박
을 통해 다섯 점의 유화가 일본으로 들어왔다.[7] '가라에'의 경우에, 쇼군
은 1725년 명대나 그 이전 시기 유명 작품의 사본을 수입하라는 명령을
내렸다. 그렇지만 그 대신 중국 화가 쉔 난핀(沈南蘋, 1683~(1760)~미상)이 1731
년 나가사키에 도착했고, 그래서 중국에서 유명 작품의 사본을 만드는 것

이 너무 어려웠을 수도 있었다.[8]

쉔 난핀의 스승인 후 메이(胡湄)*는 명대의 학구적인 화가인 루 즈(陸治)**의 화풍과 유사하게 새와 꽃을 그리는 데 탁월했다고 한다. 난핀 역시 고전적 화풍의 화려한 채색과 세밀 화법으로 유명했다.[9] 같은 무렵 베이징 조정에선 서구 회화 기법에 완전히 정통했던 랑 시닝(郎世寧, 주세페 카스틸리오네[Giuseppe Castiglione, 1688~1766년])***이 중국 황제들이 유화를 엄격하게 규제하는 가운데 중국의 그림 재료를 사용하여 인물 초상과 새, 꽃 그리고 말 같은 대상을 그렸다.[10]

1731년 12월 난핀은 가오 디아오와 가오 치엔 같은 제자들과 함께 일본으로 와서, 18개월 동안 나가사키의 중국인 거류지에 머무르다 그 후 1733년 9월 중국으로 돌아갔다. 유 히(熊斐, 1712~1772년)는 종종 그 집을 방문하여 쉔 난핀 문하에서 직접 공부하였다. 그는 중국어 통역관 중 한 명인 구마시로 히사에몬의 양아들이었기 때문에 그렇게 자주 그 집을 방문할 수 있었다. 사실, 유 히가 난핀 문하에서 공부하기 위해 일부러 1732년 12월 24일 그 가문에 양자로 들어갔다고도 한다.[11] 난핀에게 가르침을 받기 전에, 그는 '가라에' 감식가 가문인 와타나베 가문에서 그림을 공부했다. 난핀의 사실주의적인 화풍은 유 히를 통해 온 나라로 확산되었는데, 그는 오와리(尾張) 번주 토쿠가와 무네카쓰(德川宗勝)가 맡긴 〈화조도병풍(花鳥図屏風)〉(병풍화, 토쿠가와미술관)과 같은 작품들을 완성했다.[12] 유 히는 결코 나가사키를 떠난 적이 없었지만, 난핀의 양식은 가미가타(上方)****에서 더 수용되었

---

 * 17세기~18세기 초 청대 초기의 화가.

 ** 1496~1576년. 명대의 화가. 산수, 꽃, 새를 특히 잘 그렸다.

 *** 이탈리아 예수회 선교사이자 화가. 밀라노 출생. 선교사로서보다 궁정 화가로서 청대 회화사에 큰 영향을 미쳤다. 특히 유화와 원근법을 중국 전통 안료와 혼합하는 등 중국과 서양의 회화 교류에 중요한 역할을 했다.

 **** 교토와 오사카: 관동 지방의 입장에서 교토와 그 인근 지방을 부르는 명칭.

고, 에도에서 더 인기를 끌었다. 이시자키 겐쇼(石崎元章, 1731~1778년)는 〈방심
전화조도(倣沈銓花鳥図)〉(병풍화, 나가사키역사문화박물관)라는 작품을 그렸는데, 그
것은 쉔 난핀의 작품을 모사한 것이다(그림 4). 와타나베 슈지쓰(渡辺秀實,
1778~1830년)는 자기 아들 슈칸에게 화법을 물려주기 위해 〈채색 복병화전(채
색 覆瓶畵箋)〉(1830년, 나가사키역사문화박물관)을 그렸다(그림 5). 우리는 이 작품의
여러 부분에서 분명한 난핀 양식을 볼 수 있다. 나가사키에서 난핀 양식은
아마도 '가라에' 감식 화가의 레퍼토리 중 일부로 전해내려 왔던 것 같다.

[그림 4] 이사자키 겐쇼(石崎元章), 倣沈銓花鳥図屏風, 長崎歷史文化博物館
(Nagasaki Museum of History and Culture)

난핀 양식은 유 히 문하에서 공부한 가쿠테이(1722~1785년)*가 가미가타로 가져왔다. 그는 또한 오바쿠 선승이기도했다. 1746년 또는 1747년경 가쿠테이는 교토로 옮겼다. 우리는 그의 회화에서 오바쿠 '가쿠에' 양식의 강한 영향도 볼 수 있다. 난핀 양식이 가미가타 지역에서 주류가 된 것 같지는 않다. 대신 난핀 양식에 영향 받은 마루야마 오쿄(巴山応擧, 1733~1795년)와 이토 쟈쿠츄(伊藤若冲, 1716~1800년)가 교토에서 활동했다.

[그림 5] 와다나베 슈지쓰(渡辺秀實), 채색 覆瓶畵箋, 1830, 長崎歷史文化博物館 (Nagasaki Museum of History and Culture)

* 에도시대 오바쿠 승려로 난핀 풍의 화조도에 능했던 가이간 죠코(海眼淨光)의 화호(畫号).

구로카와 기교쿠(黑川龜玉, 1732~1756년)는 에도 최초의 난핀 양식 화가로 등장했다. 그는 1755년에 〈해당백두옹도(海棠白頭翁図)〉(지바시립미술관)를 그렸다(〔그림 6〕). 쇼카쓰 칸(諸葛監, 1717~1790년)이 다음에 등장하여 〈개자계도(芥子に鷄図)〉(1758년, 이타바시〔板橋〕미술관)를 그렸다(〔그림 7〕). 이 두 화가가 나가사키를 방문한 적이 있음을 보여주는 기록은 전혀 남아 있지 않다. 나가사키에서 에도로 난핀 양식을 바로 들여온 것은 소 시세키(宋紫石, 1715~1816년)인데, 그는 나가사키에서 유 히 문하에서 공부했다. 그는 또한 중국 화가 소 시간(그는 1758년에 나가사키로 왔다) 문하에서도 공부하여, 스승을 따라 자기 이름을 소 시세키로 바꾸었다. 1771년에 간행한 자신의 책『고전 및 근대 회화의 여덟 가지 패턴(古今畫藪後八種)』에서, 그는 이렇게 썼다. "나는 나가사키를 방문해서 쉔 난핀 유파에서 중국 회화의 정수를 익혔다." 그는 또한 1759년 제작한 두루마리 족자, 〈이도(鯉図)〉(토쿠혼지사)에 자신이 소 시간의 화법을 익혔다고 썼다. 오늘날 쉔 난핀이 그린 잉어 그림은 전혀 알려진 것이 없다. 하지만 유 히는 〈등용문도(登龍門図)〉(나가사키역사문화박물관)(〔그림 8〕)를 그렸고, 잉어 모티브는 난핀 문하생들의 주요 레퍼토리에 속했다. 난핀 양식 화가들은 아주 섬세하게 비늘을 묘사하여 잉어 몸의 질감을 표현하였다. 소 시세키의 작품들은 모티브들의 단순한 배치와 명쾌하고 가벼운 구성이 특징인데, 이는 유 히와 그의 다른 문하생들이 그린 작품들과 비교된다. 시세키의 세련된 난핀 회화 양식은 에도에서 더 인기를 끌었다. 사카이 타다자네(酒井忠以)와 야나기사와 코레노부(柳沢伊信) 같은 봉건 번주들도 난핀 양식으로 일부 작품들을 그렸다.

소 시세키는 1763년에 간행된 히라가 겐나이(平賀源内)의『물류품척(物類品隲)』*에 삽화를 그렸다. 이 삽화 중 서구 양식으로 그린 작품이 있는데, 그

---

* 에도 중기의 박물학서, 1575년부터 다섯 차례에 걸쳐 열린 물산회의 출품물 중 중요 품목을 선정하여 게재했다. 본문 4권, 도감 1권, 부록 1권으로 이루어져 있다.

것은 마치 작가가 동판화를 베끼고 있는 것처럼 섬세한 선으로 꽃잎의 곡선을 표현하였다. 그리고 난핀 양식으로 그려진 한 작품 역시 붓놀림과 점들을 통해 가지가 세 군데로 뻗은 줄기의 3차원적 형상을 표현하였다. 이 책은 소 시세키가 네덜란드 연구 집단의 사람들과도 관계를 맺었음을 보여준다. 물론 서구 양식을 따르는지 아니면 난핀 양식을 따르는지 명확히 설명할 수 없는 삽화들도 많았다. 책에 나오는 사프란 꽃을 그린 한 삽화는 동판화와 유사한 양식으로 그려졌다. 이 삽화에는 "이 삽화는 네덜란드 자연사 서적에서 가져온 것이다"라는 주석이 있다. 그렇지만 각각 서구 양식과 중국 양식 둘 다로 그려진 다른 삽화들이 같은 책에 수록되어 있다. "칸수 단코바이"(Chinese Spicebush)라는 제목을 단 서양자두나무 그림은 난핀 양식의 세 개의 가지 표현과 서구의 동판화와 유사한 선에 의한 3차원 화법을 모두 이용한다. 소 시세키는 1768년에 〈사자도(獅子図)〉(야마토분카칸박물관)([그림 9])를 그리고 다음과 같은 주석을 남겼다. "이 사자도는 히라가씨가 수집한 서적 중 '반주푸(Banjū-fu)' 책에 있는 삽화를 가져온 것이다. 그것은 보통 화가들이 그린 그림들과 다르다. 이것은 서구의 삽화를 다시 그린 것에 불과하다." 이 주석은 그가 히라가 겐나이가 모은 서적 중 존스톤(Johnston)이 쓴 『자연사(Historiae naturalis)』를 보았음을 나타낸다.[13] 사자 얼굴의 3차원적 표현은 분명 서구적이다. 그렇지만 이 작품을 〈사자희아도(獅子戲兒図)〉(고베시립박물관)([그림 10])와 같은 쉔 난핀의 다른 작품과 비교해 보면, 시세키의 사자털과 신체 질감의 표현은 서구 양식과 비교적 다를 수도 있다.[14] 아키타(秋田) '란가(蘭畵)' 양식을 사용한 화가인 오다노 나오타케(小田野直武)는 뒤에 다시 다루겠지만, 그 역시 〈사자도〉([그림 11])라는 제목의 작품을 그렸는데, 이 그림도 존스톤의 책에 나오는 사자의 삽화에서 착상을 얻었다. 이 작품은 얼마간 유화와 유사한 서구 양식으로 그려졌지만, 소 시세키는 그보다 제한적으로만 서구적 표현을 이용했을 뿐이다.[15]

[그림 6] 구로카와 기교쿠(黑川龜玉), 海棠白頭翁図, 1755, 千葉市美術館(Chiba City Museum of Art)

[그림 7] 쇼카쓰 칸(諸葛監), 芥子に鷄図, 1758, 板橋區立美術館(Itabashi Art Museum)

[그림 8] 유히(熊斐), 登龍門図, 長崎歴史文化博物館(Nagasaki Museum of History and Culture)

[그림 9] 소 시세키(宋紫石), 獅子図, 1768, 大和文華館(The Museum Yamatobunkakan)

[그림 10] 쉔 난핀(沈南蘋), 獅子戲兒図,
神戸市立博物館(Kobe City Museum)

[그림 11] 오다노 나오타케(小田野直武),
獅子図, 個人所藏(Private Collection)

아키타 '란가'(란가는 네덜란드 회화를 뜻한다) 회화는 안에이(案永) 시대(1772~1781년) 동안 등장했다. 이것은 시바 고칸(司馬江漢, 1747~1818년)이 서구 양식 회화의 제작을 시작하기 전이었다.[16] 이 화가 집단은 아키타 번의 번주와 그의 부하들이 집단의 핵심 인물들이었기 때문에 그렇게 불리었다. 명칭은 그렇지만, 그들은 주로 에도에서 활동했다. 아키타 '란가' 화가들은 광원을 감춘 채로 그림자를 이용했고 원근법을 사용했는데, 이는 그 기법에 대한 상대적으로 높은 수준의 이해를 필요로 했다. 새와 꽃에 대한 그들의 표현은 난핀 양식에 더 가까웠다. 아키타 '란가' 화가들 중에서 선 원근법과 농담 원근법을 거의 완전히 이해한 사람은 필시 오다노 나오타케(1749~1780년)가 유일했다.[17] 아키타 '란가' 양식은 화조도의 클로즈업 속에 동판화를 닮은 풍경을 배치하는 구성이 특징이다.[18] 그림 속에 그린 풍경을 설정하기 위해, 오다노 나오타케 외에 다른 아키타 '란가' 화가들은 필시 나오타케가 그린 삽화를 다시 이용하거나 동판화를 베꼈다. 다른 한편 오다노 나오타케가 그린 〈당태종 · 화조산수도(唐太宗 · 花鳥山水図)〉(중요문화재, 아키타근대미술관)(그림 12)의 일부인 〈당태종도〉(두루마리 족자)에서, 우리는 작가가 그림의 평면 밖에 소점(vanishing point)을 둠으로써 격자 마루의 표상 속에 소점 하나를 정하는 원근법을 이용하고자 함을 볼 수 있다. 그렇지만 나오타케도 거의 항상 자기 풍경 그림의 중경(中景)에 수면(水面)을 둠으로써 농담 원근법과 선 원근법의 엄격한 사용을 피하였다. 시바 고칸은 필시 한 가지 점에서 나오타케 문하에서 공부했을 것이다.

시바 고칸은 네덜란드어를 아는 오쓰키 겐타쿠(大槻玄澤)의 도움을 받아 네덜란드 서적을 연구했고, 1783년에 〈미메구리 풍경도(三廻之図)〉('메가네에 [眼鏡繪]', 요지경 그림)라는 제목의 동판 에칭판화를 완성하였다.[19] 이것은 일본에서 제작된 최초의 동판 에칭판화였다. 그 이후 그는 유화(고칸은 유화를 서구의 왁스 화법 또는 '란가' 화법이라 불렀다)를 채택했다. 그는 유화를 장려하기

[그림 12] 오다노 나오타케(小田野直武), 唐太宗·花鳥山水図, 秋田縣立近代美術館
(The Akita Museum of Modern Art)

위해 자신의 작품을 액자에 넣어 절과 사원에 바쳤다. 그런 그림의 초기 예가 1796년에 제작된 〈상주겸창칠리빈도(相洲鎌倉七里が浜図)〉(고베시립박물관)이다(그림 13).[20] 그의 이름 고칸은 중국어와 문화에서 착상을 얻어 지은 것이다.[21] 이 이름을 사용하기 전에 그는 스즈키 하루시게(鈴木春重)라는 이름을 사용하면서 스즈키 하루노부(鈴木春信)의 화풍으로 '우키요에(浮世繪)'를 그리고 있었다. 그리고 그 후 그는 소 시세키 문하에서 난핀 양식을 공부

[그림 13] 시바 고칸(司馬江漢), 相洲鎌倉七里が浜図, 神戸市立博物館
(Kobe City Museum)

했다. 그는 메이와(明和) 시기(1764~1771년) 동안 스스로 하루시게라고 부르고 있을 때, 중국을 경유해 일본으로 들어온 과장된 선 원근법으로 유명해졌고, 그의 스승 하루노부와 유사한 양식으로 그린 미인도들에 '우키에' 식의 원근법을 적용하였다.22) 고칸의 작품을 검토해 보면, 다음과 같은 두 가지 점이 주목된다. 먼저, 그는 시간 순서상 난핀 양식에서 동판화로 이동하였고, 그 뒤 유화로 이동하였다. 그렇지만 이런 단계들은 몇 가지 점에서 서로 중첩된다. 예컨대 동판화 작업을 하기 시작한 이후에도, 그는 또한 의뢰받은 작품을 난핀 양식으로 그리고 있었다. 둘째, 그는 1788년부터 다음 해까지 나가사키를 방문하였다. 그렇지만 그는 그에 앞서 이미 동판화 단계를 끝내고 유화를 채택하였다. 적어도 나가사키 방문이 그가 서구 양식을 흡수하고 익히는 데 결정적인 전환점은 아니었다는 것은 명백하다. 고칸은 '우키에'와 '메가네에' 때부터 선 원근법으로 유명했고, 난핀 양식을 시도했으며, 그 후 유화를 채택했다. 그렇다면 그의 화풍은

[그림 14] 시바 고칸(司馬江漢), 犬のいる風景図, 千葉市美術館(Chiba City Museum of Art)

어떻게 바뀌었는가? 원근법과 관련해서 보면, 고칸은 필시 농담 원근법을 얼마간 알고 있었을 것이다. 왜냐하면 그가 자신의 〈개가 있는 풍경화(犬のいる風景図)〉(치바시립미술관)(그림 14)에서 먼 거리에 있는 산에 보다 옅은 색깔을 사용했기 때문이다. 그렇지만 고칸의 작품들에서 농담 원근법은 드물게 사용되고 있다. 그 이유 중 하나는 그의 유화 재료가 농담 원근법에 필요한 색조를 표현하는 데 부적합했기 때문이다. 선 원근법의 경우 고칸은 〈이국공장도(異國工場図)〉(고베시립박물관)(그림 15)를 그릴 무렵에는, 아키타 '란가' 회화에 존재했던 부조화감을 거의 완전히 해결했다. 고칸이 사용한

[그림 15] 시바 고칸(司馬江漢), 異國工場図, 神戶市立博物館(Kobe City Museum)

[그림 16] 니시무라 시게나가(西村重長), 浮繪海士龍宮玉取之図, 千葉市美術館
(Chiba City Museum of Art)

유화 물감은 광원을 숨긴 채 그림자를 표현하는 데는 이상적이지 않았다. 그렇지만 유화가 아닌 이 작품에서 광원을 감춘 채 그림자를 표현하는 효과를 볼 수 있다. 비록 광원의 위치와 그림자 사이의 관계에 얼마간 불일치가 계속 보이지만 말이다. 그림자를 이용하는 기법은 이미 전통적인 카노파(狩野派)에 속했던 하나부사 잇쵸(英一蝶, 1652~1724년)의 작품에 나타났다. 그러므로 그림자의 이용이 반드시 서구풍인 것은 아니다. 그렇지만 광원을 숨긴 채 그림자를 이용하는 것은 필시 서구 양식과 관계가 있었다. 왜냐하면 그것이 아키타 '란가' 화가들의 작품에 이용되었고, 또한 명백하고 의도적으로 서구 양식으로 제작된 가쓰시카 호쿠사이(葛飾北齊)의 풍경 판화에서도 사용되었기 때문이다.23)

　이제 원근법의 이용이 '우키에'에서 풍경 판화로 어떻게 이동했는지를 고찰해보자. '우키에'의 초기 예는 1739년 무렵 제작된 〈이치무라자 극장 내부도(市村座場內図)〉라고 하는 '우키에' 그림이다. 또한 1744년 토리이 기요타다(鳥居淸忠)의 작품들이 간행되었다.[24] 초기 '우키에' 작품들은 아마도 원근법을 사용한 중국 회화와 판화들에 영향 받은 것 같다.[25] 니시무라 시게나가(西村重長)의 〈부회해사용궁옥취지도(浮繪海士龍宮玉取之図)〉(치바시립미술관)([그림 16])와 오쿠무라 마사노부(奧村政信, 1686~1764년)의 일부 작품과 같은 초기 '우키에' 작품들에서 보이는 것처럼, 선 원근법은 실내 구조를 표현하기 위해서만 사용되고 있고 실외 장면에서는 어떤 원근법도 사용하지 않는다. 우타가와 토요하루(歌川豊春, 1735~1814년)는 1767년경 '우키에' 회화를 제작하기 시작했다. 그의 〈부회화국경적풍류화전주성지도(浮繪和國景跡風流和田酒盛之図)〉(지바시립미술관)([그림 17])에서 볼 수 있는 것처럼, 그는 비록 약간의 불일치가 있지만 작품 전체에 걸쳐 선 원근법을 사용했다. 이것은 화가가 실내 구조만이 아니라 실외 장면에 대해서도 선 원근법(또는 선 원근법에 아주 가까운 기법)을 사용했음을 의미한다. 고칸(즉 하루시게)의 원근법 이용은 토요하루의 원근법 이용과 비슷하다. 그 후 미인도 안에 가끔씩 선 원근법을 사용하는 풍경 그림이 나타나고 있었다. 이것은 반드시 '우키에' 회화는 아니었는데, 가쓰카와 슌초(勝川春潮, 1786~1788년)의 세 폭짜리 그림인 〈근위교전(筋違橋前)〉(치바시립미술관)([그림 18])이 그런 경우이다. 시바 고칸이 동판화로 넘어간 후인 1800년 초 가쓰시카 호쿠사이는 〈구단 우시가후지(だんうしがふち)〉와 같은 서구풍 풍경 판화 작업을 하기 시작했는데, 이 작품에서 작가는 동판화와 유사한 그림자 기법을 사용함으로써 서구 양식을 의도적으로 강조하였다. 이어지는 〈후지산36경(富嶽山三十六景)〉 시리즈와 〈명소에도100경(名所江戸百景)〉 시리즈 같은 호쿠사이와 우타가와 히로시게(歌川廣重)의 풍경판화 걸작들도 역시 선 원근법의 사용을 통해 실현된 현실적 공간 표현에 주로 기초하고 있다([그림 19]).

[그림 17] 우타가와 토요하루(歌川豊春), 浮繪和國景跡風流和田酒盛之図, 千葉市美
術館 (Chiba City Museum of Art)

[그림 18] 가스카와 슌쵸(勝川春潮), 筋違橋前, 千葉市美術館 (Chiba City Museum of Art)

[그림 19] 가쓰시카 호쿠사이(葛飾北齊), 富嶽三十六景隱田の水車, 1831~1833년경,
千葉市美術館(Chiba City Museum of Art)

호레키(宝曆) 시대(1751~1764년) 동안 초기 '우키에' 양식에서 현실적인 '우키에' 양식으로 이행하는 시기에, 젊은 마루야마 오쿄는 과장된 선 원근법을 이용하는 '메가네에'(요지경 그림)를 그리고 있었다. '메가네에'는 렌즈가 달린 구멍을 통해 보는 연속되는 그림들이다. 사람들은 렌즈로 인해 한층 더 과장되어 보이는 원근법으로 그린 그림의 3차원적 형상을 즐긴다. 그것은 '우키에'의 시작과 긴밀하게 연결되어 있고, '우키에'는 '메가네에'에서 이용되기도 하였다.(이것이 모든 '우키에'가 '메가네에'라는 말은 아니다.)26) 오쿄는 원래 서구 문화의 영향하에서 중국에서 제작된 '메가네에' 작품을 다시 그렸다고 한다. 오쿄는 자신의 공간에 대한 3차원적 이해에 기초하여 풍경을 그렸다. 거기서, 우리는 선 원근법의 영향을 볼 수 있다. 이어지는 시기 동안, 서구의 요지경 투시장치와 그에 수반한 동판 요지경 그림들이 네덜란

드 선박을 통해 일본으로 들어왔다. 시바 고칸은 이런 요지경 투시장치의 모방품을 제작했고, 또한 투시장치를 이용해 즐길 수 있는 '메가네에'를 만들었다. 1783년 고칸은 일본 최초의 동판 에칭판화 '메가네에' 작품을 완성했다. 이제 당시 나가사키의 상황으로 돌아가, 시바 고칸은 1788년부터 다음 해까지 거기에 있었고 아라키 겐유(荒木元融, 1728~1794년)를 만났다.[27] 겐유는 관선 화가였고 '가라에' 감식가를 이끌었다. 그는 스승 이시자키 겐토쿠(石崎元德) 문하에서 그림 기법을 공부했고, 한 서양인 화가로부터 서구 회화 기법을 익혔다. 겐토쿠는 위에서 언급한 이시자키 겐쇼의 양부였다. 그는 쉔 난핀의 작품을 다시 그리는 화가였고, 자신의 병풍 작품에 그것을 사용했다. 겐토쿠는 한 네덜란드인 화가로부터 서구 회화 기법을 익혔다고 한다. 그렇지만 오늘날 그가 그린 서구풍 작품은 알려진 것이 전혀 없다. 그의 〈동방삭도(東方朔図)〉(나가사키역사문화박물관)는 서구 양식과는 거리가 먼 양식으로 그린 중국적 모티브의 그림이다. 아라키 겐유의 아들인 이시자키 유시(石崎融思, 1768~1846년) 역시 14세에 '가라에' 감식가가 되었고 뒤에 감식가의 지도자가 되었다. 유시의 작품들은 그가 광범위한 회화 양식에 익숙했음을 보여준다. 1801년에 그린 그의 〈중국과 네덜란드 집(唐蘭館図繪卷)〉(나가사키역사문화박물관)은 그의 명인다운 기교를 반영하고 있다. 얼핏 봐도 곧바로 서구의 영향을 떠올릴 수 있다. 그렇지만 이 작품은 확실히 서구 양식은 아니다. 중국적 모티브의 그의 작품 중, 우리는 다소 서구적이거나 유화 같은 섬세한 표현을 볼 수 있다. 그런 그림으로는 1822년의 제명(題銘)을 담고 있는 〈복록봉행도(福祿ほこ図)〉(도쿄국립박물관)와 1841년의 〈쌍계도(双鷄図)〉(나가사키역사문화박물관)(그림 20)가 대표적이다. 그렇지만 필시 위의 두 작품 사이에 그려졌을 그의 〈복숭아도(桃図)〉(나가사키역사문화박물관)는 서구 양식보다는 '가라에' 양식에 더 가까우며, 또한 난핀 양식에 다소 가까운 것일 수도 있다. 이시자키 유시가 그린 작품들에는

'가라에' 양식과 서구 회화 양식이 모두 담겨있다. 아라키 조겐(荒木如元, 1774~1824년)은 '가라에' 감식가인 아라키 겐유의 이름을 따서 지은 이름이다. 필시 조겐 역시 '가라에' 감식가들과 관계가 있었을 것이다. 그의 작품은 〈네덜란드해항도(オランダ海港図)〉(야마토분카칸박물관)([그림 21])와 같은 유화들을 포함하고 있다. 그는 많은 서구풍 회화들을 그렸다. 그렇지만 그는 또한 '가라에' 감식가 회화로 분류되어야 하는 작품들도 그렸다. 그런 예 중 하나가 〈만국인물도감(万国人物図鑑)〉(나가사키역사문화박물관)이다. 조겐과 비슷하게 와카스기 이소하치(若杉五十八, 1759~1805년) 역시 나가사키의 서양풍 회화의 대가이다. 그는 '가라에' 감식가는 아니었지만, 나가사키의 교역을 책임지던 지방 관리였다.[28] 1791년에 그린 그의 작품 〈서양배도(洋船図)〉(교토 이마미야 사원)는 아주 세련된 유화이다. 지방 관리로서 이소하치는 회계

[그림 20] 이시자키 유시(石崎融思), 双鶏図, 1841, 長崎歴史文化博物館
(Nagasaki Museum of History and Culture)

[그림 21] 아라키 조겐(荒木如元), オランダ海港図, 大和文華館
(The Museum Yamatobunkakan)

관으로서의 업무를 통해 네덜란드 문화와 연관을 맺었다. 아라키 조겐과 와카수기 이소하치 둘 다는 자신의 작품에 광원을 숨긴 채 그림자를 이용하였다.

맺음말

　우리는 일본 회화에 미친 서구와 중국의 영향과 당시 이런 영향들이 중첩되어 있는 상태를 살펴보기 위해 18세기 일본의 사정을 검토하였다. 사실주의적 표현의 경우, 서구 회화에서 종종 보이는 광원을 감춘 채 그림자를 이용하는 것이 난핀 양식 회화의 섬세함과 뒤섞여 있었다. 모티브의 경우, 화가들은 서구적 이미지원(image sources)을 제한적으로만 이용했을 뿐이다. 그렇지만 그들은 또한 그들 자신의 기호에 따라 모티브를 선택하였다. 그런 모티브 중 하나가 사자이다. 이 모티브는 존스톤이라는 작가가 쓴 삽화를 곁들인 수입 서적에서 직접 따온 것이었다. 그러나 이 모티브의 선택은 또한 권력의 상징으로서의 사자 그림인 '카라지시(唐獅子)'에서 착상을 얻은 것임에 틀림없었는데, '카라지시'는 전통적으로 중국 회화에서 사용되었다.[29] 원근법의 경우, 서구 선 원근 기법이 처음 중국을 경유해 일본으로 들어왔고 새로운 것으로 환영받았다. 원근법은 또한 네덜란드 서적의 삽화를 통해서도 일본으로 들어왔다. 이것은 당시 화가들이 원근법에 대한 이해를 깊이 하는 데 도움을 주었고 그 후 그들은 자신의 작품에서 보다 정확하게 그 기법을 이용하기 시작했다. 그 결과 원근법에 기초하여 많은 이미지들이 창출되었고 새로운 느낌은 사라져 갔다. 비록 화가들이 공간적 표현에 대한 이해를 늘려 나갔지만, 히로시게와 호쿠사이의 '우키요에' 작품들에서처럼, 원근법의 이용은 결국 크기상의 차이로 자리 잡았다.

나가사키는 외국 문화에 문호를 개방했다. 많은 문화들이 나가사키를 단지 경유했을 뿐이었다. 우리는 많은 네덜란드 서적들이 나가사키로 들어왔지만, 실제로 그것들을 이용한 곳은 에도라고 생각할 수 있다. 쉔 난핀은 나가사키로 들어왔지만 그의 양식은 에도에서 훨씬 더 인기를 끌었다. 당시 미술품 시장은 나가사키, 에도 그리고 가미가타 사이에 규모와 경향성 면에서 달랐다. 나가사키에서는, 서구 양식 회화가 와카수기 이소하치와 아라키 조겐의 작품들과 함께 본격적으로 시작되었다. 그것은 다소 늦은 출발이었다. 고칸은 이미 그들보다 앞서 서구 양식 회화 작업을 시작하였다. 이소하치는 고칸이 나가사키를 방문했을 때야 비로소 본격적으로 서구 양식 회화에 참여했다. 통역관과 번역가들은 중국어나 네덜란드어를 하나씩만 다루었지만, '가라에' 감식가들은 두 문화를 다 다루었다. 우리는 이시자키 유시의 작품들에서 중국 양식이 지배적인 회화에서 서구 양식이 지배적인 회화로의 이행을 발견할 수도 있다. 이것은 나가사키의 '가라에' 감식가들 사이에서 일어난 일이었다. 그렇지만 조겐 이전에는 중국 양식과 서구 양식이 공존하였고, 또한 조겐 이후에도 계속 공존하였다. 심지어 나가사키 화가들이 서구 양식 회화를 본격적으로 시작한 후에도, 실제로 서구 양식을 실천한 나가사키 화가들은 몇 명밖에 되지 않았다. 또한 중국인 주거지를 종종 방문하고 네덜란드 문화에 관한 정보도 모을 수 있었던 테쓰오 소몬(鐵翁祖門, 1791~1871년, 순토쿠지[春德寺]사의 주지이자 서적검열관) 같은 사람도 있었다. 특히 에도 시대 말 일본이 쇄국에서 벗어나 외국에 항구를 개방한 후에도, 그리고 나가사키가 더는 서구 문화의 유일한 통로가 아니게 된 이후에도, 중국과의 연결은 유지되었다. 그 이유 중 하나는 중국이 지리적으로 나가사키에 가깝다는 것이었다.

에도 시대 중반, 일본 회화에서 중국과 서구의 영향은 때때로 공존하였다. 이렇게 공존한 주된 이유는 필시 중국이 분명 외국이지만 일본인에게 완전히 낯설지는 않았다는 사실과 중국 문화의 지배가 제3의 나라로서 네덜란드 문화의 유입으로 인해 쇠퇴하였다는 사실, 그리고 일시적으로 일본 문화와 중국 문화 그리고 네덜란드 문화 사이에 대립이 있었다는 사실 때문이었다.[30) 18세기 일본 화가들은 처음에는 중국 문화와 네덜란드 문화 그리고 서구 문화를 자기 기호에 따라 선별적으로 흡수했을 뿐이었다. 네덜란드 회화와 서구 회화에 열광한 사람들 대부분은 회화만이 아니라 그 문화 전체에 깊은 관심을 가졌다. 그리고 그들은 중국 문화에도 깊은 관심을 나타냈다. 그렇지만 선별적이고 부분적으로 흡수된 이런 문화들이 인기를 얻었고, 일본인에게 표준적인 것으로 되었으며, 결국 일본 회화에 근본적인 변화를 야기하였다. 처음에는 선 원근법은 단지 실내 구조의 표현에만 적용되었다. 그 이유는 [실내의 경우─옮긴이] 그 기법의 이용이 상대적으로 쉬웠기 때문이다. 그렇지만 그것은 결국 그림의 전체 평면을 지배하게 되었다. 원근 기법 자체를 보여주던 화법은, 배경의 풍경 구성을 뒷받침하는 기법으로 원근법을 이용하는 화법으로 점차 이동하였다.

이것은 풍경 판화에 현실적인 공간 표현을 가져왔다. 난핀 양식은 19세기 말에 들어서도 여전히 비교적 인기가 높았다.(19세기 일본의 유명한 지식층 화가였던 와타나베 가잔[渡辺華山]과 쓰바키 진잔[椿椿山] 같은 화가들 역시 일부 작품을 난핀 양식으로 그렸다.) 비록 난핀 양식의 인기가 점차 사라져 갔지만, 1884년의 '내국회화박람회(內國繪畫共進會)'에 참여한 화가들 중 몇 명은 스스로를 난핀 양식 또는 쉔 쿠안 양식 화가라고 불렀다(쉔 난핀은 쉔 쿠안이라고도 불렸다). 나는 난핀 양식으로서 일본 회화에 뿌리를 내린 섬세하고 사실주의적인 표현이 동물과 식물의 삽화를 담은 자연사 서적과 함께 인기를 얻고 확산되었다고 믿는다.

주

1) Ito Shiori, "Ikoku to daimyō: Edojidaichukikaiga no ikokusyumi (외국과 다이묘: 에도 시대 중반 회화에서 볼 수 있는 외국 문화에의 매혹)", in *Edo no ikokusyumi: Nanpinfūdairyukō* (난핀 유파: 에도시대 회화에서 이국풍에의 매혹) (Exhibition Catalogue, Chiba: Chiba City Museum of Art, 2001). 나는 여기에 중국 회화도 얼마간 류큐와 사쓰마를 경유해서 수입되었다는 것을 덧붙여 말하고 싶다. 나는 이 발표 속의 많은 생각을 쓰카하라 아키라와의 대화로부터 얻었다. 그의 협력에 깊은 감사를 드린다. 또한 나는 영문본을 교정해 준 이와사 유리에게도 감사 드린다.

2) 나는 전에 이 문제를 언급한 적이 있다. Ito Shiori, "Edojidai no Ikokusyumi (에도 시대 이국풍에의 매혹)", in *Nihon ni okeru gairaibijyutsu no jyuyō ni kansuru chōsa kenkyū houkokusyo* (연구보고: 일본에서 외국 예술의 수용에 대한 연구) (Tokyo: Tokyo kokuritsu bunkazai kenkyūsyo (도쿄국립문화자산연구소, 2006).

3) Kyoto kokuritsu hakubutsukan (국립교토미술관), *18seiki no nihonbijyutsu* (18세기 일본 미술)(Exhibition Catalogue, Kyoto: Kyoto National Museum, 1990)을 보라. 또한 최근의 전시회 카탈로그, Asian Art Museum of San Francisco, *Traditions Unbound: Groundbreaking Painters from Eighteenth Century Kyoto* (Exhibition Catalog, San Francisco: Asian Art Museum of Art, 2005)도 보라.

4) 이 시대의 오바쿠 초상화와 '가라에' 회화에 대해선, Narusawa Katsushi, "Monohayari no keifu: Ōbakugakaryakuden (유행의 계보: 오바쿠 화가들의 소전기들)", in Kobe City Museum, *Ingenzenshi to Ōbakushu no kaiga* (승려 인겐과 오바쿠 선종) (Exhibition Catalogue, Kobe: Kobe City Museum, 1991) ; Kyoto National Museum, *Ōbaku no bijutsu: edojidai no bunka o kaetamono* (오바쿠 미술) (Exhibition Catalogue, Kyoto: Kyoto National Museum, 1993)을 보라.

5) 오바쿠 회화와 서구의 사실주의 화법 간의 관계에 대해선, Nishigori Ryosuke, *Obakuzenrin no kaiga* (오바쿠의 회화) (Tokyo: Chuō Kōron Bijutsu Shuppan, 2006)을 보라.

6) '가라에'는 원래 중국에서 수입한 회화를 뜻했지만, 당시 '가라에'에는 중국 회화에 영향 받은 양식을 가진 일본 회화가 포함되었다.

7) Koga Jūjiro, *Nagasakikaigazenshi* (나가사키 회화사) (Tokyo: Kitamitsu Shobo, 1944), pp.93~96을 보라.

8) Ibid., pp.100~103.

9) 쉔 난핀에 대해선, Etchū Tetsuya, Tokuyama Hikaru, Kimura Shigekazu, *Nagasakiha no kachoga: shen nanpin to sonoshuhen* (센 난핀의 화조도와 그의 계승자들)

(Tokyo: Fuji Art Shuppan, 1981)과 Zhou jiyin, *Kondo Hidemi, Shen Quan yanqiu* (셴 콴 연구) (Jiangsu: Jiangsu Meishu Chupanshe, 1997)을 보라.

10) Ishida Mikinosuke, "Rouseinei den ryakukou (랑 시닝의 소전기)", *Bijutsu Kenkyū*, no.10 (1932). 우리가 난핀의 작품에서 서구의 영향을 발견할 수 있다면, 그것은 랑 시닝에게서 직접 받은 것은 아니다. 랑 시닝은 유화 물감을 사용하지 않고서 서구 회화 양식을 이용하였다. 흥미롭게도, 이런 방식은 유화 물감 없이 서구 양식 회화를 그렸던 일본 서구풍 화가들과 비슷하다.

11) Etchū Tetsuya, "Nagasaki ni okeru Nanpinha no shiso Yūhi (Kumashiro jinzaemon) ni tsuite (나가사키 난핀 유파의 설립자: 쿠마시로 진자에몬으로도 알려진 유 히)", *Nagasaki Dansō*, no.48 (1969).

12) Takeuchi Misako, "Owarihan goyōeshi to Nanpinha: Imamura Zuigakuto Sō Shikō (오와리 가문의 관선 화가와 난핀 유파: 이마무라 주이가쿠와 소 시코)", *Nagoyashihakubutsukankenkyukiyō* (나고야시립박물관 연보), no.13 (1989).

13) 이 사자의 얼굴은 존스톤의 책에 나오는 사자와 약간 유사하지만, 부분적으로 만 그러하다. 시세키는『고전 및 근대 회화의 여덟 가지 패턴(古今画藪後八種)』 이라는 제목의 자신의 책에는 존스톤의 책에서 직접 동물의 모습을 베껴 그렸 다. 그가 존스톤의 책을 따라 이 사자를 그렸다면, 두 사자는 더 비슷하게 보여 야 한다. 그러므로 우리는 다른 자료도 검토해야 할 것이다.

14) 이 〈사자희아도〉는 셴 난핀이 그린 진품인지 확인하기가 힘들다. 진품이든 아 니든, 사자(들)을 그렸고 셴 난핀의 것이라고 하는 작품이 여럿 있다는 것이 중 요하다. 나는 그것들이 가진 사실주의적 표현의 특징이 난핀의 레퍼토리로 수 용되었다고 믿는다. 내가 볼 때, 난핀의 서명이 들어간 역사적 작품 모두가 에 도 시대 일본 화가들이 무엇을 난핀의 것으로 인정했는지를 우리가 이해하는 데 유용하다.

15) 소 시세키가 서구 양식으로 그린 다른 중요한 작품이 있다. 그것은 〈孔雀火鷄 鵰図〉(1777년, 이추쿠시마 사당)인데, 그것은 1726년에 들어온 유화 중 하나에 영향 받았다. 이 작품에 대해선, Kojima Kaoru, "Bakumatsu meiji no kachōga ni tsuite no ichi shiron (막부 시기에서 메이지까지 화조도에 대한 시론)", *Jissen zyoshi daigaku bungakubu kiyō* (지센여자대학 문학부 연간연구보고서), no.43 (2001)을 보라. 이 작품 역시 손상을 많이 입어 원래 양식을 가늠하기가 어렵다. 그 구성은 유화에서 가져오고 양식은 난핀 유파에서 가져왔다고 이해할 수도 있겠지만, 이런 구성은 난핀 유파로부터 가져온 것일 수도 있다.

16) 영어권에서, 아키타 란가에 대해서는, Hiroko Johnson, *Western Influences on Japanese Art: The Akita Ranga Art School and Foreign Books* (Amsterdam: Hotei Publishing 2005)를 보라. 애석하게도, 이 책에는 이 분야에서 이루어진 최근 일

본의 연구가 일부 빠져있다.

17) 중국 화가들은 이미 11세기에 색깔의 옅은 음영과 진한 음영을 가지고 농담 원근법을 사용했다. 농담 원근법은 서구의 영향일 뿐만 아니라 동양의 전통이기도 한 것이다. 비록 일본의 서양풍 화가들이 그것을 서구 회화에서 온 기법으로 받아들였지만 말이다. 예컨대, 아키타 '란가'의 중요한 화가인 사타케 쇼잔(佐竹曙山)은 자신의 미술이론서, 『회화의 이해(画図理解)』에 다음과 같이 썼다. "우리는 우리에게 보다 가까운 나무를 진한 녹색으로 보고, 우리에게서 더 멀리 있는 나무는 옅은 녹색으로 본다"(Hiroko Johnson, ibid., p.160의 번역을 재인용).

18) 아키타 '란가'가 나중에 난핀 유파에 영향을 주었을 수 있다. 소 시세키의 아들인 소 시잔도 먼 풍경 앞에 꽃과 새의 모티브를 그렸다. Yamaguchi Yasuhiro, "Mashiyama Sessai hitsu kinkeichō zu (마시야마 세사이의 황금 꿩)", *Kokka*, no.1181 (1994)를 보라.

19) 동판 에칭판화를 만들기 위해 고칸이 수행한 네덜란드 서적에 대한 공부는, Isozaki Yasuhiko, *Edojidai no ranga to ransyo kinsei nichiranhikakubijyutsushi* (에도 시대의 란가와 네덜란드 회화 그리고 란쇼 네덜란드 서적) (Tokyo: Yumani Syobo, 2004), pp.368~396을 보라.

20) 고칸이 유화 풍경화를 절과 사원에 바친 것에 대해선, Tsukahara Akira, "Syaji hounou youfu fukeizu ni okeru Shiba Kōkan no seisaku ito (사원과 절에 대한 서구 양식 풍경화의 헌정에 반영된 시바 고칸의 예술적 의도)", *Bijutsuhsi* (일본미술사협회보), no.135 (1994)를 보라.

21) 고칸 자신이 자신의 예명 "고칸"이 중국식 이름이라고 썼다. Shiba Kōkan, *Shunparōhikki* (순파로의 기록)을 보라. "내가 보건데, 내 시 밑에 서명을 하는데 중국어 소리가 나는 이름을 가지는 것이 더 품위가 있는 것 같았다. 그래서 나는 순(Shun)과 시바(Shiba), 군가쿠(Kungaku) 그리고 고칸이란 이름을 선택했다"(Calvin L. French의 번역 ; Calvin L. French, *Shiba Kōkan* (New York and Tokyo: Weatherhill, 1974)를 보라).

22) 하루시게의 작품에서 유명한 미인 모티브들은 서구식 원경으로 구성되었다. 이런 구성은 아키타 '란가'와 다소 유사하다. 아키타 '란가' 미술가들은 동판화를 베낀 원경 앞에 꽃과 새를 배열하였다. 나는 그것이 아키타 '란가' 미술가들에 대한 하루시게(고칸)의 영향을 보여준다고 제안하고 싶다.

23) Yamaguchi Yasuhiro, "Gaikō hyōgen no yūgisei (에도 시대 요가[Yohga]에서 빛의 표현의 쾌활함)", in Tsuji Nobuo sensei kanreki kinenkai, *Nihon bijutsushi no suimyaku* (일본 미술사의 흐름) (Tokyo: Perikansha, 1993)과 Uchiyama Jun'ichi, *Edo no kōkishin* (에도 시대 란가의 호기심) (Tokyo: Kōdansha, 1996)을 보라. 우치야마는 화가들이 언제나 그림자를 그린 것은 아니고 표현을 위해 효율적으로

그렸다고 지적한다(Ibid., p.146).

24) Kishi Fumikazu, *Edo no enkinhō uki-e no shikaku* (에도 시대의 원근법) (Tokyo: Keisō Shobō, 1994), pp.4~5와 pp.43~47을 보라. 〈이치무라자 극장 내부도〉라고 하는 이 '우키에' 그림은 유실되었고 지금은 사진으로만 전해지고 있다.

25) Oka Yasumasa, *Magane-e shinkō* (요지경 그림에 대한 새로운 연구) (Tokyo: Chikuma Shobō, 1992), pp.66~70을 보라.

26) 요지경 그림에 대해선, Ibid.를 보라.

27) '가라에' 메키키 관선 화가와 외국 회화 감식가들에 대해선, Koga, ibid.와 Nagasaki kenritsu bijyutsu hakubutsukan (나가사키현립미술관), *Kara-e mekiki to dōmon* (가라에 메키키와 관련 화가들) (Exhibition Catalogue, Nagasaki: Nagasaki Prefectural Art Museum, 1998)을 보라. 고칸은 *Saiyū nikki* (서부여행일기)에 다음과 같이 썼다. "나는 가지마치에 있는 아라키 타메노신을 방문했다. 관선 그림 감식가로서, 그는 다소 그림을 그릴 줄은 알지만 훌륭한 미술가는 아니다"(Calvin L. French의 번역 ; French, ibid를 보라). 아라키 겐유는 아라키 겐케이의 양아들인데, 그의 친아버지는 네덜란드어 통역관 중 한 명이었다.

28) 와카수기 이소하치에 대해선, Katsumori Noriko, "Wakasugi Isohachi kenkyū (나가사키의 서구 양식 회화의 미술가, 와가수기 이소하치에 대한 연구)", *Kōbeshiritsuhakubutsukankenkyukiyō* (고베시립박물관회보), no.21 (2005)을 보라.

29) 나는 말 화제(畫題)가 사자의 경우와 유사하다고 생각한다. 조핸 엘리어스 리딩거(Johan Elias Riedinger)의 화집 판화에 기초하여, 서구풍 회화의 작가들은 말을 자주 그렸다. 그러나 난핀 유파 화가들도 난핀의 화제를 본 따서 많은 말을 그렸다. 말은 힘차고 짜임새 있는 느낌을 표현하기에 적절한 화제였고, 당시 말은 아주 대중적이고 중요한 동물이었다.

30) 당시 일본 문화와 중국 문화 그리고 네덜란드 문화 사이의 대립과 공존에 대해선, Timon Screech, *Edo no shikōkūkan* (에도 시대의 사상공간) (Tokyo: Seidasha, 1999)를 보라.

제5장 부두에서:
바타비아 정박지를 둘러싼 삶과 노동

레오나르 블뤼세(Leonard Blussé)

서론

1619년, 네덜란드동인도회사 총독 J. P. 쿤(Coen)이 네덜란드동인도회사(이하 VOC)의 중역들에게 자와(Java) 서부의 자카르타(Jayakarta) 왕국을 정복하고 그 폐허 위에 회사의 새로운 아시아 본부를 세우기 시작했다고 알렸다. 그때 그는 그 도시를 네덜란드인이 상상하는 조상 영웅으로 로마의 지배에 맞섰던 바타비(Batavi)족*의 이름을 본 따 바타비아(Batavia)로 부르라는 지시를 받았다. 무엇보다 네덜란드공화국은 당시 전쟁상태에 있었고 스페인 왕에 맞서 일어난 반란의 15주년을 맞고 있었다.** 이런 전쟁상태는

---

* 기원전 1세기 후반에서 서기 3세기까지 오늘날의 네덜란드인 라인강 하구 델타 지역에 산 게르만 부족. 16세기 네덜란드 독립전쟁의 과정에서 네덜란드인의 신화적 조상으로 창조되었다.

** 네덜란드가 위치한 저지대 지역(Low Countries)은 원래 합스부르크 왕조하의 신성로마제국에 속했으나 합스부르크 왕조가 분리되면서 1556년 펠리페 2세의 스

1648년 뮌스터(Munster) 조약*을 체결해서야 종식될 터였다.

새로운 도시는 집결지, 즉 회사 교역망 상의 화물집산항으로서만이 아니라 아시아에서 포르투갈 식민지제국과 스페인 식민지제국에 맞선 싸움에서 군사령부로서도 기능할 예정이었다. 새로운 성과 그 성 뒤에 세워질 도시의 건설에 쓸 많은 벽돌들은 네덜란드동인도회사 무역선들의 바닥짐으로 네덜란드에서 들여왔다. 심지어 도시 성문의 아치들도 유럽에서 미리 제작해 가져왔는데, 그 증거를 최근에 건져 올린 VOC 선박 '바타비아' 호의 화물에서 찾을 수 있었다. 그 배는 1629년 오스트레일리아 서부 연안에서 떨어진 앱롤호스 암초(Abrolhos Reefs)에서 비극적인 난파를 겪었다.[1]

열대의 무(無)에서 건설된 식민지 항구도시 바타비아는 유럽인 방문자들의 상상력을 자극했다. 7개월이나 그 이상 동안 바다에 떠있던 선원에게, 생기 있고 산뜻한 모습에 눈부신 성벽으로 둘러싸인 도시는 실로 놀랄 만한 광경을 연출했다. 그래서 우디스 로저스(Woodes Rogers)는 1710년 도시의 정박지에 닻을 내렸을 때, "그런 고귀한 도시와 인도제도에 그렇게 잘 정착해 있는 유럽인들에 … 정말 놀랐다"고 절로 감탄할 수밖에 없었다.[2]

지형

네덜란드동인도회사의 '17인 이사회(Gentlemen Seventeen)'는 총독에게 유명한 수학자이자 측량사인 시몬 스테빈(Simon Stevin)이 마련한 도시 계획을 보

페인 지배령으로 바뀌었다. 이로 인해 정치적·종교적·경제적 이유로 저지대 지역 17개주가 1568년부터 독립전쟁을 개시하였다. 1581년 북부 7개주만으로 네덜란드공화국을 선언하였고 1648년 베스트팔렌 조약으로 완전한 독립을 획득하였다. 1602년 네덜란드동인도회사가 설립되고, 1619년 자와 섬에 바타비아를 건설한 것은 바로 이런 독립전쟁의 와중이었다.

* 1648년의 베스트팔렌 조약을 말한다. 베스트팔렌은 지방 이름이며 이 지방의 중심지가 뮌스터로, 베스트팔렌 조약의 체결지이다.

냈다. 그들은 총독이 그 계획에 따라 열대 지방에 새로운 도시 거류지를 펼치기를 바랐다.3) 이 도시의 내부 배치는, 곧 지적하다시피, 새로운 것일 수도 있지만, 쿤은 해안 가까이에 성곽 도시를 건설함으로써 항상 식민지 거류지 건설을 위해 전략적인 입지를 선택했던 포르투갈 개척자들을 모방하였다. 천년이나 된 아시아 교역 세계의 계절풍 운송로를 따라 일련의 성곽 도시를 만들어, 에스타도 다 인디아(Estado da India)*는 서쪽의 사파비조 페르시아와 무굴제국 같은 번성하는 동방제국과 남아시아를 동남아시아 해역세계의 수많은 해항 군주국들과 그 너머 극동의 중국 및 일본과 연결해주던 수송 네트워크를 지배하고자 하였다. 포르투갈인들은 자신들의 거류지를 의도적으로 작은 섬이나 반도에 건설하여, 해안으로부터의 수적으로 우월한 적들의 공격에 맞서 자신을 방어할 수 있었다. 이런 요새화된 거류지의 윤곽은 '군인(soldados)'과 '기혼자들(casados)'이 자기 종자와 함께 거주하는 성곽 같은 모습을 보여준다. 이베리아인들은 자신들이 여러 다른 나라에서 온 아시아 무역상들의 주변 거류지, 즉 캄퐁(Campongs)과 별개의 지역에 사는 것을 확실히 했다. 이것은 인도양과 중국 남해 사이의 통로를 통제했던 포르투갈령 말라카와 멕시코 갤리언 무역의 종착지 역할을 하면서 파리안 타운(Parian town), 즉 차이나타운으로 알려진 것을 '성벽 밖에(extamuros)' 위치시켰던 스페인령 마닐라가 훌륭하게 입증하고 있다.

자연재해로부터 안전한 만의 해안 위 치리웡(Ciliwong) 강** 하구에 위치한 바타비아는 직사각형의 운하와 가로들이 종횡으로 가로지르고 있고, 넓고 깊은 해자와 튼튼한 성벽이 둘러싸고 있었으며, 이 성벽을 산호석으

---

* 포르투갈령 인도.
** 서부 자와의 제데(Gede)산에서 자카르타 만으로 흐르는 강으로 자카르타를 관통하고 있다.

로 건조된 보루가 보강하고 있었다. 이런 보루 위에 설치된 대포들은 외부로 향해 있었지만, 쉽게 방향을 돌려 민중 소요나 반란의 경우 도시의 주 거리를 겨냥할 수도 있었다. 남북방향으로 흐르는 강이 도시를 가로지르고 있었으며, 사이사이에 운하가 연결되어 있었다. 대부분의 운하와 가로는 직선이어서 전체적으로 격자 형태를 이루고 있었다. 시청과 중심 교회는 도시를 바타비아 성 입구와 연결하는 대광장 및 연병장에 면하고 있었고, 바타비아 성은 바다와 도시 사이에 위치하였다. 성의 맞은 편 강 건너에는 회사 선박 전용 부두와 창고가 위치했고, 특별히 판 내만에 원주민 배와 보트 및 거룻배용 계류장이 있어서, 거기서 이런 배들이 항만 운하를 경유해 정박지에 닻을 내린 선박으로 왕래하였다.[4]

프란소이스 파렌타인(François Valentijn, 1666~1727년)*에 따르면, 17세기 말 바타비아는 적도에 아주 가까운 도시에 맞게 놀랄 정도로 쾌적한 기후를 가지고 있었다. 아침 10시경이 되면 상쾌한 해풍이 불기 시작하여 해질 무렵까지 계속 불었고, 잠시 바람이 불지 않다가 그때부터 육풍이 불기 시작했다. 어선과 원주민의 교역용 배들은 이런 육풍과 해풍을 이용해 드나들어서, 저녁에 떠나 아침에 돌아왔다. 1660년대 초 바타비아에 살았던 요한 니우호프(Johan Nieuhof)**도 마찬가지로 바타비아의 기후가 "인도제도의 어느 곳만큼이나 온화하고 건강에 이롭다"고 하였다. "…가장 기분 좋은 계절이 5월에 시작되는데, 그 계절은 11월까지 동쪽에서 끊임없이 바람이

* 네덜란드의 성직자이자 박물학자로 생애의 16년 정도를 네덜란드동인도회사를 위해 일하며 동아시아 지역에서 보냈다. 네덜란드동인도회사의 역사와 당시 동아시아 여러 나라를 기록한 『낡은 동인도와 새로운 동인도(Oud en Nieuw Oost-Indiën)』라는 책을 남겼다.
** 1618~1672년. 네덜란드의 유명한 여행가로 브라질과 중국, 인도에 대한 여행기를 남겼다. 이 중 가장 유명한 것은 1655~1657년의 광조우에서 베이징까지의 여행으로, 이 때문에 그는 당대에 가장 권위 있는 중국통으로 인정받았다.

불고 아주 화창한 하늘을 보이면서 계속된다. 11월에 겨울이 다가오면, 때로는 3일 내지 4일 동안 쉬지 않고 계속해서 비가 내리면서 고도가 낮은 땅은 전부 물이 차오른다. 그렇지만 이 비는 모든 벌레를 죽이고 씻어내기에 유익한 것이다. 그렇지 않으면 그 벌레들이 과일에 해를 입힐 것이 뻔했다."[5]

특징들

바타비아를 이베리아인들이 건설한 비슷한 도시들과 달리 보이게 만드는 것은, 바타비아를 거대 상업회사가 세우고 통치했다는 사실이다. 그 회사는 특허장, 즉 '옥트로이(octrooy)'를 통해 네덜란드공화국 국회로부터 아시아 교역에 대한 독점권을 얻었다. 바타비아가 가진 이런 상업적 연계는 보기 드물 정도로 많은 공간을 교역 상품의 저장을 위한 창고와 배 건조 및 수리를 위한 선창에 할애한 것에서 분명히 알 수 있다. 바타비아 연안에서 몇 마일 떨어진 온루스트(Onrust) 섬에서는, 약 200명의 숙련 기술자들과 수백 명의 노예들이 거대한 동인도회사 선박, 즉 '왕복선(retour schepen)'용 수리 시설을 갖춘 조선소에서 일했다. 이 배들은 네덜란드 본국에서 6개월간의 장기 항해 끝에 비바람에 시달려 더 이상 견디기 힘든 상태로 도착했고, 그후 배를 기울여 수리하고 다시 떠날 채비를 갖추어야 했다. 바타비아에서는 모두 4,000명의 직원들(민과 군 모두를 합해서)이 회사를 돌아가게 하고 있었다.

회사의 상인 엘리트들이 자리했던 성에 인접하여 건설된 바타비아의 성벽 도시가 가진 또 다른 특징은 그 도시가 여러 종족 집단들을 포함하고 있었다는 사실인데, 이런 종족 집단들의 군사적 보조와 산업에 바타비아의 생존 자체가 크게 의존하고 있었다. 이들은 소위 "마르다이커인

(Mardijkers)"('메르데카족, orang merdeka)*과 아시아 및 메스티조 계의 기독교도 자유 시민, 그리고 부지런한 중국인이었다. 스페인인과 중국인 거류자들이 엄격하게 분리되었던 마닐라에 비해, 바타비아의 네덜란드인 도시민과 중국인 도시민들은 같은 도시의 성벽 안에서 살았고, 인도네시아 군도 곳곳과 심지어 인도 아대륙에서 온 수많은 가내 노예들의 시중을 받았다. 소위 "오메란덴(Ommelanden)",** 즉 도시의 외곽 구역들에서는, 회사가 인도네시아의 여러 '군사 민족들(martial nations)'이 자기 나름의 '캄퐁'에 집결하여 살아가는 토지 구역들을 인정했다. 여기 살았던 발리인과 부기스인, 마두라인(Madurese),*** 암본인(Ambonese)****은―소집되면―인도네시아 군도 도처에서 벌어진 군사 작전에 병력과 군대를 제공하였다.6) 1700년 무렵 약 2만 명의 주민들이 성벽 내에 거주했고, 그 외 도시 밖에는 5만 명이 거주했다. 약 5,000명의 유럽인과 기독교도 메스티조와 3,500명의 중국인들이 도시 내에 살았고, 당연히 수많은 선원들이 여관이나 정박지의 선박에 머물렀다.

　해외 영토에서 네덜란드인들은 본국의 도시민 사회가 가진 자치 제도를 전부 그대로 옮겨 실행했으며, 운하체계를 따라 가로수와 조밀하게 지어진 주택들이 늘어서 있는 전형적인 네덜란드식 공공건설 사업을 수행하였다. 시청과 두 개의 병원, 한 개의 전염병 전문병원, 법정, 몇 개의 교

---

* 마르다이커인은 해방노예를 부르는 호칭으로, 이전에 가톨릭이었던 포르투갈이나 네덜란드인들의 노예들 중 네덜란드 개혁교회로의 개종을 전제로 해방된 노예들을 지칭했다. 말레이어 메르데카(Merdeka)가 "해방, 자유"를 뜻했기에 그 말을 따 이들을 마르다이커인이라고 불렀다.

** 네덜란드어로 도시 외곽지역을 뜻한다.

*** 원래는 마두라 섬에서 발원한 종족집단으로 현재 인도네시아에서 세 번째로 큰 집단이다. 이슬람교를 믿으며 마두라어를 사용한다.

**** 말루쿠제도의 암본섬 출신이거나 인도네시아의 북티모르 출신의 종족집단. 무역어로 사용된 암본 말레이어와 말루쿠어를 같이 쓴다.

회와 아울러, "알콜 중독 여성과 간통 여성"을 위한 통상적인 교정 시설, "감옥들", 도시 구빈원, 이 모든 것들이 네덜란드의 익숙한 캘빈주의적 분위기를 바타비아에 조성하는 데 기여했다. 그렇지만 한 가지 측면에서 바타비아는 네덜란드공화국의 자유무역 도시들과 아주 달랐다. 바타비아는 아시아 계절풍 지대의 교역에 대한 독점권을 물샐 틈 없이 지키고자 하는 하나의 대규모 사업체가 통치하였다.

한 도시 거류지의 생애주기

도시의 보기 드물게 상업 지향적인 성격, 도시의 강력한 방어체계, 도시민의 묘한 다문화적 혼합, 그리고 마지막으로 도시의 공공 건축물들로 인해 바타비아는 방문하는 사람들의 눈에 "열대의 네덜란드"로 보였다. 유럽이든 아시아든 외국에서 온 방문자들이 쓴 다양한 설명들에는 이런 특징들이 모두 언급되었다. 비록 그들이 종종 남성적인 네덜란드 사회라는 겉치장 아래에서 소위 검약한 네덜란드인의 특징들을 타락시키는 전혀 다른 여성적인 "동방" 사회가 작동하는 것을 본다고 적은 것이 흥미롭지만 말이다. 부에 대한 곤혹감이 바타비아에서는 존재하지 않았지만, 부와 화려함과 요란함이 18세기를 경과하면서 바타비아의 열대 생활에 전형적인 특징이 되면서, 그런 지나침이 "타락한 동방의 기준"에 순응함으로써 전형적으로 빚어진 것으로 낙인찍었다.[7] 훗날 회사는 이런 과시적인 행동을 곧 회사를 파산으로 몰아갈, 즉 회사가 "타락 속에 사라지게 될 (VOC: Vergaan Onder Corruptie)" 타락의 증거로 멸시하였다.[8]

17세기에 인도네시아 군도를 방문한 사람들은 그곳에서 네덜란드인이 보여준 군사적·상업적 우월성에 압도당했다. 대함대와 수많은 무역 상관들을 지닌 VOC는 당시 아시아에서 단연 가장 강력한 해양세력으로서 유럽과 아시아의 모든 경쟁자들 위에 군림하였다. 그렇지만 18세기 중엽 이런 배치가 역전되었다. 네덜란드공화국은 유럽 내 여러 민족들의 서열에서 아래로 떨어졌을 뿐 아니라, 아시아에서도 경쟁자인 영국동인도회사가 네덜란드동인도회사를 사실상 추월하고 있었다. 플라시(Plassey) 전투(1757년)* 이후 영국인들이 벵갈에서 지배적인 막후세력으로 의기양양하게 등장하면서, EIC는 곧 인도양에서 네덜란드 무역의 이해관계를 무색하게 만들었다.

　도시나 민족이 그런 것처럼, 실제이든 상상된 것이든 살아있는 유기체는 생애주기를 겪는 경향이 있다. 고아(Goa)와 바타비아 같은 도시 거류지들은 도시 중심지가 건강을 위협하는 지역적 조건에 굴복하면 뱀처럼 허물을 벗었다. 1684년 포르투갈령 인도의 총독인 프란시스코 데 타보라(Francisco de Távora)는 "동방의 진주"인 고아를 포기하고 그보다 해롭지 않은 지역으로 수도를 옮기기로 결정했다.9) 바타비아는 18세기 말이 되면 너무나 비위생적으로 변하여, 네덜란드계 시민 대다수가 항구도시의 썩은 운하가 풍기는 악취보다는 고도가 더 높은 후배지의 신선한 공기를 택하여 자발적으로 '성밖으로(extamuros)' 이주하였다. 비교적 위생적인 이 도시가 왜 단 몇 십 년만에 비위생적인 도시 거류지로 전락했는지, 그 이유를 설명하기 위해 여러 가지 설명들이 제시되어 왔다. 당대인들은 화산 살락(Salak) 산이 1702년 분출했는데, 그것이 주된 원인이라고 믿었다. 화산 파편이 도시 중심지를 가로질러 흐르던 치리웡 강, 즉 '대하(Great River)'를 완만히 흐르는 진흙 하천으로 바꾸었다. 필연적으로 강의 주 흐름이 침니로 막혔고, 악취 나는 물웅덩이가 되어 말라리아 모기의 완벽한 번식지를 제공했다. 물론 그때는 전염성 강한 곤충에 물리는 것과 질병의 연관성을 아직 파악하지 못했지만 대개는 병이 악취 풍기는 독기, 즉 '말라리아

* 1757년 영국동인도회사군이 벵갈 지방의 태수와 프랑스 연합군에 대해 승리를 거둔 전투. 이후 인도와 그 인근 지역에 대한 영국의 지배를 확립한 전투이다.

(malaria)' 때문에 발생한다고 믿었다. 눈에 띄게 높은 치사율은 1733년 이후에야 나타났다. 개인적으로 나는 최초의 말라리아 창궐이 새로운 운하 모커바르트(Mokervaart)를 팠기 때문이라고 믿는다. 그때 그 계획에 따라 일하던 수백 명의 원주민 전부가 갑자기 고열로 사망했다. 그런 설명을 대신하는, 또는 그런 설명을 다소 보완하는 설명은 피터 반 데어 브럭스(Peter van der Brug)가 아주 설득력 있게 제기했다. 그는 침니로 막힌 치리웡 강 하구를 따라 자리한 양어장을 주요 원인으로 지목했는데, 그것은 틀림없이 모기의 대규모 서식을 위한 거대 번식지 역할을 했을 것이다.[10]

1795년 프랑스가 네덜란드를 침략한 직후 바타비아공화국(Batavian Republic)이 선언되었고,* VOC는 해산되어 아시아의 남아있는 소유지와 함께 바타비아공화국으로 완전히 국유화되었다. VOC의 특허장은 1800년에 공식적으로 효력이 정지되었다. 1807년 네덜란드 왕 루이 나폴레옹이 영국의 임박한 공격에 맞서 개혁을 시행하고 방어를 강화하기 위해 자와에 파견한 총독 다엔들스(Daendels)는 행정 중심지를 바타비아 도심지에서 한층 높은 벨테브레덴(Weltevreden) 지대로 옮기기로 결정했고, 바타비아 성을 완전히 철거했다. 그 당시까지 아시아에 있는 네덜란드 영토는 거의 대부분이 영국의 손아귀에 들어갔고, 자와와 당연히 중국과 일본이라는 강력한 제국의 관할하에서 작동했던 광조우와 나가사키의 상관들만이 예외였다.

한때 아시아 계절풍 지대 전체에 걸쳐 퍼져있던 VOC 상업망의 집결지였던 바타비아는, 이제 설탕과 커피, 인디고, 후추, 차와 같은 열대 농업 및 원예 상품의 이상적인 생산에 집중하는 영토 식민지의 행정 중심지로 변했다. 오늘날 자카르타 도심부에는 우리에게 처음엔 "동방의 여왕"으로

---

* 1795년 나폴레옹의 프랑스군이 네덜란드를 점령하여 네덜란드공화국의 명칭을 바타비아공화국으로 변경하였고, 이후 1806년에는 나폴레옹의 동생이 왕위에 올라 왕국이 되었다가 1810년에는 프랑스에 완전히 병합되었다.

찬양받고 뒤엔 "동방의 묘지"로 저주받았던 해항도시를 상기시키는 건물들이 겨우 몇 채만 남아있다. 바타비아 '성내(intromuros)'의 생애주기는 동인도회사 자체의 생애주기와 아주 긴밀하게 연결되어 있었음이 분명하다. 회사가 파산하자, 그 회사의 아시아 본부도 파산했다. 비록 그 이유가 완전히 같지는 않았지만 말이다.

목격담들

많은 모험가들은 본국으로 돌아가면 아시아에서 겪은 자기 경험을 적어 두었다. VOC 군대에서 복무한 독일 기행문 작가는 그 수가 특히 많았다.11) 이런 작가들 모두에게, 바타비아는 그들 이야기 속에서 출발지나 휴양지나 귀환지의 역할을 했고, 작가들은 종종 바타비아를 다소 감상적인 어조로 정열적으로 그리고 있다. 많은 방문자들은 바타비아를 묘사하면서 그들보다 앞서 방문한 사람들의 글에서 마음대로 차용했고, 그들의 설명에선 일정하게 틀에 박힌 표현을 쉽게 발견할 수 있으며, 그런 표현이 항상 강조되고 있다. 그런 표현 중 가장 빈번한 것으로는, 바타비아의 산뜻한 모습, 엄밀한 조직 체계, 근면한 중국계 시민 그리고 일단의 노예들에 둘러싸인 나태한 주부들이 있다. 이런 점에서 나는 자신이 본대로 도시의 모습을 우리에게 남긴 사람들을 몇 명만 언급하겠다. 1660년대에 요한 니우호프는 바타비아의 공공건물을 많이 그렸고 흥미로운 도시 지도를 남겼다. 그 덕분에, 우리는 그 성벽 도시가 절정기에 어떤 모습을 가지고 있었는지에 대해 그려볼 수 있다. 18세기 후반 동안 도시 엘리트는 시내로부터 시골의 아름다운 대저택으로 옮겼는데, 그때 독일인 요한 볼프강 하이트(Johann Wolfgang Heydt: 1705년경~1750년 이후)와 덴마크인 요하네스 라흐(Johannes Rach: 1720~1783년) 같은 예술가들은 그곳에 있으면서 이런 시골로의

탈출을 멋진 그림으로 보여주었다.[12]

이런 방문자들이 바타비아가 항구로서의 기능 때문에 존재했음에도 그 기능에 대해 거의 쓰지 않았다는 것은 묘한 일이다.[13] 무엇보다 바타비아는 아시아에서 VOC의 무역과 관련한 해상운송 중심지로 건설되었다. 즉 아시아 역내 무역을 위한 상업 거점 항구이자 유럽과의 무역을 위한 종착지로서 건설되었다. 방문자들이 자신의 글에서 항구를 그냥 지나쳤을 뿐만 아니라, 놀랄 정도로 그 주제에 눈을 감아왔던 여러 역사가들도 마찬가지였다고 할 수 있다. 총독과 평의회가 네덜란드로 보낸 『일반 서신(*Generale Missiven*)』을 출판한 책과 『바타비아 성의 의사록들(*Dagregisters van het Casteel Batavia*)』에는 해운 관련 움직임에 대한 풍부한 자료가 있다.[14] 바타비아에서 회사를 통해 들고 나간 무역 상품들은 헤이그의 VOC 문서보관소에 있는 『거래대장(*negotie journalen*)』을 통해 추적할 수 있지만, 항구의 물류 조직에 대한 정보를 얻기는 힘들다. 아래에 이어지는 설명은, 바타비아의 항구 조직이 가진 주요 특징들을 얼마간 대략적으로 보여준다. 우선 VOC 시기 동안의 무역 정책과 경영으로 눈을 돌리기 전에, 항구의 특별한 배치와 아시아 계절풍 지대에서 그것이 처한 지리적 상황에 초점을 맞추어 보자.

지리적 입지

순다 해협에서 겨우 100해리 떨어져 위치한, 인도양과 중국 남해 사이의 두 통로 중 하나인 바타비아는 서쪽으로는 벵갈 만과 인도양 그리고 아라비아 해를 경유해 홍해의 모카(Mocha)까지, 동쪽으로는 중국 남해와 동해를 경유해 시암(Siam)의 아유타야(Ayuthaya)와 북베트남의 톤킨(Tonkin), 남중국의 광조우, 포르모사(Formosa) 섬(타이완), 그리고 마지막으로 나가사키 만의 인공섬 데지마까지 뻗어있던 보기 드물게 넓은 해운망에 적합하였다.

아시아 계절풍 지대의 다른 항구들 대부분에 비해, 자연재해로부터 안전한 만을 지닌 바타비아는 일년 내내 접근 가능한 전천후 항구였다. 5월과 10월 사이의 건기 동안, 동쪽에서 끊임없이 바람이 불어왔고, 11월의 계절풍 이후에 12월에는 습기 많은 서풍이 불어오기 시작하여 대개 3월 말까지 계속되었다. 계절풍에 따라 네덜란드동인도회사의 아시아 본부에서 나오고 그곳으로 들어가는 해상운송의 리듬이 정해졌다.

네덜란드와 해외에서 2만 5,000명의 군인과 민간 인력이 일을 했던 VOC는 매년 평균 약 25척의 선박을 아시아에서 내보내고, 아시아로 보내었다. 그 외에도 특정한 한 시기에 아시아의 계절풍 무역로를 따라 항해하는 회사 소속 선박이 대략 50척 정도였다. 매년 세 개의 함대가 동방으로 파견되었는데, '암스테르담 정기시(Amsterdamse Kermis)'가 열리는 9월에 항해를 시작하는 함대는 정기시(Kermis) 함대라고 불렀다. 12월과 1월에는 '크리스마스 함대(Kerstmisvloot)'가 뒤를 이었고, 4월이나 5월에는 '부활절 함대(Paasvloot)'가 닻을 올렸다. 이 배들은 120일에서 200일에 걸쳐 호위를 받으며 항해하여 순다 해협에 도착했고, 거기서 바타비아 만으로 호위를 받으며 유도되었다.

바타비아 만은 크라왕(Krawang)과 온통 자와(Ontong Java) 사이에 있는 넓은 만으로, 주변에 섬들(Pulau Seribu 또는 Duizend Eilanden)이 많아 큰 파도가 거의 일지 않는 조용한 바다를 보장해 주었기 때문에 대양 횡단 해운과 지역 해운 모두에 이상적인 정박 장소를 제공하였다. 해안에 가까운 내항으로 알려진 곳에는 중국 정크선과 마카오 및 마닐라에서 온 개인 소유 선박 같은 보다 작은 배들이 정박하였고, 한편 VOC의 대형 동인도무역선들은 깊이가 6패덤(fathom)*이 넘는 외항에 닻을 내렸다. 외국의 가로돛 범선은

* 바다나 광산에서 사용하는 길이 단위. 1패덤은 6피트에 해당한다.

동쪽 외부 정박지에 특별히 마련된 지역으로 가게 했다. 요한 니우호프는
항구를 이렇게 묘사했다.

> 이 만의 안과 밖 도처에 17개 내지 18개의 섬이 있다. 그 섬들이 거센
> 바람과 파도를 차단하고 막아준다. 이로 인해 바타비아 정박지는 한 번
> 에 1,000척 이상의 배가 머물 수 있는 세계에서 가장 안전한 항구 중 하
> 나가 되었다. 작은 배와 돛단배들은 보통 강둑 가까이에 놓아두는데, 그
> 런 배들은 닻이 없이 진흙 바닥에 놓아 둘 수도 있다. 강 양쪽으로는 방
> 책까지 돌들이 줄지어 있고, 방책은 매일 밤 9시에 닫히고 많은 군인들이
> 지키고 있다. 그 밖에도, 작은 배들이 들어오는 주 하천에서 나오는 수로
> 가 있어 그곳도 막고 있다. 일정한 관세를 내지 않고서는 어떤 배도 방책
> 을 지날 수 없다. 소금을 싣고 있는 모든 배는 1레알(real)을 내며, 석재를
> 싣고 오는 배는 2레알을 낸다.15)

정박지의 대형 가로돛 범선 전부는 '샤반다르(Shahbandar)' 즉 항만관리소
직원의 유도에 따라 계류장으로 들어왔다. 기함 또는 '감시선'에는 주 마
스트에 큰 깃발이 휘날리고 있었고, 계류장 동쪽 끝에 자리잡고서 정박지
에서 일어나는 모든 것을 살펴보고 있었다. 계류장의 지휘관은 배에 자리
하지 않고 해안 선창에 있었다. 그 배는 선원들을 위한 병참 역할을 했고,
'미츠 데센(Mits desen)'(그 때문에)이라는 별난 이름을 갖고 있었다. 그 이름은
직원의 이동에 필요한 관례적인 말이었다. 그만큼이나 신기한 '라베르롯
(Labberlot)'이란 이름을 가진 노로 젓는 '작은 배'는 항만 당국의 이동수단으
로 기능하였다.16)

아침 기상나팔이 바타비아 성에서 울려 퍼지면, 감시선에서 포탄 한 발
이 발사되었고, 해가 뜨면 성의 연병장에서 마찬가지로 포 한 발을 쏘아
알려주었다. 동쪽과 서쪽에서 들어오는 외국 선박은 각각 에담(Edam) 섬과

온루스트 섬에서 알려주었다. 그에 따라 감시선은 예포를 쏘곤 했다.『동인도 여행(*Oost-Indische voyagie*)』에서 바우터 샤우텐(Wouter Schouten)은 자신이 정박지에 도착하는 모습을 정확히 설명하고 있다.

> 도착하자 검사와 그의 수행원이 즉시 갑판에 올라 (금지된) 사적인 물품이 있는지 배와 화물을 검사했다. 이런 물건이 전혀 발견되지 않으면, 일행은 해안으로 돌아갔다. 그 후 즉시 많은 중국인들이 배로 와서 그들이 상당한 이윤을 남기고 다음 상인들에게 되팔 만한 네덜란드 행상인들의 물건이 있는지 살펴보았다. 이때가 돈을 벌 기회였기 때문에 즉시 선원의 궤와 상자가 열렸다! 그들은 거울과 바늘, 나이프, 모자, 영국식 모자를 물물교환하기 시작했고, 심지어 모직 옷조차도 교활한 중국인들에게 팔기 위해 내놓았다. 이 호기심 많은 상인들은 정말 값싼 가격으로 이런 상품을 구입할 수 있었기에 이것들은 실제로 팔렸다. 그 뒤 바로 많은 행상인들, 이슬람교도, 자와인들, 메스티조 그리고 네덜란드인들이 자신의 행상선을 타고 배로 와서 온갖 종류의 인도산 과일과 음식과 다과를 제공했다.… 이것을 통제할 수 없을 정도로 많이 먹은 사람들은 곧 탈이 났다. 고열과 설사, 그 밖에 다른 고통이 더해졌다. 그들 중 일부는 죽기까지 했다.[17]

이런 행상인들이 일단 떠나면, 상황은 다소 안정되었다. 곧 배에서 물건이 하역되었고, 그 배가 네덜란드에서 온 배라면, 사람들은 그 화물을 더 간절한 기대 속에 기다렸다. 왜냐하면 이런 배들은 "베이컨과 소금에 저린 고기, 치즈, 버터 그리고 주류 같은 온갖 종류의 공급품을 고향에서" 싣고 왔고, 이런 물품들은 "바타비아에서 수요가 있었고 결국 크게 환영받았기" 때문이다.[18]

정박지에 있는 모든 배들은 자신이 정한 소위 '비어마트(biermaat)'라고 부르는 중국인 쾌속 범선의 도움을 받았다. 이 작은 배들은 배와 해안 사이에서 공급품과 승객 그리고 선원들을 실어 날랐다. 이런 배들은 허가를 받아야 했다. 해안에 도착하는 모든 보트들은, 니우호프가 이미 지적했듯이, 방책, 즉 '파베얀(Pabejan)'을 통과해야 했다. 거기서 세관 관리들이 상품과 승객의 들고남과 승하선을 검사하였다.[19] 그보다 작은 원주민 배들은 항만 수로와 계류장의 방파제를 통과하여 성벽 내의 내만으로 들어가는 것이 허용되었다. 여기에도 선창이 있었고, 거기서 "배의 선적과 하역을 위한 수단으로만 이용되는" 작은 요트와 보트들이 건조되었다.[20] 도시의 서쪽 편에는 로프 공장이 있었다. 그 근처에는 '프라우벤휘이스(Prauwenhuis)'*가 있어서, 거기서 쾌속 범선이 건조되었다. 보다 크고 해상항해용인 배는 만 안의 온루스트 섬에서 건조되고 수리되었다. 온루스트 섬에는 마치 수공업자 구역처럼, 해운에 필요한 모든 철제품이 만들어지는 주물공장들이 있었다.

바타비아와 같은 해항도시가 가진 전형적인 특징 중 하나는 도시가 실제 도시 거주민 수보다 훨씬 더 많은 사람들에게 식량을 제공해야 했다는 점이다. 도시는 정박지에 있는 배의 선원들에게 식량과 물품을 공급하여, 앞바다에 닻을 내린 동안 그들의 일상적 필요에 대처했을 뿐 아니라 그들이 곧 나서게 될 종종 장거리가 되는 여행에서 버틸 수 있게 해주어야 했다. 그로 인해 도시에는 곡물을 저장하는 창고 외에, 대규모 식량 시장들도 있었다. 쌀 시장이나 잡곡 시장, 과일 시장, 건조 어류도 구입할 수 있었던 가축 시장이 그런 것들이다. 과일은 대부분 도시 주변의 과수원에서 중국인과 지역 주민들이 재배했다. 반면 가축은 자기 집 뒤쪽에서 "돼지와 비둘기, 닭 그리고 여타 가축을 키웠던" 마르다이커인과 토파스인(Topasses)**의 특산품이었다.[21]

---

* 쾌속범선건조장.
** 근대 초기 아시아 해역세계의 종족집단. 스스로 포르투갈인의 후예라고 주장했

어류 시장(Pasar Ikan)은 강 하구 가까이에 위치했는데, 거기서 생선장수들이 오전 10시부터 오후 4시까지 자기 가게에서 바다 고기와 민물고기 또는 조개류를 팔았다.

니우호프는 다양한 과일들과 그 과일들에서 소비자가 얻는 위생적인 효과에 대해 몇 쪽을 할애해 설명하는데, 분명 여기서 말하는 것은 비타민이 결핍된 선원들이 아니라 도시의 영양 상태가 좋은 주민들의 건강이다. 바우터 샤우텐은 선원들을 위험성이 높은 집단이라고 하였다. 다시 말해, 정련소와 대규모 공업단지, 컨테이너 저장소로 채워져 있는 오늘날 항구 주위의 산업적 환경에 비해, 과거의 아시아 해항도시들은 전원풍의 푸른 환경 속에 위치하였다. 즉 광범위한 과수원과 논이 있어 이 모두가 배가 드나드는 해운 관련 사회에 식량을 공급해 주었다. 전통적인 아시아의 상업 중심지는 상품과 아울러 선원을 위한 대량의 식료품 및 음식을 거래하는 시장이었다.

무역의 운영

아시아에 있는 네덜란드동인도회사의 해외 소유지는 총독과 인도제도 이사회(Council of the Indies)가 통치했는데, 그 이사회는 대표이사와 다섯 명의 평이사들로 구성되어 매주 화요일과 금요일 오후에 열렸다. 아시아에서 일어나는 회사의 모든 해운 움직임은 바타비아 성의 부사령관인 '대표이사'가 관리하였다. 그는 선박의 선적과 하역 전부, 선박에 대한 보급품 공급, 모든 장부들의 검토, 아시아 계절풍 지역에 산재한 모든 상관들의 상관장에 대한 감독을 전부 책임졌다. 이런 임무들을 한 사람이 다 수행하

고, 남아시아와 동남아시아 곳곳에 존재했다. 특히 17세기와 18세기 티모르를 지배했던 포르투갈계 혼혈 종족집단과 관련이 있었다.

는 것은 아무래도 불가능했기에, 그는 곧 '총괄회계감사관'과 여러 무역 전문가들로 구성된 참모들의 도움을 받았다.[22] 이런 경영진은 바타비아 성의 회사 본부에서 회사의 해운과 관련된 모든 것을 조율했다. 아침 일찍부터 대표이사의 사무실 정문으로 선장과 조수들, 상급 상인과 일반 상인들이 모여들었고, 이들은 서류에 서명을 받거나 그에게 직접 얘기하기 위해 대표이사를 기다렸다. 그는 또한 인도제도이사회의 모든 회의에 참석해야 했고, 들어오고 나가는 운송 문제를 감독해야 했으며, 아시아의 다른 곳에 있던 상관들과의 서신 교환에 신경 써야 했다. 파렌타인이 이 임원이 공적 행사에 참석해서는 약간 멍하게 있는 모습을 종종 보였다고 한 것은 당연했다. 그는 바타비아에서 가장 힘들게 일하는 사람이었다.[23]

모든 해운의 움직임이 긴밀하게 상호 연결되었기 때문에, 깊은 숙고 끝에 고안된 종합 계획에 따라 경영이 이루어졌다. 이런 방식은 시간상 적기에 상품을 처리할 수 있게 했고, 이는 VOC의 아시아 역내 및 대륙간 무역에서 가격 조정을 위해 필수불가결한 전제조건이었다. 이런 사업 및 무역 모델이 가진 정교함에 감탄했던 프란소이스 파렌타인은 그에 대해 이렇게 말했다.

바타비아는 혈관과 힘줄을 유지하여 이 거대한 몸이 작동하도록 피와 모든 체액을 쏟아내는 회사의 중심이자 심장이기 때문에, …경영을 위해 가장 큰 임무는 주문받은 필요 물품을 실은 배를 적기에 보낼 수 있게 일상적 기초에서 보장하는 것이다. 즉, 가장 수요와 이윤이 높은 적지로 보내는 방식으로 해외에서 들어온 상품의 흐름을 품목별로 처리하는 것이다. 왜냐하면 이곳이 아시아 전체로 가는 온갖 종류의 향신료와 직물, 곡물, 음료로 가득 찬 창고를 찾을 수 있는 인도제도의 총 집산지이기 때문이다.[24]

아시아 역내무역의 양상

선박의 출발과 도착은 계절풍의 주기에 따라 한 치의 오차도 없이 관리되었지만, 그러면서도 아시아의 다른 목적지로 가기 위해 옮겨 실어야 하거나 본국행 항해를 위해 준비해야 하는 상품의 도착 시기에 정확하게 맞추었다. 본국행 항해는 대개 11월과 2월 사이에 출발했고, 그래야 여름에 네덜란드의 항구에서 값비싼 화물을 하역할 수 있었다. 아시아의 VOC 해운 망을 세우는 데 관련된 물류조직은 최근에 로베르트 파르테시우스(Robert Parthesius)가 세밀하게 연구하였다.[25] 그는 다음과 같은 질문을 제기했다. VOC가 전반적인 무역의 조직과 방어의 필요라는 모든 측면에 자신의 함대를 성공적으로 맞추어 나가고, 아시아 경영을 수행하려는 노력에서 여러 상황을 성공적으로 전개해 나간 방법은 무엇이었는가? 그는 매 임무마다 특별한 유형의 선박이 이용되었다는 결론에 이르렀고, 8개의 다른 선박 유형을 구분했는데, 이 유형들은 저마다 일정한 목적별로 다시 또 분류될 수 있다.

1595년부터 1660년까지 네덜란드공화국과 인도제도 사이에 이루어진 항해의 실제 수와 아시아 역내 네트워크 내에서 이루어진 항해의 수는 상당히 달랐다. 희망봉(Cape of Good Hope)을 도는 항해가 약 1,368번 있었지만, 동방의 바다에서는 항해가 1만 1,507번이나 있었다. 여기서 우리는 바타비아의 화물적환항이 완성된 이후에야 아시아 역내 해운로가 확고히 되었고 정교하게 돌아갔다는 것을 고려해야 한다. 1610년에서 1620년까지 아시아 내에서 약 1,000번의 해운 움직임이 기록되었다. 1650년대 무렵에는 이 수가 10년당 약 2,800번의 해운 움직임으로 안정되었다. 다음에 이어지는 대략적인 개요는 VOC의 연간 무역 움직임의 양상에 대한 파렌타인의 설명을 빌려온 것이다.[26]

일본

5월이나 6월 또는 7월 초 일본행 선박인 소위 '자판바르더스(Japanvaarders)'가 네덜란드 및 인도제도산 직물과 가오리 껍질, 향신료 등을 싣고 나가사키로 출발했다. 이 배들은 금화(gold 'koban'), 칠기, 도자기, 비단, 구리 막대, 차, 그리고 중국에서 일본으로 수입한 일부 상품을 화물로 싣고 10월이나 11월 중에 일본에서 출발했다. 그 화물 중 일부는, 바타비아로 들어온 중국산 상품 및 말라카산 주석과 함께, 2월에 도착할 예정으로 벵갈이나 페르시아로 선적되었다. 이런 배들은 다음 일본으로의 항해에 다시 나설 수 있도록 직물을 가지고 때맞춰 이런 '서쪽주둔지들(Westerkwartieren)'에서 바타비아로 돌아왔다.

코로만델(인도 동부연안)

코로만델행 선박들은 4월과 8월 사이에 출발했는데, 실론(Ceylon) 섬의 자프나(Jaffna)를 지나 나가팟티남(Nagapattinam)*을 향해 가다가 거기서 풀리캣(Pulicat)**으로 올라갔다. 풀리캣에서 그 선박들은 바닥짐으로 석판—바타비아에선 종종 묘석으로 이용된—과 온갖 종류의 직물과 인디고 초석, 다이아몬드를 선적했다. 그들은 약 두 달 반에 걸쳐 이렇게 돌아다닌 후 9월에 바타비아로 돌아왔다.

---

* 인도동남부 타밀나두 주의 해항도시. 프톨레메이오스가 언급할 정도로 고대 타밀 지역의 가장 중요한 무역중심지였다.

** 인도 동남부 타밀나두 주의 해항도시. 1502년 포르투갈인들이 건설했다.

실론과 수라트(인도 북서부 연안) 그리고 페르시아

9월 초 배는 향료와 이들 지역에서 주문한 물품을 싣고 실론의 갈레(Galle)*를 향해 떠났다. 거기서 배는 계속해서 10월에 북동쪽에서 부는 바람을 따라가서, 말라바르(Malabar)** 연안의 코친(Cochin) 항***과 윙굴라(Wingurla) 항으로 항해했다. 거기에서 빈랑나무 열매, 후추, 개오지 조개껍질, 코코넛 껍질(로프제작용)을 수라트로 운송하고 다음엔 계속 가 페르시아로 운송했다. 향신료와 카르다몸,**** 후추, 구리, 주석을 싣고 실론에서 페르시아 및 수라트로 바로 간 선박들도 있었다. 또한 실론의 배들은 때때로 12월에 네덜란드로 바로 가기도 했다. 2월과 3월에는 바타비아로 가기 위한 상품들이 준비되었다. 그런 상품에는 페르시아산 비단과 시라즈(Shiraz)***** 산 포도주, 과일, 아르모신(armosins),****** 페르시아산 말과 아울러 직물과 보석이 있었다. 5월에는 실론에서 계피를 가득 실은 2척 이상의 배가 바타비아로 출발하곤 했다.

벵갈(인도 북동 연안)

7월과 8월에 배들이 일본산 구리를 싣고 벵갈로 출발했는데, 이들은 일본에 공급할 비단과 자와에 공급할 면직물 및 아편을 구입했다.

---

* 실론섬의 서남부에 있는 도시. 기원전 1400년부터 시나몬(Cinnamon)을 수출했고, 16세기 이래 유럽인들이 번갈아 지배했다.

** 인도의 남서부 연안지역을 부르는 호칭.

*** 아라비아 해에 면한 인도 남서부의 주요 해항도시. 현재는 코치(Kochi)라고 불린다.

**** 인도 남서부에서 생산되는 생강계통의 향신료. 현재 세계에서 세 번째로 값비싼 향신료이다.

***** 이란 남부의 도시. 오래 전부터 포도주를 생산했다.

****** 얇은 비단.

수마트라 서부 및 동부 연안

4월과 5월에는 여러 지역에서 금과 후추를 구입하기 위해 배들이 서부 수마트라로 출발했다. 그 배들은 특별히 서두를 필요가 없으면, 귀향길에 더 적절한 바람이 12월과 1월에나 불지만 8월이나 9월에 돌아왔다. 수마트라 동부 연안으로 가는 배도 똑같은 일정을 지켰는데, 직물과 스페인 은화를 가져가 팔렘방(Palembang)에서는 후추와, 잠비(Jambi)*에서는 금과 후추와, 인드라기리(Indragiri)에서는 금과 교환하였다. 이런 배들 역시 네덜란드 본국으로 항해하라는 명령을 받아 정박지에서 기다리고 있는 함대로 때맞춰 화물을 옮겨 싣기 위해 10월에 돌아왔다.

말라카(멜라카)

5월에 바타비아에서 온 배는 이곳의 상관에 생활필수품을 공급하면서, "주석 왕국들(Tin Kingdoms)"에서 나온 주석 및 후추와 교환하였다. 9월이나 10월에는 말라카 해협으로 다른 배들이 가서 바타비아를 거치지 않고 일본에서 벵갈로 직행하는 배들을 기다렸다가 물건을 옮겨 실었다.

시암

6월과 7월, 8월에는 시암으로 배들이 향했다. 조호르(Johor)**와 리고르(Ligor)*** 연안을 따라 서남서풍을 받아 항해한 배들은 무기와 의복 같은 시암 왕이 특별히 주문한 상품을 싣고 9월에 아유타야에 이르렀다. 바타비

---

* 중앙 수마트라 동부연안의 도시. 스리비자야 왕국이 자리했던 곳이다.
** 말레이 반도의 최남단 지역. 싱가포르와 맞닿아 있다.
*** 타이 남부의 도시로 타이에서 가장 오래된 도시 중 하나이며 원래 리고르 왕국이었다. 현재는 나콘 시 타마랏(Nakhon Si Thammarat)이라 불린다.

아로 귀항할 때 화물은 열대 목재, 짐승 가죽, 가오리 껍질, 밀납, 상아, 여타 임산물이었다. 11월 초에 배는 다시 북동쪽에서 부는 바람을 타고서 항해에 나섰다. 바타비아에 돌아오는 길에, 배는 리고르에 들러 주석을 모았다.

중국과 톤킨(Tonkin)

5월과 6월, 7월에 이런 곳을 향해 배들이 출발했지만, 17세기 말 무렵에는 이 항로에는 VOC 선박이 모두 사라지고 바타비아의 '자유도시민(free burghers)'과 마카오 상인들 그리고 중국인 '양행(洋行)' 상인들이 운영하는 사영 해운업이 대신하였다.

아라칸(Arakan)*(버마)

코로만델(벵갈만의 반대편에 있는)에서 물자를 공급받던 이 '상관'으로의 여행 역시 8월과 9월에 시작되었다. 여기서는 회사가 벼와 노예 그리고 코끼리를 구입했고, 배는 11월에 말라카 해협을 경유하여 돌아오거나 때로는 남쪽으로 항해하여 순다 해협을 통해 서부 수마트라 연안을 돌면서 돌아왔다.

말루크 또는 향신료제도

인도네시아 군도의 동쪽 편을 향한 모든 운송선은 VOC의 향신료 독점권을 보존하기 위해 회사소속 군인들이 주둔하고 있는 여러 요새들을 향해, 벼와 밀, 베이컨, 기름, 맥주, 포도주, 식초 같은 공급품을 충분히 싣고서 12월과 2월 사이에 출발했다. 6월과 9월 사이에는 말루크에서 배들이 향신료와 육두구, 메이스(mace), 백단유, 캐럿(caret), 제비둥지, 극락조를 가

* 미얀마 남부 해안지대의 주. 현재는 라킨(Rakhine)이라 불린다.

득 싣고 돌아왔다. 이들 배들은 바타비아의 정박지에 닻을 내리고 기다리던 본국행 함대와 때맞춰 연결되었다.

희망봉

쌀과 직물로 이루어진 특별 화물을 8월이나 9월에 희망봉으로 보냈다. 바타비아로 돌아오면서 VOC 선박들은 흑단을 싣기 위해 모리셔스(Mauritius)에 들렀는데, 이것은 17세기 말 무렵 그 섬에서 이 목재가 완전히 사라진 뒤에는 중단되었다.

바타비아의 중요성

이렇게 꽉 짜인 해운의 움직임과 무역 양상은 5월과 8월 사이의 건기에 해당하는 여러 달이 아시아 역내 무역을 위해 배를 준비하느라 특히 바쁜 시기였음을 분명하게 보여준다. 9월에서 11월에 이르는 기간은 대부분의 운송선들이 네덜란드를 향한 귀향선단으로 짐을 옮겨 싣기 위해 적기에 돌아오는 때였다. 때때로 네덜란드에서 실론으로 직접 운송한 경우를 제외하면, 모든 상품은 먼저 바타비아 정박지를 통해 출발했다. 이는 VOC의 아시아 역내 해운 네트워크에서 바타비아가 가진 중심적 위치를 입증한다.

18세기 중반에야 회사의 성공적인 경영에서 도시가 수행한 필수불가결한 역할에 관해 의문이 제기되었다. 최초의 불만 소리는 도시의 유지에 드는 높은 비용과 도시의 비위생적인 기후와 관련하여 나타났다. 높은 사망률로 인해 회사 경영진은 훨씬 더 많은 수의 직원을 동방으로 파견할 수밖에 없었다. 1756년 '17인 이사회'는 '중국 위원회(China Comité)'를 세운다는 중요한 결정을 내렸다. 그 위원회는 네덜란드와 중국 사이의 직접적인 차 무역을 조직하라는 명령을 받았고, 그렇게 되면 바타비아의 위치는 보조항의 지위로 축소될 터였다. 그 무렵 회사의 아시아 역내 해운 네트워크는 강력한 영국과의 경쟁으로 인해 서서히 해체되고 있었고, 바타비아의 지위는 인도네시아 군도 내의 지역 무역 중심지로 축소되었다. 심지어 동남아시아 지역 내에서도, 바타비아의 지위는 영국 무역상과 중국인 정크선 그리고 부기스인 운송업자들의 네트워크가 확장되면서 도전받았다. 이들 모두는 벵갈 만과 남중국해 사이에 가장 편리한 항로인 말라카 해협 가까이에 새로운 화물 집산지를 찾고 있었다. 그런 새로운 집산지의 탐색은 처음에는 페낭(Penang)과 리아우(Riau) 같은 섬들에게 유리했으나 결국 1819년 싱가포르 자유항의 설치로 막을 내렸다.

에필로그

오늘날, 구 바타비아와 관련된 것은 남은 것이 별로 없다. 현대의 북적거리는 도시 중심과 동 떨어진 바다와 가까운 구 도심지에는 한 쌍의 18세기 풍 저택들이 심하게 방치된 채 역시 심하게 오염된 칼리 베사르(Kali Besar)를 따라 여전히 서있다. 식민지 문서보관소였다가 1980년대까지 인도네시아 국립문서보관소가 있었던 총독 라이니어 데 클레르크(Reinier de Klerk)의 대저택은 조심스럽게 복구되어 지금은 결혼식장으로 쓰인다. 1710년의 원 시청은 지금은 역사적 기념물이 되어 비가 새는 지붕에 애를 먹고 심하게 방치된 채 버텨오고 있는데, 이런 모습은 인도네시아의 고고학계에 수치이다. 도시 운하의 대부분은 메워졌고, 남아있는 것은 분명 그 더러움과 냄새가 18세기 말과 똑같다는 점일 것이다.

바다로 이어지는 구 항만 운하가 시작하는 파사르 이칸에선, 호기심에 찬 여행객들이 남아있는 VOC의 이전 창고 건물 몇 채와 19세기에 '파베얀'

즉 세관의 원래 부지에 건설된 탑, 즉 '망루(Uitkijk)'를 여전히 만날 수 있다. 종종 슬플 정도로 방치되어 있는 이런 튼튼한 건물들이 그런 만큼의 시간의 공격을 견디며 살아남은 것은 기적이다. 회사 시기의 구 시내는, 19세기 초에 도시가 '성내'에서 서서히 빠져나와 몇 킬로 내지로 옮겨 정원 도시로 바뀌었기 때문에 대부분 사라졌다.

이 모든 것에는 일정한 아이러니가 있다. 19세기 말 탄중 프리옥(Tanjung Priok) 항구*의 건설과 함께, 모든 해상 운송은 정박지에서 새로운 부두로 옮겼다. 비록 여전히 외부 섬에서 목재를 싣고 오는 부기스인의 목제 범선들이 구 바타비아의 원래 운하와 파사르 이칸의 계류장을 열심히 드나들고 있지만 말이다. 무심하게도, 그 배들의 별스럽게 생긴 선체를 보며 우리는 몇 백 년 전 틀림없이 있었을 상황을 떠올려 본다.

---

* 자카르타 서부의 항구. 1877년 신항으로 건설되었다.

참고문헌

Abeyasekere, Susan, *Jakarta: A History* (Singapore: Oxford Univ. Press, 1987).

Blussé, Leonard, *Strange Company. Chinese Settlers, Mestizo Women and the Dutch in VOC Batavia* (Dordrecht: Verhandelingen KITLV 122, Foris Publication, 1986).

Breuning, H.A., *Het voormalige Batavia: Ben Hollandse stedestichting in de Tropen. Anno 1619* (Amsterdam: Allert de Lange, 1954).

van der Brug, P.H., *Malaria en Malaise. De VOC in Batavia in de Achttiende Eeuw* (Amsterdam: De Bataafsche Leeuw, 1994).

Chandeigne, Michel, *Goa 1510~1685, L'Inde Portugaise, Apostolique et Commerciale* (Paris: Editions Autrement, 1997).

van der Chijs, J.A., *Nederlandsch-Indisch Plakaatboek 1602~1811* (Batavia: Landsdrukkerij, 17 vols., 1885~1900).

van der Chijs, J.A., *et al.*, eds., *Daghregister gehouden int Casteel Batavia vant passerende daer ter plaetse als over geheel Nederlandts-India 1624~1682* (Batavia: 's-Gravenhage, 21 vols., 1887~1928).

Coolhaas, W.Ph., *et al.*, eds., *Generale Missiven van Gouverneurs-Generaal en Raden aan Heren XVII der Verenigde Oostindische Compagnie 1610~1761* ('s-Gravenhage, Rijsgeschiedkundige Publicatiën, 13 vols., 1960~2007).

van Dam, Pieter, *Beschryvinge van de Ootindische Compagnie*, ed. F.W. Stapel ('s-Gravenhage, Rijsgeschiedkundige Publicatiën, 7 vols., 1927~1954).

Dash, Mike, *Batavia's Graveyard* (New York: Crown Publishers, 2002).

Ebing, Ewald and Youetta de Jager (comp.), *Batavia-Jakarta 1600~2000. A Bibliography* (Leiden: KITLV Press, 2000).

van Gelder, Roelof, *Het Oost-Indische Avontuur. Duitsers in dienst van de VOC* (Nijmegen: SUN, 1997).

Grijs, Kees and Peter J.N. Nas, eds., *Jakarta, Socio-cultural Essays* (Leiden: Verhandelingen KITLV 187, KITLV Press, 2000).

de Haan, F., *Oud Batavia* (Bandoeng: A.C. Nix & Co., 1935).

Heydt, J.W., *Allerneuester geographisch- und topografischer Schauplatz* (Willhermsdorff,

1744).

Knaap, *Gerrit and Heather Sutherland, Monsoon Traders, ships, Skippers and Commodities in Eighteenth Century Makassar* (Leiden: KITLV Press, 2004).

van Leur-de Loos, J., "Het ontwerp van het kasteel te Batavia", *Tijdschrift voor Indische Taal-, Land-, en Volkenkunde,* vol.LXXXIII 2~3, 1949: 194~198.

de Loos-Haaxman, J., *Johannes Rach en zijn Werk* (Batavia: Bataviaasch Genootschap, 1928).

Niemeijer, H.E., *Batavia: Een koloniale Samenleving in de 17de Eeuw* (Amsterdam: Balans, 2005).

Nieuhof, Johan, *Voyages and Travels to the East Indies* (Singapore: Oxford Univ. Press, 1988).

van Oers, Ron, *Dutch Town Planning overseas during VOC and WIC Rule* (1600~1800) (Zutphen: Walburg Pers, 2000).

Parthesius, Robert, "Dutch Ships in Tropical Waters: The Development of the Dutch East India Company(VOC) Shipping Network in Asia 1595~1660", Ph.D. thesis, University of Amsterdam, 2007.

Remco, Raben, "Batavia and Colombo, the Ethnic and Spatial Order of two Colonial Cities, 1600~1800", Ph.D. thesis, University of Leiden, 1996.

___________, "Round about Batavia, Ethnicity and Authority in the Ommelanden 1650~1800", in *Jakarta-Batavia: Soci-cultural essays*, ed. K. Grijns and P. Nas (Leiden: KITLV Press, 2000), pp.93~107.

Schouten, Wouter, *De Oost-Indische Voyagie (Amsterdam 1676)*, ed. *Michael Breet* (Zutphen: Walburg Pers, 2003).

Taylor, Jean Gelman, *The Social World of Batavia, European and Eurasian in Dutch Asia* (Madison: Univ. of Wisconsin Press, 1983).

Valentijn, François, *Oud- en Nieuw Oost-Indiën* (Dordrecht/Amsterdam: Van Braam, 1724~1726).

주

1) Mike Dash, *Batavia's Graveyard* (New York: Crown Publishers, 2002).

2) F. de Haan, *Oud Batavia* (Bandoeng: Nix, 1935), p.710.

3) H.A. Breuning, *Het voormalige Batavia. Een Hollande stedestichting in de tropen. Anno 1619* (Amesterdam: Allert de Lange, 1954), p.125 ; J. van Leur-de Looos, *Het ontwep van het kasteel te Batavia. Trijdschrift voor Ind. Taal-, Land-, en Volkenkunde*, vol.LXXXIII 2~3 (1949), pp.194~198. 네덜란드의 식민지 도시 건설에 대해선, Ron van Oers, *Dutch Town Planning Overseas During VOC and WIC Rule (1600~1800)* (Zutphen: Walburg Pers, 2000)도 보라.

4) 바타비아에 대한 전반적인 문헌목록은, Ewald Ebing and Youetta de Jager, comp., *Batavia-Jakarta, 1600~2000. A Bibliography* (Leiden: KITLV Press, 2000)을 보라.

5) Johan Nieuhof, *Voyages and Travels to the East Indies 1653~1670* (Singapore: Oxford Univ. Press, 1988), p.264.

6) Remco Raben, "Round about Batavia. Ethnicity and Authority in the Ommelanden, 1650~1800", in *Jakarta-Batavia, Socio-cultural Essays*, ed. K. Grijns and P. Nas (Leiden: KITLV Press, 2000), pp.93~107과 Remco Raben, "Batavia and Colombo: the Ethnic and Spatial Order of Two Colonial Cities, 1600~1800", Ph.D. Thesis, Leiden University, 1996. 17세기 바타비아의 세밀한 사회사는, H.E. Niemeijer, *Batavia. Een koloniale samenleving in de 17de eeuw* (Amsterdam: Uitgeverij Balans, 2005)를 보라.

7) Jean Gelman Taylor, *The Social World of Batavia European and Eurasian in Dutch Aisa* (Madison: Univ. of Wisconsin Press, 1983).

8) Leonard Blussé, *Strange Company, Chinese Settlers, Mestizo Women and the Dutch in VOC Batavia* (Dorderecht: KITLV Press, 1986), p.33.

9) Michel Chandeigne, *Goa 1510~1685, L'Inde Portugaise. Apostolique et Commerciale* (Paris: Editions Autrement, 1997), p.207.

10) P.H. van der Brug, *Malaria en Malaise. De VOC in Batavia in de Achttiende Eeuw* (Amsterdam: De Bataafsche Leeuw, 1994).

11) R. van Gelder, *Het Oost-Indische avontuur. Duitsers in dienst van de VOC (1600~1800)* (Nijmegen: SUN, 1997).

12) J.W. Heydt, *Allerneuester geographisch- und topografischer Schauplatz* (Willhermsdorff, 1744) ; J. de Loos-Haaxman, *Johannes Rach en zijn werk* (Batavia: Bataviaasch

Genootschap, 1928).

13) 18세기 마카사르(Makassar)의 해운 조직에 대한 Gerrit Knaap와 Heather Sutherland 의 연구서, *Monsoon Traders, Ships, Skippers and Commodities in Eighteenth Century Makassar* (Leiden: KITLV Press, 2004)는 이런 면에서 어떤 연구를 수행할 수 있는지를 보여준다. 또한 나 자신의 연구, "The VOC and the Junk Trade of Batavia: a Problem in Administrative Control", in *Strange Company*, pp.97~155도 보라.

14) W.Ph. Coolhaas, *et al.*, eds., "Generale Missiven van Gouverneurs-Generaal en Raden aan Heren XVII der Vernigde Oostindische Compagnie 1610~1761", *'s-Gravenhage, Rijksgeschiedkundige Publication 1~13 (1960~2007)* ; J.A. van der Chijs, *et al.*, eds., *Dagregister gehouden int Casteel Batavia vant passervande daer ter plaetse als over geheel Nederlandts-India 1624~1682* (Batavia: 's-Gravenhage, 1887~1928), 21 vols. 남아있는 미간행 일지 원고들은 자카르타의 국립문서보관 소(Arsip Nasional)에서 참조할 수 있다.

15) Johan Nieuhof, *Voyages and Travels to the East Endies 1653~1670* (Singapore: Oxford Univ. Press, 1988), p.266.

16) J.A. van der Chijs, ed., *Nederlandsch-Indisch Plakaatboek* (Landsdrukkerij: Batavia, July 3, 1743).

17) Wouter Schouten, *De Oost-Indische voyagie van Wouter Schouten*, ed. Michael Breet (Zutphen: Walburg Pers, 2003), p.45.

18) Schouten, *Oost-Indische voyagie*, p.427.

19) De Haan, *Oud Batavia*, p.191 ; François Vealentijn, *Oud en Nieuw Oost-Indien*, vol.4, p.230.

20) Nieuhof, *Travels*, p.271.

21) Ibid., p.272.

22) Pieter van Dam, *Beschryvinge van de Oostindische Compagnie*, vol.3 ('s-Gravenhage: Rijksgeschiedkundige Publicatiën, 1943), p.65.

23) Valentijn, *Oud-en Nieuw Oost-Indië*, vol.IVa, p.352.

24) Ibid., p.257.

25) Robert Parthesius, "Dutch Ships in Tropical Waters. The development of the Dutch East India Company(VOC) shipping network in Asia 1595~1660", Ph.D. thesis, University of Amsterdam, 2007.

26) Valentijn, *Oud-en Nieuw Oost-Indië*, vol.IVa, pp.265~261.

제6장 17·18세기 시암 법 및 아유타야 도시 규약과 네덜란드인의 상호영향 1)

바완 루앙스립(Bhawan Ruangslip)

머리말

타이의 아유타야 왕국(1350년경~1767년)은 동남아시아에서 가장 번성한 해항정치세력 중 하나였다. 왕국의 수도는 정치 중심지이자 상업 중심지로서의 이중적 기능에서 자신의 코스모폴리탄적 성격을 끌어왔다. 이것은, 당대의 외국 문서들에 보통 시암으로 언급되는 아유타야가 외국 거류자와 체재자들로 가득 차 있었다고 하는 많은 목격담들에서 분명해진다. 1620년대와 1630년대 동안 몇 년간 거기서 살았던 네덜란드 상인 주스트 샤우텐(Joost Schouten)은 이 항구도시에는 "엄청난 거래량 때문에 '인도인', 보다 서쪽의 '아시아인들(Asiaticks)', 유럽인, 이슬람교도들 그리고 기독교 상인들 같은 몇몇 '나라 사람들(Nations)'이 빈번하게 드나든다"고 썼다. 2)

아유타야의 외국인 주민은 다인종 무역 공동체들로 이루어졌을 뿐 아니라 전쟁포로와 정치적·종교적 망명자들, 용병과 다른 분야의 전문가들, 선교사들, 상인들로도 이루어졌다. 아유타야 외국인 주민의 종족적·

문화적 다양성은 이 시암의 해항정치세력이 전지구적 이주과정에 아주 활발하게 참여하고 있었음을 보여준다. 이런 다양성을 보면서, 이렇게 사회·문화적으로 혼합된 환경 속에서 토착 행정부가 어떻게 평화와 질서를 유지했을까 하는 의문을 품게 된다.

한편으로 특히 수도에서 시암 국가와 그 국민 사이의 상호작용과 다른 한편으로 거주하는 외국인들과 방문한 외국인들 사이의 상호작용에 대해서는 상업, 정치, 외교, 사회와 문화라는 다양한 측면에서 연구가 상당히 진행되었다.3) 그렇지만 접촉이 갖는 법적 요소에 대한 조사는 주로 일차사료의 부족을 이유로 충분히 이루어지지 못했다. 근대 이전 타이의 법제사에 대한 가장 중요한 토착 자료인『세 가지 인장법(印章法)(Kotmai Tra Sam Duang)』은 아유타야의 외국인과 관련된 법에 관해서 실질적인 정보를 제공하지 못하며, 그 법이 제공하는 정보에는 시간에 따라 분명 일어났음직한 변화가 반영되지 않았다.4) 따라서 역사가는 외국 문서들, 특히 간행된 기행문과 협정문을 이용하기가 쉽다. 그렇다보니 이 주제에 완전히 전념하는 연구는 몇 개에 불과하다.『세 가지 인장법』에 보이는 파편화된 정보를 전부 모아, 마놉 타보른바트사쿨(Manop Thavornwatsakul)은 시암법에 따르면 외국인들이 치밀하게 감시받았고, 그들 모두가 토착민만큼이나 지역 토착법의 강한 구속을 받았다고 주장했다.5) 그에 앞선 저작에서, 로베르 랭가(Robert Lingat)는 1685년과 1687년에 프랑스와 타이 간에 맺어진 조약들에 주목했는데, 그 조약문에 따르면 프랑스인은 시암에서 프랑스 신민에 대한 법적 특권을 얻고자 했다.6)

위에서 언급한 주스트 샤우텐은 1604년과 1765년 사이에 시암의 네덜란드동인도회사(이하 VOC)에서 일한 많은 네덜란드인과 유럽인 중 한 사람이었다. 시암 궁정과 접촉을 개시하기 위해 최초로 직원 집단을 파견하면서, 회사는 시암이 가진 '중화제국'과의 상업적 연계를 통해 매력적인 중국 시장에 대한 접근권을 얻기를 바랐다. 그렇지만 네덜란드인들은 곧 시암에서도 상당한 이익을 올릴 수 있음을 발견했다. 시암은 일본 시장에서 수요가 높은 상품들을 제공했다. 이런 상품들, 특히 소방목(蘇方木)*과 동물 가죽은, VOC가 중국산 비단과 인도산 직물을 구입하느라 필요한 일본산 지금(地金)과 교환되곤 했다. 요컨대, 시암에 대한 VOC의 정책은 회사의 아시아 역내 무역에 대한 전반적 구상, 특히 동아시아에서 그 구상의 실행에서 시암이 가지는 의미에 기초하여 이루어졌다. 비록 회사의 대일본 무역이 17세기에서 18세기로의 전환기에 쇠퇴했지만, 네덜란드인들은 1765년까지—왕국이 결국 버마인들의 손아귀에 떨어지기 18개월이 남지 않은 시기까지— 실제 이윤이 있어서가 아니라 (대륙부 동남아시아와 쌀 공급을 위한 거점을 확보하기 위한) 전략적인 이유에서였기는 하나 계속 시암에 남아 있었다. 전반적으로 식민지 침탈의 성격이 없는 순전한 외교적 접근이 시암인들과 회사의 관계를 규정하였다.[7]

전반적으로 VOC가 자신의 상업적·군사적 힘에 근거해서 당당하게 아유타야 궁정을 대했다는 것은 사실이다. 그렇지만 시암에서 회사의 직원들은 궁정과 관련하여 다른 협상력을 가지고 있었다. 그들은 아시아와 네덜란드공화국에 있는 그들의 상급자들의 지침과 규정에 매여 있었을 뿐 아니라,[8] 시암의 법률도 준수해야 했다. 일상적 접촉에 관한 한, 비교적 동등한 지위와 다른 문화를 가진 양 세력 사이를 매개하는 데 결정적인 역할을 한 것이 바로 이런 현장 직원들이었다. 그들의 행동이 시암에서 회사 사업의 성패만이 아니라 네덜란드인 공동체의 운명을 좌우하였다.

시암 정부의 독점적인 무역 체계에 따라, VOC 직원들은 왕 및 그의 조정 신하들과 직접 접촉을 유지하도록 요구받았다. 시암의 엘리트층과 교

---

* 콩과에 속한 상록 교목으로 밝은 진홍색과 진한 자주색 염색약을 뽑아내는 데 쓰이며, 중국 남부와 인도, 동남아시아에 걸쳐 분포한다.

제할 때, 네덜란드 상인들은 VOC와 네덜란드공화국의 외교적 대표자 역할을 적절하게 맡았다. 격식을 차리기 위해, VOC의 상관장(Opperhoofd)은 바타비아의 상급 기관에서 서면 신임장을 받고서 임기를 시작했고, 보통 취임 인사와 이임 인사를 드리기 위해 왕이나 '프라크랑(Phrakhlang)'(대외관계 및 해상무역부 대신)을 알현할 기회를 부여받곤 했다.9) 그는 시암의 행정적 위계로 통합되어 "자기 서열에 맞는 왕실 선물—작은 땅 한 구획과 황금 빈랑나무 열매 상자, 그리고 검—"과 함께 조정의 서열 및 작위를 수여받게 되어 있었다.10) 그런 땅 한 구획은 상징적 선물 이상의 것이었지만, 뒤의 두 가지는 그가 궁정에 출두할 때 반드시 지녀야 하는 휘장 같은 것으로 여겨졌다.11) 무엇보다도 네덜란드인들의 일상 활동 대부분은 회사의 상관을 중심으로 돌아갔고, 거기서 그들은 간부들과 지역 토착민 그리고 다른 외국인 공동체들과 접촉하면서 사무를 처리하고 일상생활을 영위했다.

시암에 VOC 직원들이 존재하는 것은 시암 당국과 그 직원 자신들 모두에게 여러 가지 문제를 제기했다. 즉 전자에게는 VOC 직원들을 어떻게 다루어야 하는가가 문제였고, 후자에게는 두 개의 다른 문화적·법적 전통(그들 자신의 전통과 현지 토착민의 전통)을 어떻게 조정할지가 문제였다. 이 글은 시암 법과 사회 조직에서 VOC 직원들과 회사 거류지의 지위에 대한 연구이다. 타이어 자료가 제한되어 있음으로, 시암에서 네덜란드인의 법적 지위의 복원은 압도적으로 네덜란드의 기록—특히 두 가지 기록—에 기초하고 있다. 첫 번째 문서인 1664년의 네덜란드와 시암 간의 조약문은 VOC의 상업적 특권을 명확히 하였을 뿐 아니라, 시암에 있는 회사의 네덜란드인 및 유럽인 직원들에 대해 명확한 법적 보호, 즉 "치외법권"을 확립하기도 했다.12) 이 조약으로 인해 네덜란드인들은 시암에서 특별한 존재가 되었다. 두 번째 문서, 1720년 VOC의 상관장, 바이브란드 브롬(Wijbrand Blom)이 작성한 『후임자를 위한 지침서(*Memorie van Overgave*)』는 네덜란드인들

이 실제로 자신들의 거류지를 어떻게 운영하고 보호했는지에 관한 보기 드문 정보를 제공한다.[13]

치외법권: VOC 직원과 시암의 사법권

네덜란드인들은 시암에 안정된 법이 있음을 알았지만,[14] 왕국 내의 법 집행에 대한 그들의 전반적인 태도는 전적으로 부정적이었다. 그들은 시암인들이 거의 모든 면에서 타락했다고 믿으면서 시암의 사법체계를 불신하거나[15] 시암에서 일반적으로 시행되는 시련을 통한 육체적 처벌과 사디즘적인 재판 방법을 좋게 평가하지 않았다. 샤우텐은 자신이 쓴 "시암에 대한 설명(Description of Siam)"에서 왕국의 법 절차, 특히 처벌과 시련의 관습에 자신의 상급자와 다른 독자들의 관심을 끌었다. 그런 처벌과 시련에는 "추방과 사막[사람이 살지 않는 지역]으로의 유형, 노역, 몰수, 수족 절단, 기름 화형, 능지처참, 그리고 … 물속에 머리를 밀어 넣거나 끓는 기름에 손을 담그게 하거나 뜨거운 석탄 위를 맨발로 걷게 하거나 마법에 걸린 밥 한 덩어리를 먹게 하는 식으로 행하는 여타 가혹한 사형집행"이 있었다.[16]

시암에서 이루어지는 법적 · 사법적 관행에 대한 네덜란드인들의 전반적인 태도가 그냥 부정적인 데서 끝날 수는 없었다. 회사 직원들은 시암 당국으로부터 직접 위협을 당하는 경험을 하면, 지역의 토착 사법권으로부터 사면권을 얻고자 애쓸 수밖에 없었다. 1634년 남부의 종속국인 파타니(Patani)*에서 반란이 일어나 이를 진압하기 위해 프라삿통(Prasatthong) 왕(재위 1629~1656년)이 도움을 요청했을 때 VOC가 이에 응하기를 주저하자, 시암

---

* 말레이 반도의 북쪽에 해당하는 타이 남부의 여러 주들을 통칭하는 용어. 이 지역의 주민은 말레이계 이슬람교도로 독자적인 술탄왕국을 형성했고, 아유타야 왕조 시기 시암에 조공을 바치는 반독립 상태에 있었다.

궁정은 아유타야에 있던 VOC 직원들이 상관에서 나오는 것을 금지했다. 샤우텐이 회사의 무장 선박을 이끌고 파타니로 가서 회사가 실제로 시암 군을 군사적으로 도왔음을 입증하고서야, 네덜란드인들에게 사업을 재개하라는 허락이 떨어졌다. 마찬가지로 1640년에는 네덜란드인들에게 적대적인 궁정 인사들이 또 다른 비방을 해 네덜란드인들에 대한 왕의 불만을 끌어내어, 이것이 다시 VOC 상관의 봉쇄로 이어졌고, 네덜란드인에게는 코끼리가 밟아 죽이는 형을 내리겠다는 위협이 가해졌다. 기록에 따르면, 네덜란드인에게 우호적인 궁정 인사들이 중재에 나서 네덜란드인들을 구할 수 있었다.[17]

시암에서 장래 네덜란드인들이 가질 법적 지위에 관해 결정적인 전환점이 된 것은 1635년에 일어난 사건이었다. 이 사건을 턴 브루멜휴이스(Ten Brummelhuis)와 클라이넨(Klienen)은 "네덜란드인들의 아유타야 나들이 사건"이라 부르는데, 그로 인해 네덜란드인 몇 명이 타이 왕국에서 거의 죽을 뻔 했다.[18] 그 해 12월 2명의 VOC 직원들이 아유타야에서 약간의 여가를 즐기면서 술에 취해 왕의 동생을 모시는 하인들을 공격했고, 그 때문에 체포되어 대공의 궁정으로 압송되었다. 그 동료들을 석방시키기 위해 찾아간 다른 동료도 궁정 신하들과 싸움에 말려들었지만, 수에서 밀려 시암인들에게 굴복할 수밖에 없었다. 이를 듣고 분노한 프라삿통 왕은 네덜란드인들의 무역을 금지하고 그들의 상관에 무장 경비병을 배치하는 데더해 이 네덜란드인들을 처형하려고 하였다.

결국 프라삿통은 예정된 네덜란드인들의 처형을 연기했고 VOC 무역에 대한 금령을 철회했다. 대신에 그는 시암 주재 네덜란드인들의 우두머리인 예레미아스 반 브리엣에게 장래에 시암에서 VOC 직원들이 범하는 어떤 잘못도 그의 책임으로 인정할 것을 문서로 밝힐 뿐만 아니라 상관장이 "죄를 인정한다"[19]는 뜻으로 그가 하기 힘든 의례를 자기 앞에서 행할 것을 강요했다. 이런 내용을 밝힌 문서는 또한 네덜란드인들에게 왕국의 법과 관습에 따를 것을 요구했다.[20] 요컨대, 그것은 네덜란드인들을 지역 토착의 법 절차와 법 집행 방식에, 그리고 시암법을 공표하는 시암 왕의 권력에 복속시키고자 하는 시도였다.

프라샷통의 조치는 확실히 회사로서는 받아들일 수 없는 것이었고, 대개 아시아의 회사 직원과 네덜란드 자유시민들에 대해서는 회사만이 법을 집행해왔다. 바타비아는 내내 이런 조항을 폐지하고자 하였다. 1663년 9월과 1664년 2월 사이에, VOC는 시암의 대동아시아 무역의 확장을 제한하려는 시도로 차오 프라야(Chao Phraya) 강* 하구에 대한 해상 봉쇄를 수행했다(그래서 중국 및 일본에서 시암으로 항해하는 정크선을 선별적으로 나포하였다). 그 분쟁은 1664년 최초의 네덜란드와 시암간 불평등 조약을 체결하여 해결되었다. VOC는 마침내 자신에게 유리한 상황을 이용하여 시암 조정에 회사 직원들을 시암의 사법권 밖에 두도록 강요할 수 있게 되었다. 조약문에 포함되어 있는 다음 조항은 VOC에게, 로베르 랭가가 '거류민권리보장체계(système des capitulations)'라고 정의한 것을 제공하였다. 그리고 스미스와 턴 브루멜휴이스는 이를 치외법권이라고 불렀다. 즉 회사 직원과 네덜란드 신민에게 지역 토착법 집행으로부터의 면책 특권을 부여하는 것이었다.[21]

> 회사의 상주 직원 중 누구든지 시암에서 중대한 범죄를 저지르면(제발 그런 일이 없기를!), 왕이나 시암 궁정이 그를 재판하지 않을 것이고, 그는 네덜란드 법에 따라 처벌받기 위해 '고귀한 회사(Honourable Company)'의 우두머리에게로 이송될 것이다. 그리고 위에서 말한 우두머리 자신이 중대 범죄를 범할 경우, 총독에게 그 사람에 대한 통지가 갈 때까지 폐하가 그를 구금할 권리를 가질 것이다.[22]

---

* 타이의 중심 평원지대를 가로질러 수도 방콕을 관통하는 강. 타이의 중심 하천이다.

그리하여 1664년의 조약에 따라 치외법권이 성립되었고, 1636년의 상관
장에게 책임을 지우는 문서의 효력은 사실상 정지되었다.

1685년 포르투갈인들이 자신들에게 지역 사법권의 면책 특권을 부여해
줄 것을 요청하기 위해 고아(Goa)에서 아유타야로 대사를 파견했는데, 나
라이 왕(Narai, 재위 1656~1688년)은 이를 거절했다. 분명 포르투갈인들은 왕을
설득할 영향력이 없었던 것이다.[23] 그렇지만 1685년과 1687년의 프랑스와
시암 간의 조약들에 나와 있듯이, 왕은 자신의 긴밀한 동맹자인 프랑스인
에게는 이런 특권을 부여하는 데 동의했다.[24]

1685년에 맺어진 최초의 프랑스와 시암 간 조약은 프랑스 선교사의 전
도의 자유를 담고 있고 개종한 토착민에게 일정한 특권을 부여하고 있기
에, 시암에 로마 가톨릭 신앙을 전파하려는 프랑스의 의도를 드러내고 있
다. 토착민 기독교도들은 휴일과 축일에는 왕실 부역을 면제받을 터였고,
나이가 들면 그런 노역에서 완전히 해방되었으며, 그들 나름의 사법 체계
를 허용 받았다. 그 다음에 체결된 1687년의 조약은 1644년에 설립된 프랑
스동인도회사(Compagnie des Indes Orientales – 이하 CIO)에 시암에서 다른 직원들에
게 범죄를 저지른 자기 직원은 누구든지 회사 자체의 방식으로 기소할 권
리를 주었다. 국적이 어디든 CIO 직원과 누군가가 회사 업무 외의 사고에
연루되면, 그 직원은 시암 법정에 출두해야 하고, 그럴 경우 그 법정에는
한 명 이상의 회사 관리가 참관해야 했다. 결국 이런 회사 관리가 실제로
는 판결을 내리곤 했다는 것을 보면, 이런 "국제 법정"[25]은 단지 형식에
불과한 것이었다. 요컨대 프랑스는 자신의 신민에 대해서만이 아니라, 자
신의 보호하에 있는 (시암 왕의 개종한 신민도 포함하여) 로마 가톨릭 집
단에 대해서도 치외법권을 요구했던 것이다. 프랑스인에 비해, VOC는 설
령 자신의 직원이 시암인에게 위해를 가했을 경우에도 그들이 시암의 사
법 절차를 거치게 될 가능성을 완전히 배제하였다. 1664년의 조약에 따르

면 네덜란드 회사가 치외법권의 범위를 자기 직원과 네덜란드 자유시민과 같은 자신의 신민에게로 조심스럽게 제한했던 것 같고 종교를 전파할 의도는 분명 전혀 없었던 것처럼 보이지만, 사실 회사는 어떤 경우에는 네덜란드인 거류지 내에 사는 지역 토착민에게도 시암법 집행에 대한 보호를 제공하였다. 이는 아래 내용에서 보이는 바와 같다.

결국 프랑스인과 시암 궁정 사이의 협정 전부는 1668년 나라이 왕이 사망하자 즉시 무효가 되어 효력이 정지되었고, 시암에 프랑스의 정치적·종교적 의제를 강요하고자 하는 프랑스인의 시도에 분개한 다음 왕 페트라차(Phetracha)와 그의 부하들의 분노로부터 프랑스인들을 보호할 수 없었다. 분명 네덜란드인들은 통치자가 언제든 자기 전임자가 공표한 법을 뒤엎거나 수정할 수도 있음을 알고 있었다. 그래서 그들은 자신의 상업적·법적 특권을 재확인하기 위해 매번 왕이 바뀔 때마다 통치 초기에 네덜란드와 시암 간의 조약을 갱신하고자 애썼다.

질서와 보호: 시암의 VOC 거류지

앞서 언급한 것처럼, 시암 왕은 분명 사회의 일반적 질서를 지켜야 한다는 조건하에서 자기 영토 내의 많은 외국인 집단들이 거류지와 사람들을 자체 관리하도록 허용했다. 1731년에 작성한 회사 자산에 대한 보고서에는 상관에 보존된 법률 서류의 명부가 포함되어 있는데, 그것은 아유타야에서 지내는 외국인의 일상생활을 통제하는 규칙을 일부 보여주고 있다. 특별한 한 가지 문서는 아유타야의 모든 외국인들에게 왕실 궁정이나 왕과 왕가의 사람들이 있을 수 있는 어떤 장소이든 그곳에 사전 허가 없이 모습을 보이는 것을 금지하는 규칙을 담고 있다. 또 다른 문서에는 시암의 모든 구역들에서 화재와 절도 그리고 다른 혼란을 막기 위해 야간

순시를 계속하라는 규칙이 들어있다. 마지막 규칙에는 궁정의 허가 없이 대포나 어떤 병기의 발사도 금하고 또한 불꽃을 쏘아 올리는 행위도 금하는 것이 있었다.[26]

시암에서 VOC 상관장의 지위는 회사 직원들을 이끌어야 할 의무만이 아니라 거류지에 거주하는 토착민을 통제해야 할 의무 때문에도 복잡하였다. 시암의 사회조직관에 따르면, 상관장을 '나이(nai)'(촌장)로 보면서 네덜란드 거류지는 '반(ban)'(촌락 또는 집단)으로 분류하였다. 그래서 상관장은 다른 외국인 집단의 우두머리처럼 '샤반다르(Syahbandar)'(港務官)와 통역관을 통해 '프라크랑' 대신에게 응하였다.

아유타야의 VOC 거류지는 회사에서 시암이 가지는 중요성과 시암 궁정에 대한 네덜란드인들의 의존성 그리고 동시에 자신의 사안을 조정할 일정 정도의 자율성을 반영하는 조건하에서, 그리고 그런 것들을 반영하는 방식으로 세워졌다. 이것을 올바른 시각에서 보기 위해서는, 무엇보다 아유타야의 상관(VOC 지역상관)을 남아프리카에서 동아시아까지 걸쳐 있던 VOC 거류지들의 광범위한 네트워크의 일부로 보아야 한다. 거류지에는 세 가지 기본 유형이 있었다. 강력한 통치자가 지배하는 영토에 있는 요새화되지 않은 교역소들과 요새화된 기지들, 그리고 광대한 지역과 군도들을 통제했던 그보다 작은 요새들이 그것들이다. 아유타야 상관의 면모는 첫 번째 범주에 해당했고, 이런 범주에는 나가사키의 데지마와 광조우 및 수라트의 거류지 같은 VOC 시설들도 포함되었다.[27] 즉 이런 곳들은 네덜란드인들이 지역 토착 통치자에게 복종하고 그들의 보호하에 살았던 곳이었다.

아유타야의 다른 외국인 집단들과 마찬가지로, 시암 당국은 네덜란드인들이 살고 교역할 곳을 정하여 네덜란드인들에게 그에 따르도록 지시했다. 왕 에카토사롯(Ekathotsarot)(재위 1605~1609/10년)이 1608년 수도에 VOC가 무역 사무소를 세우는 것을 허락했을 때, 이 회사의 상관은 도시 성벽 내의 이슬람교도 구역에 위치했다. 뒤에 1634년 프라삿통 왕은 네덜란드인들에게 새로운 상관를 건설할 땅 한 구획을 주었는데, 그곳이 회사가 왕국에서 최종 철수할 때까지 VOC 직원과 그 가족들이 살았던 장소가 되었다. 이 새로운 거류지는 차오 프라야 강 동쪽 기슭에 있는 아유타야 본 도시의 남쪽에 위치했다. 그것은 이전 상관보다 강기슭에 더 가까웠고 더 컸다. 그래서 이전보다 상품을 적재하고 하역하기가 더 편리했다. 다행히 높은 고립지대에 위치하여 그곳은 홍수에 쉽게 휩쓸리지도 않았다.[28] 1655년 아유타야를 방문했던 회사의 선의(船醫) 하이스버트 헥크(Gijsbert Heeck)는 당시 존재한 주요 건물을 이렇게 묘사하였다.

> 맨 위층이 하늘 높이 솟아있고 [식당과 사무실] 아래에 넓고 적당한 창고공간을 가진 꽤 크고 높은 튼튼하고 훌륭한 건물이다. 두 측면은 흰 벽돌로 만들었고 문틀과 창틀이 많았는데, 대부분 격자를 두르고 가로대가 있었다. 벽은 전부 벽돌로 지었고 좋은 석회를 발랐다.

상관 건물은 대나무 울타리를 쳐 보호했고, 북쪽과 동쪽 그리고 남쪽 면에는 해자를 두르고 있었다. 측면마다 작은 다리가 있어 상관을 동쪽의 중심 창고와 상관 주변의 마을과 연결하고 있었다. 상관 전체는 중심 건물과 그보다 작은 창고들, 정원, 묘지, 그리고 감옥으로 구성되었다. 그곳은 40명의 상주 직원만이 아니라 체재 중인 일부 선원들도 수용할 만큼 넓었다.[29]

처음에 시암 정부는 단지 상관 건물이 강기슭에 너무 가깝지 않고 너무 높지 않아야 하며 그래서 왕국의 관습에 따라야 한다는 조건으로, 네덜란드인들이 선호하는 대로 상관의 주요 건물을 짓도록 허용했다.[30] 이런 조건은 필시 상관의 정면을 지나 강을 따라 내려갔던 왕실 수상 행렬의 안전과 연관되었을 것이다. 의심할 여지없이, 그 조건은 외국인 거류지가 도시 내의 궁전 및 사원과 장엄함을 다투어선 안 된다는 생각과도 관련되었다. 이런 제한에도 불구하고, 프랑스인 성직자, 니콜라 제르베즈(Nicholas Gervaise)는 위에 인용한 관저에 대한 헥크의 인상을 확인하면서 관저를 "왕국에서 가장 아름답고 가장 넓은 집들 중 하나"라고 설명했다.31) 건물의 이런 성격은 1630년대에 대시암 무역이 투자 가치가 있다고 본 회사의 결정을 반영하였고, 이런 결정은 회사가 시암에 장기 체류할 뜻이 있었음을 보여주는 것이었다. 유럽풍의 이 2층 건물은 강을 통해 아유타야 시로 들어오는 방문객들이 마주치는 최초의 건물 중 하나였고, 틀림없이 그것을 본 방문객들은 네덜란드인들이 거기에 있음을 알았을 것이다.

VOC 상관 건물은 이따금씩 시암 궁정에 네덜란드인에 대한 불만의 원인을 제공했다. 1636년 초에 네덜란드에 적대적인 일부 궁정 인사들은 프라삿통 왕에게 VOC 관저가 집이 아니라 요새처럼 보일 정도로 확장되었고 아유타야에 너무 많은 회사 직원들이 있다고 했다. 이는 분명 네덜란드인에 대한 왕의 불신을 촉발하려는 의도에서 나온 것이었다. 네덜란드인들은 항의했지만 그 이후 건물 설계도와 현재 직원의 명단을 제출하여 조사에 응하였고, 이에 왕은 만족하였다.32) 1732년에는 VOC 거류지에 대한 왕 타이사(Thaisa)의 관심이 불행히도 그에 대한 염증으로 변했다. 당시 회사의 선의가 나중에 말기 암으로 발전한 왕의 입에 난 상처를 치료하는 데 도움을 주었다. 이를 치하하면서, 왕은 네덜란드 거류지에 대해 더 많은 것을 알고 싶다는 관심을 표시했다. 그래서 궁정은 두 명의 관리를 보내 VOC 상관과 그 주변을 그리게 했다. 그 그림을 본 타이사는 네덜란드인 묘지의 묘석에 불안해했다. 필시 그것들이 타이의 탑과 비슷했기 때문이었을 것이다. 그 후 '프라크랑'은 네덜란드인들에게 이 "탑들"을 부술 것을 권하였다. 네덜란드인들은 완강하게 항의하면서, 사망한 사람의 가족들이 자기 돈으로 세운 묘석을 제거하는 것은 현재 상관장과 평의회의 권한를 넘어서는 일이라고 주장했다.33)

VOC는 아유타야의 상관 건물 외에도, 왕실의 허가를 받아 세웠고 역시 왕국 내에서 네덜란드인들의 활동 범위와 성격을 반영했던 일부 다른 자산들도 가지고 있었다. 그중 가장 중요한 것은 "암스테르담(Amsterdam)"이라 불린 회사 창고와 리고르(Ligor)(나콘 스리탐마랏[Nakhon Srithammarat])에 있는 그보다 작은 사무소였다. "암스테르담"은 현재의 타일랜드 만으로 연결되어 있는 차오 프라야 강 하구의 파크 남(Pak Nam)에 있는 반 차오 프라야(Ban Chao Phraya) 마을에 위치했다. 그곳은 동인도회사 선박이 들어오는 장소였다. 창고와 아유타야의 상관 사이에 운송은 시암 상관이나 지역 토착민이 소유한 선박들이 맡았다. 이 배들은 강을 항해할 만큼 작았다. 이사 라익크로프 반 군스(Rijckloff van Goens)가 1650년에 창고를 건설할 것을 제안했을 때, 그는 창고가 여러 요소들로부터 저장 상품을 보호하고 회사 선박의 하역을 손쉽게 할 것이라고 주장했다. 그리고 창고 감독관이 다른 직원들이 배를 통해 마음대로 상품을 밀수하는 것을 막을 수 있다고 주장했다.34) VOC의 직원 몇 명이 상주하며 운영했던 리고르 사무소는 특히 주석의 조달에 주력했다. 시간이 가면서 아유타야의 거류지와 마찬가지로, 그곳은 VOC 직원과 지역 토착민이 섞여 거주하는 공동체로 발전했다.

분명 시암 당국은 아유타야의 외국인 공동체들을 국적에 따라 '반'으로 나누어서, 그들을 토착민 사회 (대다수)와 분리하고자 했고, 그럼으로써 그들을 보다 쉽게 통제하고자 했다.35) 그렇지만 각 외국인 '반'을 다른 외국인 공동체나 지방 토착민으로부터 완전히 고립된 하나의 단위로 간주하는 것은 잘못된 것이리라.

17세기 말경, 아유타야 본 도시 밖에 거주하는 외국인 집단이 상당수 있었고, 특히 차오 프라야 강을 따라 세워진 상인 공동체들이 존재했다. 이런 외국인들은 정기적으로 서로 교류했다. 대개 은퇴하는 VOC 상관장은 자신의 현직 후임자가 아유타야에서 교역하는 다른 국민들과 일상적인 접촉을 유지할 것을 권하였다. 강 건너편 네덜란드 상관의 맞은편에는 포르투갈인들이 살았다. 헥크(Heeck)가 말했듯이, 시암에 살고 있는 네덜란드인과 포르투갈인 사이에는 실용적인 이유에서 다소 우호적인 관계가 형성되어 있었다.[36] 포르투갈인들은 운송업을 제공하는 외에 회사에 지역 토착 상품을 전해 주었다. 왜냐하면 말레이어를 제외하면 포르투갈어가 종종 네덜란드인과 시암 궁정 사이에 공용어로 이용되었기 때문이다.[37] VOC 거류지의 남쪽으로는 영국인과 일본인 '반'과 아울러 페간(Peguan: 몽족)* 공동체와 말레이인 공동체가 있었다. 네덜란드인들은 종종 일본인들을 고용하여 자신들이 일본에 수출하고 있는 동물 가죽을 꾸리게 했다. 그들은 지역 일본인 '나이' 중 한 명과 계약하여 이런 일꾼들을 구했다.[38] 그렇지만 이런 공동체들 사이에 순전히 상업적인 접촉만 있었던 것은 아니었다. 사회적이고 문화적인 접촉도 있었다. 네덜란드인 성직자가 아유타야에서 오지 않았기에, 주로 프로테스탄트인 네덜란드인들은 종종 포르투갈인 로마 가톨릭 성직자들에게 예배를 청했다. 토착민 사회와 평화를 유지하고 불필요한 비용을 아끼기 위해, VOC는 네덜란드개혁교회의 선교 활동을 제한된 범위에서만 지원했다. 성직자들은 핵심적인 네덜란드인 거류지들, 특히 바타비아와 콜롬보에서만 거주하고 사역하도록 지시받았다.

　네덜란드인의 묘지 역시 사망한 일부 영국인들을 신앙상의 형제로서 수용하였다.[39] 1730년 VOC 상관장과 그의 보좌역이 "다른 종교를 가진 사

---

* 중국과 베트남, 라오스, 타이의 산악지역에 사는 종족 집단.

람들과 함께" 프랑스 거류지의 르네 샤르보노(René Charbonneau)(프랑스 선교병원의 전직 주치의였고 뒤에 나라이 왕 치세에 푸켓 지사를 지낸) 의 장례식에 참석했고, 그 뒤 네덜란드인들이 프랑스인 주교를 방문했다는 기록이 있다.40) 1733년에는 로마 가톨릭 교도인 "시뇨라 도나 루이자 파울콘(Sinhora Donna Louisa Faulcon)"—그리스 출신으로 나중에 명성을 떨친 콘스탄틴 파울콘(Constantine Phaulkon)*의 의붓딸—은 VOC 직원 파울루스 쉐페르(Paulus Scheeper)와 유럽과 아시아 혼혈 여성인 마리아 벤스(Maria Wens)의 결혼에 증인이 되었다.41) 그런 일들은 아유타야에 사는 외국인 주민의 코스모폴리탄적이고 거의 기독교 일체적인 일상생활을 반영하고 있다. 비록 그것이 때로는 문자로 쓴 기록에서 특히 유럽인들 사이에 서로에 대해 내뱉는 적대적인 수사로 인해 가려지기도 했지만.

조지 비넬 스미스(George Vinal Smith)는 "네덜란드인 공동체가" 지역 토착민과 "교류했지만" 그것에 "통합되지는 않았던" 곳의 실례로 아유타야를 들었다.42) 주권국인 시암에서 네덜란드인이 처한 삶의 조건은 바타비아와 콜롬보 같은 아시아의 "이주" 식민도시와는 달랐다. 무엇보다도 VOC는 아유타야를 다수의 유럽인들이 거류하고 싶어 하는 곳으로 전혀 여기지 않았다. 그곳은 단지 무역 근거지일 뿐이었다. 아시아의 다른 곳에서처럼, 유럽인이나 네덜란드인 여성이 없는 것은 VOC 남자 직원과 지역(시암인이나 몽족, 라오인, 메스티조) 여성과의 동거와 이민족간 혼인으로 이어졌다. 17세기 말과 18세기 초의 VOC 보고서들은 네덜란드인 거류지가 회사 상관만이 아니라 말레이 말로 '캄퐁(kampong)'이라 불리는 인접한 이웃 촌락도 포함하

---

* 1647~1688년. 아유타야의 나라이 왕의 첫 번째 고문이 된 그리스인 모험가. 1675년 영국동인도회사를 위해 일하는 상인으로 시암으로 왔다. 통역관으로 일하며 시암 궁정에 영향력을 확보했던 그는 유럽인과 시암 궁정간의 교섭을 주도했다. 이런 영향력을 질시한 시암 관리들이 일종의 쿠데타를 통해 1688년 그를 처형하였다.

게 되었음을 보여준다. 그곳의 주민들은 VOC 직원과 네덜란드인 자유시민들의 후손으로 구성되었고, 그보다 더 많은 주민은 돈이 되는 일거리와 회사가 때때로 제공하는 보호로 인해 상관 가까이에 살려고 온 토착민이었다.

후임자를 위해 마련한 1720년의 지침에서, 은퇴하는 상관장 바이브란드 브롬(1717~1720년)은 헨드릭 버브룩스(Hendrik Verburg)에게 시암의 네덜란드 거류지에 대한 관리가 구전으로 내려온 것에 기초하는 경향이 있음을 상기시켰다. 그러므로 그의 지침은 그의 전임자들 때부터 모은 경험에 근거한 것이었다.43) 이 지침의 일부 내용은 거류지에서의 법 집행 및 질서와 관련되었다. 이 지침의 내용은 네 가지 주된 논점을 갖고 있다. 첫째, 그 문서는 VOC가 아유타야의 거류지에 대한 자신의 관할권을 어떻게 이해했는지 보여준다. 둘째, 그 문서는 거류지에서 질서 유지의 방법을 상관장에게 알려주어 그가 어떻게 일해야 하는지에 대한 지침을 알려준다. 셋째, 그 문서는 거류지 내에서 일어나거나 거류지 주민이 연루된 범죄 사건에서 지역 당국에 어떻게 대응해야 할지를 제안한다. 마지막으로, 그 문서는 시암 왕족을 만났을 때 어떻게 행동해야 하는지 가르쳐 준다.

브롬은 버브룩스에게 VOC가 자신의 관저에 대해 완전한 통제력을 행사했다는 것을 강조했다. 거의 한 세기 동안 상관장의 허락 없이 누구도 회사에 속한 특권구역 내에 거류하는 것이 허용되지 않았다.44) 비록 거류지에 대한 네덜란드인의 관할권이 네덜란드와 시암 간의 조약문에 명기되지는 않았지만, 그런 관할권은 회사 관저가 위치한 영역과 회사의 선박은 모두 지역의 토착 법 집행으로부터 일종의 면책권을 지니고 있다는 VOC와 시암 당국 사이의 공통적인 이해에 기초하여 세워졌다. 문서화 되지 않은 이런 협정이 외교적 면책권에 선행되어 나온 것 같다.

다음으로 브롬은 회사가 목수와 쿨리, 선원(내륙 수로의), 그리고 회사가 온갖 종류의 일에 필요해서 정기적으로 고용한 일반 일꾼들과 좋은 관계를 유지하고자 했음을 지적했다. 이런 거류지에 거주하는 지역 토착민들은 네덜란드인이 제공하거나 심지어 그들을 위해 만들어 내기도 했던 특권과 보호에서 이익을 얻고자 했다. 이런 특권과 보호는, 브롬의 말에 따르면 '캄퐁' 밖에서는 거의 일상적인 뇌물의 관행을 통해서만 얻을 수 있었던" 특별한 권리였다.[45)]

왓 파난초응(Wat Phananchoeng)(네덜란드 거류지 북쪽에 있는)에 가까이 이어져 있는 시장에서 '캄퐁' 주민들이 사소한 상품을 팔고자 하는 것을 시장 주인이 몇 번이고 방해하자, 브롬은 네덜란드인들이 상관 건물 뒤편의 땅에 시장을 세우도록 허가하는 허가증을 궁정으로부터 받아내어 이 문제를 해결했다. 그 대신에 시장은 시암 정부에 "연간 4냥(taels) 또는 28.16플로린"을 세금으로 납부했다. 상관장은 상주 직원을 두어 매일 다니며 상인들에게 사용료를 거두게 했다. 브롬은 시장에서 꽤 만족스런 수입을 얻었을 뿐 아니라 매우 다양한 상품을 제공했다고 평하였다. 네덜란드인들은 지역 토착 경제의 역동성을 확실히 파악했고 번성하던 국내 시장(이는 외견상 왕실의 통제하에 있었다)에서 이익을 얻었다.[46)]

거류지 내의 사람들과 관련하여, 브롬은 '프라크랑'이나 궁정의 명시적인 지시가 없이는 누구도 '캄퐁'의 주민을 체포할 권한이 절대 없다고 지적했다. 이를 잘 준수하도록 하기 위해, 체포 영장이 먼저 회사 통역관에게 발송되어야 했고, 그러면 회사 통역관은 그것을 상관장에게 전달했다. 누군가 궁정의 명시적인 지시 없이 자기 독단으로 상주 직원을 체포하겠다고 고집을 피우면, 회사 직원들이 그를 정중하게 '캄퐁' 밖으로 모셔다 드리면서 그에게 '프라크랑'을 통해 요구사항을 다시 제출하라고 얘기해 주었다.[47)]

네덜란드인 측에도 의무사항이 있었다. 결국 살인과 난동 그리고 부상이나 사망을 가져온 행위들이 발생할 경우엔, 시암의 실정법에 따라 범죄자가 도망치는 것을 막기 위해 그를 즉시 체포해야 했다. 그런 사건은 '프라크랑'에게 보고해야 했다. 회사는 법정에서 공정한 절차를 진행하려고 노력해야 했다. 고의적 살인이나 고의가 아닌 살인, 심각한 신체 폭행, 또는 절도가 발생할 때마다, 지역 당국은 범죄 현장에 원을 그렸다. 이를 위해, 범죄가 일어난 현장에 36패덤(fathom)* 길이의 끈을 묶은 막대를 세웠다. 막대를 중심점으로 삼아, 끈을 돌려 원을 그린 것이다. 이 원의 반경 내에 사는 사람들을 체포하여 조사하고 그들이 범죄에 연루되었는지 아닌지를 판단했다. 그들이 연루되지 않았더라도, 그들은 범죄를 막는 데 도움을 주지 못했고 범인 체포의 추가 비용을 일부 부담한다는 이유로 "5냥 또는 36플로린이나" 되는 벌금을 내야 했다. 브롬은 이런 토착적인 방법이 사용되다 보면 '캄퐁' 인근에서 범죄가 발생할 경우 네덜란드인들이 사는 '캄퐁'에도 영향을 미칠 수 있다고 경고했다.[48]

거류지 내에 화재가 발생한 경우, VOC는 지역 토착법에 따라 조치를 취해 화재가 발생한 집의 가장을 체포하고 그를 즉시 출두시켜 형법 절차에 따라 재판을 받게 해야 했다. 브롬은 실제로 이런 시암의 법을 "옳은 생각"이라고 여겼다. 그럼에도 그는 시암 당국이 그런 개인을 '프라크랑'이나 궁정의 지시가 없는데도 '캄퐁' 내에서 체포하여 재판하려 하거나 그들의 법정에서 재판하려는 것을 막기 위해 VOC가 재빨리 조치를 취해야 한다고 강조했다. 이런 식으로 지역 정부와의 마찰을 예방할 수 있었다.[49]

조심해야 할 또 다른 사안으로, '캄퐁' 내에 있는 대나무로 만든 집은 화재 위험이 높기 때문에 그 수를 제한해야 했다. 실제로 부주의로 인한 화재가 매년 발생했다. 1718년의 대화재의 재발을 막기 위해, 브롬 자신이

---

* 1패덤=1미터 83센티, 6피트.

일부 집들은 해체하고 다른 집들은 상관으로부터 떨어진 곳으로 옮기도록 지시했다. 그렇지만 그는 거류지에 집을 짓는 방식에 대해 가타부타하기가 다소 어렵다는 것을 인정했다. 예컨대 누군가 상관 북쪽 편에 과수원을 열겠다고 요청하면, 잠시 뒤에 그곳에 집도 지으며, 그에 이어 온갖 종류의 다른 건물들이 나타났다.50)

분명 VOC는 자신의 거류지에 거주자의 수를 제한하고자 노력했다. 브롬은 시암인을 "싸우기 좋아하는 사람들"이라고 했고 그래서 상관에 그들이 더 많이 살면 살수록 더 많은 문제가 발생하여 네덜란드인 우두머리를 지역 정부와 마찰을 빚게 만들 것이라고 하였다. VOC가 거류지에 사는 사람들의 협력에 아무리 의존하더라도, 상관 당국은 시암 정부와의 알력을 피하기 위해 행실이 나쁜 사람은 누구든지 '캄퐁'으로부터 제거해야 했다. 일종의 경고로, 때로는 말썽을 일으키는 자들을 며칠간 가두어 둘 수도 있었고 선상 규율을 유지하기 위한 네덜란드인의 관습에 따라 채찍질을 할 수도 있었다.51)

네덜란드인의 경험에 따르면, 일부 바람직하지 않은 유형의 지역민들이 이따금씩 지역 토착 정부의 처벌 집행을 피하기 위해 거주자의 친구라는 구실로 '캄퐁'으로 들어오고자 했다. 이런 종류의 얄팍한 짓을 막기 위해, 브롬은 매년 거주자의 인구조사를 지시했고, 이는 매년 1월에 시행되었다. 네덜란드인들은 또한 이렇게 만든 등기대장을, 법적문제에 연루되었을 수 있는 사람들의 거주자 지위를 그들이 확인하거나 부정해야 할 때 자신들이 가진 좋은 의도를 지역당국에 납득시키는 데 증거로 이용하려고 했다.52) 실제로 아유타야에 유달리 범죄자의 수가 갑자기 늘어나 야기된 소요의 결과로 VOC가 '캄퐁' 거주자들의 명단을 만들기로 결정한 1689년 1월에 필시 처음으로 인구조사가 시행되었을 것이다. 불행히도 상관장은 주민들, 특히 소상인과 쿨리가 끊임없이 바뀌기 때문에 바타비아에 보고할 가치가 없다는 이유를 들어 그 명단을 자신의 보고서에 수록하지는 않기로 결정했다. 하지만 그것 역시 살펴보면, 네덜란드 거류지 내에 거주하는 사람들이 어떤 부류였는지를 얼마간 알 수 있다.[53] 네덜란드 '캄퐁'의 토착민 거주자에 대한 유일하게 남아있는 통계는 1732년에 작성한 것인데, 1,443명의 남자와 여자 그리고 아이들로 이루어진 240 가구를 열거하고 있다.[54]

부채 청산은, VOC가 이 문제를 지역 법집행 당국에 맡겼다는 점에서 네덜란드인들이 시도한 자체적인 사법집행에서 당연히 예외였다. 그것은 1664년의 조약에 그에 대한 내용이 포함될 만큼 중요한 사안이었다.

'고귀한 회사'의 채무자가 자신의 빚을 지불하길 거부[sic]하는 … 경우, 폐하는 오야 베르케랑(Oya Berckelang)*에게서 지체 없이 조언을 받은 후에 … 채무불이행자를 체포하여 채무이행요구가 채결될 때까지 그를 구류하여 '고귀한 회사'가 자신의 채무이행요구를 받아내는 것을 도와줄 것이다. 그렇지만 '고귀한 회사'가 이런 식으로 자신의 채무이행요구에 대한 완전한 지불을 받아내지 못한다면, 왕이나 오야 베르크랑(Oya Bercclang)[sic]은 위의 회사에 채무자를 인도해야 할 것이다.[55]

브롬의 지침은 네덜란드 거류지에 거주하는 토착민에게도 같은 절차가 적용되었음을 보여준다. 만약 거주자가 빚을 지고 이를 갚기를 거부하면, 그를 '프라크랑'에게 회부해야 했다. 그의 부채는 시암 관습에 따라 청산되어야 했다.[56] 네덜란드인들에게 이런 사안에서는 지역 정부의 도움이 크게 필요했기 때문에, 네덜란드인들도 기꺼이 보답하였다.

브롬의 지침에서, 우리는 다음과 같은 것을 알 수 있다. 첫째, VOC는 화

---

* '프라크랑' 대신.

재의 경우는 스스로 해결하고자 했다. 둘째, VOC는 부채로 인해 발생하는 사안은 기꺼이 지역 당국에 맡겼다. 마지막으로, VOC는 살인이나 신체적 위해의 경우는 지역 사법체계에 맡기도록 요구받았다. 그렇지만 브롬은 후임자에게, 유럽인 직원이 범법자로 기소당할 때마다 상관장과 아울러 지역 당국은 네덜란드와 시암 간의 조약에 포함된 치외법권 조항에 따라 사건을 다루어야 한다는 것을 상기시켰다. 앞서 말한 협정과 네덜란드 법에 힘입어, 유럽인 직원은 시암 당국이 체포할 수 없었고, 지역 법정이 출두를 요구할 수 없었으며, 부채나 신체적 위해 또는 살인의 경우에 시암 당국이 심문하거나 형을 선고하거나 처형할 수 없었다.[57]

대개, VOC는 직원과 관련한 사안은 자신의 주도하에 두고자 하였다. 다만 1713년에 한 번의 예외가 있었다. 그때 네덜란드인 선원 요도쿠스 데 브리스(Jodocus de Vries)가 몇 명의 중국인들에 의해 살해당했는데, 살인자들 중에 중국인 관리의 하인이 있었다. 두 개의 외국인 집단이 연루된 사건이기에, VOC는 시암 당국에 중재를 요청했다. 네덜란드 쪽에서 오랫동안 애를 썼지만, 시암의 판사들은 살인자들이 시암의 신민이 아니고 따라서 시암에서 사형선고를 내릴 수 없다는 이유로 살인자들에게 종신 징역형만을 선고했다. 이런 규칙이 존재했다는 것을 입증할 법적 증거가 없어, 우리는 타이사(Thaisa) 왕의 궁정에 있던 힘 있는 중국인들이 자신의 동포 죄수들을 보호하기 위해 개입했을 수 있다는 설명에 기댈 수밖에 없다.[58]

브롬의 지침 상의 마지막 논점으로 돌아가면, 그가 후임자가 주목하길 요구한 또 다른 아주 중요한 사안은 시암의 왕족 중 누구든 나타나면 VOC 관저와 직원들이 그에 대해 지켜야 하는 예절이었다. 시암 왕이 그저 있다는 것만으로도 그 자체 법적인 함의가 있었다. 시암에 주재하는 직원들은 행동 규범을 확실히 잘 알고 있었다.[59] 그렇지만 브롬은 새로 온 후임자에게 왕과 그의 수행원들이 상관을 지날 때마다 지켜야 할 예절에 어떤 것들이 있는지에 관해 주의 깊게 지시했다. 네덜란드인들은 상관 건물의 정면 울타리와 회사 선박들을 깃발로 장식해야 했다. 회사의 의례용 바지선에도 노잡이들을 배치해 두어야 했다. 회사 경비병들은 정문 앞에서 울타리 뒤로 자리를 옮겨야 했다. 상관장과 그의 보좌역은 천막을 치고 그 아래 도열하여, 왕과 수행원이 지나갈 때 시암의 방식으로 왕을 맞기 위해 기다려야 했다. 왕의 행렬이 지나는 동안, 상관 앞의 강기슭을 지나가서도 안 되었고 왕족을 쳐다봐서도 안 되었다.[60] 이런 규칙을 어기면 누구라도 사형에 처해질 수 있었다.

분쟁들

거의 매일 일어나는 상업과 관련한 불화 외에도, 회사 거류지와 그 거주민이 관련된 사건들로 인해 네덜란드인과 시암 당국 사이에 분쟁이 일어나는 경우가 종종 있었다.

동남아시아에서 VOC의 힘이 성장하고 있음에도, 실질적인 군사적 힘이 전혀 없는 회사 직원들의 생명이 오로지 시암 왕의 자비에 달려있다는 바로 그 사실 때문에 그는 어느 때든 자기 영토에 거주하는 직원들에게 실제로 압박을 가할 수 있었다. 아유타야의 VOC 상관을 포위하는 것은 궁정이 네덜란드인들에 대한 불만을 표현하는 흔한 방법 중 하나였고, 이를 통해 궁정은 네덜란드인들에게 양보를 강요하고자 했다. 때로는 VOC 직원과 관저의 '면책권'을 문제 삼기도 했고, 이것은 사실상 어느 정도의 '면책권'을 부여하느냐가 회사와 시암 왕실 간 관계의 현 상태에 좌우되었음을 의미했다. 한번은, 1689년 초에 시암의 법무대신이 자신의 부하를 네덜란드 거류지로 보내 상관장에게 알리지 않고 '캄퐁'의 거주민 몇 명을 체포하여 감옥으로 압송하려고 했다. 네덜란드인들이 잡힌 사람들의 권리를 옹호하고자 해서가 아니라 "관저의 특권을 보전"하기 위해서 원칙에 따라 즉시 '프라크랑'에 항의하자, 그 법무대신은 회사의 면책권을 침해한 것에 대해 사과할 수밖에 없었다.[61] 새로 왕위에 오른 페트라차(Phetracha) 왕(재위 1688~1703년)에게서 VOC가 크게 총애를 받았을 때 이런 일이 한 번 있었다. 18세기 동안 시암 궁정은 VOC 관저와 선박에 대한 검열을 점점 부활시켰다. 때로는 밀거래 상품을 찾는다는 구실로 시암 관리들이 네덜란드 거류지와 선박을 수색했다. 1713년에는 관리들이 아편을 찾는다는 이유로 '캄퐁'을 급습했다. 그로 인해 격투가 벌어졌고, 메스티조 통역관 피테르 브로쉬부르드(Pieter Brochebourde)가 사망했다.[62] 1731년에는 시암인들이 상아 밀수품을 싣고 있다고 의심한 회사 선박을 수색하고자 했다. 네덜란드인들은 이런 조치가 그들에게 면책권을 부여한 "오랜 전통"과 충돌한다고 격렬하게 주장했다. 결국 양쪽은 타협에 이르렀는데, 네덜란드인들은 의심의 대상이 된 상아를 선박에서 내려 상관으로 옮겨서 관리들이 조사하게 했다.[63]

네덜란드인의 관할권과 시암의 관할권은 이론상 세 가지 점에서 중첩되었거나 중첩될 수 있었다. 그것은 네덜란드 거류지에 거주하는 토착민과 왕의 은혜를 받았던 VOC 직원들 그리고 VOC 직원인 아버지와 토착민 여성인 엄마에게서 낳은 자식들과 관련해서였다.

그보다 작은 알력들은 네덜란드인들이 VOC 직원이 아닌 사람들을 통제하거나 그들에게 보호를 제공하고자 할 때 일상적으로 일어날 수 있었다. 몇몇 경우에는, 네덜란드인들이 '캄퐁' 거주민들을 시암의 법 집행에 따라 조사받는 것을 겨우 막는 정도였다. 하지만 때로는 네덜란드인들이 거주민들을 궁정의 노역 동원에서 면제받게 하려고 시도하기까지 하였다. 이런 일이 거류지의 남자들이 탑 건설에 동원되었던 1731년에 있었는데, 물론 그 시도가 성공하진 못했다.[64] 큰 의례의 준비를 위해서든, 전쟁을 하기 위해서든 아니면 이 사례처럼 건설 노역을 하기 위해서든, 시암 당국이 남자들을 동원하면, VOC는 자기 사업에 활용할 노동자들을 빼앗겼다.

네덜란드 거류지에 거주하는 지역민(필시 토착민만이 아니라 메스티조도 포함된)의 수와 아유타야 주민의 수를 비교해 보면, 전자는 1732년의 통계조사에 약 1,500명으로 나와 있고, 후자는 앤서니 리드(Anthony Reid)의 추산에 따르면 17세기 말에 20만 명이었다. 지역민의 수가 아유타야 주민 수의 1퍼센트도 채 되지 않는 만큼, 지역민의 수는 하찮게 보인다.[65] 네덜란드인들에게는 분명 이와 관련해 자신의 힘을 확장하고자 하는 의도가 전혀 없었지만, 우리가 가진 자료가 드러내듯이, 18세기 초에 이르기까지 이익과 보호를 찾아 네덜란드 거류지로 옮긴 1,500명 중 적어도 일부는 자신의 고향 시암인 '나이'에게서 물러나는 동시에 외국인 '나이'에게로 옮겼다는 사실은 그대로이다. 따라서 시암의 VOC는 시암 고유의 보호/피보호 관계틀 속에서 토착민 피보호자의 보호자인 외국인 조직으로도 기능했다.

우리가 가진 네덜란드와 프랑스의 자료들은 신하가 사망하면 그가 가졌던 재산의 3분의 1이 왕에게로 돌아갔고, 때로는 전부가 왕에게로 돌아갔다는 사실을 일관되게 보여준다.[66] 비록 네덜란드인 관리자가 궁정에서 신하로 인정받았지만, 왕은 그가 사망했을 때 그의 자산을 요구하지 않았으며, 이는 궁정에서 그의 지위가 상대적으로 의례적인 것이었음을 확인해 준다. 한 가지 보기 드문 사례는 프랑스인 위그노 출신의 VOC 의사, 다니엘 브로쉬부르드(Daniel Brochebourde)의 경우였다. 1672년에 배치를 받아 아유타야로 온 그는 바타비아의 승인을 받아 의사 자격으로 나라이 왕을 섬겼다. 그는 나라이 왕과 페트라차 왕의 총애를 받았으며, 앞서 언급한 피테르를 위시한 그의 메스티조 자식들도 계속해서 시암에서 궁정 의사이자 통역관으로서 왕과 회사 모두에 봉사했다. 그렇지만 VOC와 시암 궁정 둘 다에 봉사하다가 1697년 다니엘이 죽자, 그가 남긴 돈은 왕에게로 귀속되었다. 그 이유는 그 돈이 왕이 다니엘에게 준 자비의 결과로 생긴 것이며, 토착민 여성에게서 태어났기에 왕의 신민인 그의 상속자들은 왕이 사망한 신하의 재산을 상속하도록 한 시암의 상속법과 왕실 사법권의 대상이 된다고 여겼기 때문이다. 이 경우에, VOC 상관장은 별 항의 없이 시암의 법 집행 절차가 진행되게 놔두었다.[67]

시간이 흐르면서, 메스티조 자식들에 관한 관할권이 VOC와 시암 궁정 사이에 정기적인 분쟁의 씨앗이 되었다. 이 해항정치세력에 구조적으로 부족했던 것은 노동력이었다. 따라서 시암에서 부분적으로 외국인인 사람들을 포함하여 토착민과 토착민의 자식들이 자동적으로 왕의 신민이 되는 것은 이해할 만한 일이다. 각각 프라삿통 왕과 나라이 왕이 공표한 1633년의 법과 1663년의 법은 타이족 여성과 몽족 여성이 유럽인, 일본인, 말레이인을 포함하여 "잘못된 신앙"을 지닌 외국인 남성과 동거하는 것을 금지했다. 왕은 그런 결합과 거기서 나온 자식이 불교와 국가에 해를 주고, 자식의 정체성에 관한 혼란으로 시암의 노동력이 약화되지 않을까 우려했다.[68] 당연히 아유타야 같은 코스모폴리탄적인 사회에서는 이런 법을 유지할 수 없다는 것이 분명해졌다. 네덜란드인과 토착민 사이에 난 자식과 관련한 사례가 각각 다르게 처리되었다는 사실은 당시 네덜란드와 시암 사이의 관계를 반영한다. 시암 당국이 네덜란드인들이 시암에 있는 상당 수의 메스티조 자식들에 관심을 두고 있는 것을 약점으로 파악하여 네덜란드인과 시암 사이의 관계가 악화될 때마다 이런 아이들을 뺏는 것을 네덜란드인들을 처벌하는 수단으로 이용하면서, 사태는 갈수록 한층 더 복잡해졌다.

VOC는 이따금씩 유럽인 아버지가 사망하거나 본국으로 송환되면 아이들을 아시아인 엄마로부터 데려왔다.[69] 네덜란드인들은 이런 유럽과 아시아 혼혈 자식들을 그들의 토착민 엄마가 "이교도" 방식으로 키우도록 맡겨두기보다 차라리 바타비아의 고아원으로 보내고자 했던 것 같다. 1689년 시암의 상관은 총독에게 지역 토착 여성에게서 태어난 네덜란드 혼혈 아이들을 바티비아로 데려가거나 아니면 아유타야에 고아원을 설치해 주는 것을 고려해 달라고 요청했다.[70] 이것은 메스티조 자식들이 아유타야의 VOC에게 "문제꺼리"가 되어 바타비아의 고위 기관에 해결책을 요구했음을 가리키는 것이다. 하지만 불행히도 여기서 그 메스티조 자식들의 수는 밝히지 않고 있다.

VOC가 직원의 토착민이나 메스티조 아내와 함께든 아니면 아이만이라도 나라 밖으로 데려가고자 하면, 그때마다 회사는 각 사례별로 특별히 왕실에 허가를 구했고, 대부분 어려움이 없지는 않았지만 무리 없이 성공했다. 토착민 여성과 불교를 믿지 않는 외국인 사이의 동거를 금지하고자 했음에도, 프라삿통 왕과 나라이 왕은 별 다른 반대 없이 네덜란드인들이 메스티조 아이들 몇 명을 왕국 밖으로 데려가는 것을 허락했다.[71]

반 브리엣의 아이들을 데리고 나가는 것이 예외적으로 어려웠는데, 그것은 영향력 있는 몽족 상인이었던 아이들의 엄마 오소에트(Osoet)가 궁정과 계속 활발히 접촉하여 1658년 자신이 사망할 때까지 아이들을 바타비아로 보내지 못하게 했기 때문이었다.[72] 또 다른 논란이 많았던 사례는 1690~1691년 무렵에 다니엘 브로쉬부르드의 아들인 모제스(Moses)가 회사 일을 그만두고 싶어 할 때 일어났다. 그러자 상관장 피테르 반 덴 호른(Pieter van den Hoorn)(1688~1691)은 그를 바타비아로 보내겠다고 위협했다. '프라크랑' 대신은 모제스가 토착 여성에게서 태어났고 왕에게 종사했기에 왕의 신민이라고 주장하면서 그를 자신의 보호하에 두었다.[73] 결국 네덜란드인들은 그것이 법정 분쟁을 벌일만한 사안이 아니라고 판단하고 모제스 브로쉬브로드를 포기하였다. 1706년에는 VOC가 왕과 분쟁이 일어나 일시적으로 철수할 때, 부기계원 게리트 데 하스(Gerrit de Haas)가 네덜란인과 몽족 사이의 메스티조인 자기 아내와 아이들을 데려갈 수 있게 해 달라고 궁정에 요청했다. 쉬아(Süa) 왕(재위 1703~1709년)은 그들이 자신의 신민이라는 이유로 요청을 거부했지만, 분명 그는 회사에 대해 품고 있던 악의 때문에도 그랬을 것이다. 결국 1710년 총독의 청원으로 새로운 왕 타이사(Thaisa ; 재위 1709~1733년)가 이것을 허락해 주었다.[74]

1740~1741년에 회사와 궁정 사이의 관계가 단절되었을 때, 네덜란드인들은 또 다른 두 가지 문제에 직면했다. 먼저 일부 술 취한 회사소속 군인들이 승려를 포함한 시암인 몇 명을 폭행했고 그들 중 한 명은 치명적인 부상을 당했다. 그 군인들의 치외법권을 주장하면서, 네덜란드인들은 동료들을 '프라크랑'에게 인도하기를 거부했고 부상당한 시암인에게 보상금을 지불하도록 요구받았다.[75] 그렇지만 궁정이 보다 심각하게 받아들인 것은 두 번째 사례였다. 창고 관리관인 플로리스 반 에센(Floris van Essen)은 토착민 여성에게서 태어난 자기 아이를 네덜란드 선박에 태워 시암 밖으로 몰래 빼내려고 하였다. 시암 궁정은 상관장이 반 에센을 처벌할 것을 요구하였다. 시암인들은 그렇게 하지 않으면 네덜란드인들에게 치외법권이 있음에도 그를 암스테르담 창고로 데리고 가서 거기서 목 매달 것이라고 위협하기까지 했다! 궁정의 압력을 받아 아유타야의 회사 평의회는 반 에센에게 태형을 가하고, 그의 봉급 지급을 중지했으며, 즉시 그를 바타비아로 보내기로 결정했다.[76]

맺음말

네덜란드와 시암 간 조약들이 확보하고자 하는 주요 목적 중 하나는 시암에서 VOC 직원과 네덜란드 신민들의 치외법권이었다. 마놉 타보른왓사

쿨(Manop Thavornwatsakul)이 내린 결론과 반대로, 이것은 모든 외국인이 시암 법의 적용을 받은 것은 아니었음을 보여준다. 비록 1663~1664년 회사의 해상 봉쇄와 시암 당국이 가한 네덜란드인에 대한 몇 번의 위협들이 양측 모두에 경각심을 일으켰으나, VOC와 시암 궁정 사이의 관계가 가진 한계를 시험한 적은 결코 없었다. 이런 조처들은 오히려 한 쪽이 다른 쪽에 양보를 구하고 있다는 신호로 기능했다. 게다가 아유타야의 네덜란드인들에게 치외법권이라는 특권이 부여되었지만, 사실상 그들은 아주 취약한 상태에 있다고 느꼈고, 시암 당국과의 어떤 알력도 주의 깊게 피하였다.

더욱이 네덜란드 자료를 연구해보면, 지역 당국이 시암의 법적·사회적 질서에 대한 공동 책임을 질 것을 VOC에 요구했음이 드러난다. 한 턴 브루멜휴이스(Han ten Brummelhuis)는 "시암 궁정의 예절이 또한 [VOC] 상관장의 위치를 기왕의 회사 위계상에서보다 훨씬 더 중요하게 만들었다"고 단언했다.[77] 그렇지만 시암 사회에서 상관장을 아주 중요한 존재로 만든 것은 시암 궁정의 위계에서 그의 지위만이 아니었다. 그것은 또한 네덜란드 '반'의 '나이'로서 그의 현실적 책임 때문이기도 했다. 상관에서의 생활은 네덜란드 상인들이 시암 왕에 대해 가진 또 다른 의무를 알려준다. 외교관이자 조정 대신으로서의 역할 외에도, 그들은 아유타야 주민의 일부를 관리하는 "행정 관리"였다. 조지 비넬 스미스는 "네덜란드인과 시암인 간의 상호교류는 타이 사회의 상위 수준, 즉 궁정에서만 관찰할 수 있다"고 주장했지만,[78] 이런 점에서 네덜란드인들은 시암의 체제에 그가 주장했던 것보다 더 깊숙이 통합되어 있었다.

아유타야의 궁정과 바타비아의 고위 기관은 둘 다 자기들이 관할하는 영토 내의 다종족 사회들이 법적 다양성을 행사하도록 허용했다. 즉 그들은 다른 종족 집단에 제한적인 행정적·사법적 자율성을 부여했던 것이다.[79] 시암의 VOC는 시암의 법적 다양성이 허용했던 한계 안에서 자치를 수행할 가능성을 얻기 위해 엄청난 노력을 했다. 네덜란드인과 타이인 사이가 보여주는 사례는 근대 초기 아시아와 유럽 사이의 이문화간 교섭의 전체 맥락에서 보면 독특한 것은 아니었다. 질서와 법 집행을 독점적으로 행사하는 국민국가가 여전히 단지 생각에 불과했던 시기에 코스모폴리탄적 환경에 대응하여, 토착 통치자와 아울러 유럽인의 해외 권력이 인정하여 법적 체계의 다양성이 존재하는 것은 실제로 아시아의 많은 지역에서 나타났다.

주

1) 이 장은 나의 책, *Dutch East India Company Merchants at the Court of Ayuttahaya: Dutch Perceptions of the Thai Kingdom, c. 1604~1763* (Leiden: Brill, 2007)의 2장, pp.35~54를 수정한 것이며, Koninklijke Brill N.V.의 관대한 허락을 받아 여기 수록하였다.

2) Joost Schouten in: François Caron and Joost Schouten, *A True Description of the Mighty Kingdoms of Japan and Siam*, tr. Roger Manley, ed. C.R. Boxer (London: Argonaut Press, 1935), p.108(원서는 1638년에 간행됨 ; 이하 Schouten, *Description of Siam*으로 약함).

3) 그런 연구 중 몇 개만 여기서 거론하겠다. 상업 관계에 대한 주요 연구로는, Sarasin Viraphol, *Tribute and Profits: Sino-Siamese Trade 1632~1853* (Cambridge, Mass/London: Harvard Univ. Press, 1977) ; George Vinal Smith, *The Dutch in Seventeenth-Century Thailand* (Northern Illinois: Centre for Southeast Asian Studies, 1977) ; Kennon Breazeale, ed., *From Japan to Arabia: Ayutthaya's Maritime Relations with Asia* (Bangkok: The Foundation for the Promotion of Social Sciences and Humanities Textbooks Project, 1999)가 있다. 아유타야/시암과 유럽인 사이의 정치적·사회적·문화적 교섭현상에 대한 연구들에는, Dirk van der Cruysse, *Siam and the West 1500~1700, tr.* (from French) Michael Smithies (Chiang Mai: Silkworm Books, 2002) ; Han ten Brummelhuis, *Merchant, Courtier and Diplomat: a History of the Contacts between the Netherlands and Thailand* (Lochem-Gent: De Tijdstroom, 1987)이 있다.

4) 『세 가지 인장법』은 차크리(Chakri) 왕조의 설립자인 라마(Rama) 1세(1782년경~1809년)의 지시하에 기왕에 전승된 아유타야 법에 기초하여 1805년에 편찬, 수정되었다.

5) Manop Thavornwatsakul, "kot mai keaw kab chao tang chat nai samai Ayutthaya" (아유타야 시대 외국인 관련 법), *ruam bot kwam prawatsat* 21 (1999), pp.96~112.

6) Robert Lingat, "La condition des étrangers au Siam au XVIIe siècle", in *Recueils de la Société Jean Bodin*, IX: *L'étranger*, ed. John Gilissen (Bruxelles: Editions de la librairie encyclopédique, 1958), pp.255~266.

7) Smith, *The Dutch in Seventeenth-Century Thailand*, p.111.

8) 예컨대, Pieter van Dam, *Beschryvinge van de Oostindische Compagnie*, ed. F.W. Stapel (The Hague: Nijhoff, 1927), I, pp.584~560에 있는 1607년과 1617년에 VOC 직원들에게 보낸 훈령들을 보라. (피터 반 담[Pieter van Dam]은 18세기에 쓴 이 역사적인 문헌의 저자이다. 이 문헌은 뒤에 20세기에 편집되어 간행되었다.) 이

훈령들은 기록과 부기, VOC 선박의 조정, 하급자의 즉석 징계 같은 회사 사안을 어떻게 관리하는지에 대해 상관장과 보좌역들에게 지시를 내렸다. 1607년의 지시문은 특히 직원들의 행동거지와 관련되었다. 예컨대 지시문은 사적인 거래와 아시아 종교로의 개종, 사치스러운 생활방식의 유지, 토착민 여성에 대한 구혼을 금지했다. 첫 번째와 마지막 금지사항은 지키기가 힘든 것이었다.

9) Kennon Breazeale, "Thai Maritime Trade and the Ministry Responsible", in idem. (ed.), *From Japan to Arabia*, pp.23~45.

10) Gijsbert Heeck, *A Traveller in Siam in the Year 1655: Extracts from the Journal of Gijsbert Heeck,* translated and introduced by Barend Jan Terwiel (Chiang Mai: Silworm Books, 2008), p.48 (이하 Heeck, *A Traveller in Siam*으로 약함).

11) 네덜란드 상관장이 받았던 서열과 작위 그리고 휘장에 대해선, Smith, *The Dutch in Seventeenth-Century Thailand*, p.106을 보라.

12) 이 조약의 내용은, J.E. Heeres, ed., *Corpus Diplomaticum Neerlando-Indicum: verzameling van politieke contracten en verdere verdagen door de Nederlanders in het Oosten gesloten, van privilegebrieven aan hen verlend, enz* ('s-Grvenhage: Martinus Nijhoff, 1931), II, pp.280~285 (이하 *Corpus Diplomaticum*으로 약함) ; Smith, *The Dutch in Seventeenth-Century Thailand*, pp.138~141(영어 번역본)을 보라.

13) VOC 1945, Memorie door genoemde heer Blom aan sijn vervanger ter naricht gelaten(후임자에게 보내는 블롬의 지침), 1720년 12월 22일, pp.30~92. 이 글에서 참조하는 네덜란드동인도회사의 기록들은 헤이그의 국립문서보관소에 보존되어 있다.

14) Schouten, *Description of Siam,* p.100 ; Jeremias van Vliet, *Description of Siam,* in *idem.,* ed. Chris Baker, *et al.* (Chiang Mai: Silkworm Books, 2005), pp.112, 153~154 (이하 Van Vliet, *Description of Siam*으로 약함).

15) Van Vliet, *Description of Siam*, p.107.

16) Schouten, *Description of Siam*, p.100~101. 또한 Van Vliet, *Description of Siam*, p.154. 누구든지 이 마법에 걸린 주먹밥을 토하지 않고 다 먹으면 결백을 증명할 수 있었다.

17) Dhiravat, *A Political History of Siam under the Prasatthong Dynasty, 1629~1688* (Dissertation, University of London, 1984), pp.210~212.

18) Han ten Brummenhuis and John Kleinen, *A Dutch Picnic in Ayutthaya*, 1636 (Amsterdam: University of Amsterdam, 1984). 예레미아스 반 브리엣(Jeremias van Vliet)은 그 사건을 일기의 형태로 정교하게 기록했는데, 이것은 1647년에 처음

으로 간행되었다. 그것은 알폰스 반 데어 크란(Alfons van der Kraan)이 서문을 달아 영어로 번역하였다. "The Diary of the Picnic Incident, 1636~1637", with an introduction by Alfons Van des Kraan, in *Van Vliet's Siam*, ed. Baker, *et al.*, pp.37~88(이하 Van Vliet, "Diary of the Picnic Incident"로 약함).

19) Van Vliet, "Diary of the Picnic Incident", pp.86~88.

20) 이 문서의 원본은, Van Vliet, "Diary of the Picnic Incident", p.84를 보라. 그것은 "Copie van de acte door den Siamschen coninck den coopman Jeremias van Vliet afgedrongen te passeren ende nae te coomen, 30 september[sic] 1636"(시암 왕이 상인 예레미아스 반 브리엣에게 반포하고 준수하도록 요구한 법령의 사본),이 라는 제목으로 *Corpus Diplomaticum*, I, pp.284~285에도 실려있다.

21) Robert Lingat, "La condition des étrangers au Siam", pp.255~256, 262 ; Smith, *The Dutch in Seventeenth-Century Thailand*, p.38 ; Ten Brummelhuis, *Merchant, Courtier and Diplomat*, p.38.

22) "The Dutch-Thai Treaty of 1664", in Smith, *The Dutch in Seventeenth-Century Thailand*, p.139.

23) VOC 1415, Missive Johannes Keits to Batavia, 1685년 12월 17일, fos. 896^r~897^v.

24) 1685년 12월 10일의 프랑스와 시암 간 조약의 원본은, L. de Reinach, *Recueil des traités conclus par la France en Extréme-Orient,* I: 1684~1902 (Paris: Leroux, 1902), pp.4~6을 보라. 1687년 12월 11일 프랑스와 시암 간 조약의 원본은, Reinach, *Recueil des traités*, I, pp.8~13을 보라. 또한 Van der Cruysee, *Siam and the West*, pp.346~347도 보라.

25) 랭가는 이것을 프랑스 측에서 제안한 주목할 만한 사례로 보고, 이것이 국제 법정을 미리 보여주는 것이었다고 한다. Lingat, "La condition des étrangers au Siam", pp.261~262를 보라.

26) VOC 2193, Transport gedaen door het opperhooft Rogier van Alderwereld aen sijn vervanger Pieter Sijen, 1731, fos. 203~206.

27) Kees Zandvliet, "Vestingbouw in de Oost", in *De Verenigde Oost-Indische Compagnie tusen oorlog en diplomatie*, ed. Gerrit Knaap and Ger Teitler (Leiden: KITLV, 2002), pp.151~180, 특히 pp.167~170.

28) Smith, *The Dutch in Seventeenth-Century Thailand*, p.101 ; VOC 1118, Dagregister Schouten, 1634년 7월 10일, fo. 75^r ; Missive Schouten to Batavia, 1634년 11월 15 일, fo. 48^v ; VOC 3089, Missive Werndlij to Batavia, 1763년 12월 31일, fos. 12~14. 베른드라이(Werndlij)는 주변이 수심 3 내지 4피트 아래로 잠겨 있을 때도 상관 이 있는 지대는 마른 채로 있었다고 썼다.

29) Heeck, *A Traveller in Siam*, pp.54~57 ; Smith, *The Dutch in Seventeenth-Century Thailand*, pp.54~57.

30) VOC 1118, Dagregister Schouten, 1634년 7월 10일, fo. 75^r.

31) Nicholas Gervaise, *The Natural and Political History of the Kingdom of Siam*, tr. and ed. John Villiers (Bangkok: White Lotus, 1998), p.48 (원래 1688년에 간행되었다).

32) VOC 1119, Dagregister Van Vliet, 1636년 4월 6일, fo. 1340^r.

33) VOC 2239, Dagregister Sijen, 1732년 7월 18일, fo. 60. 타이사 왕의 암을 치유하려는 시도에 VOC가 참여한 것에 대한 기록은, Dhiravat na Prombejra, "The Last Year of King Thaisa's Reign: Data Concerning Politics and Society from the Dutch East India Company's Siam Factory Dagregister for 1732", in *Khwam yokyon khong adeet* (과거의 목격자), ed. Winai Pongsripian (Bangkok, 1994), pp.125~145.

34) Alfons van der Kraan, "On Company Business: The Rijckloff van Goens Mission to Siam, 1650", *Itinerario* 22/2 (1998), 42~84, 특히 68.

35) Dhiravat na Pombejra, "VOC participation in Siamese Society during the Late Ayutthaya Period, 1688~1767", in *idem.*, *Court, Company, and Campong: Essays on the VOC Presence in Ayutthaya* (Ayutthaya: Ayutthaya Historical Study Centre, 1992), pp.44~62, 특히 p.46.

36) Heeck, *A Travel in Siam*, p.61.

37) 예컨대, VOC는 포르투갈인들을 이용하여 사슴가죽과 같은 물건을 사러 네덜란드인이 들어가도록 허용되지 않았던 내륙으로 들어갔다. VOC 1119, Dagregister Schouten, 1636년 9월 19일, fo. 1303.

38) Smith, *The Dutch in Seventeenth-Century Thailand*, p.101.

39) VOC 1458, Dagregister Pieter van den Hoorn, 1689년 3월 5일, fo. 501^r.

40) VOC 2193, Dagregister Van Alderwereld, 1730년 11월 20일과 21일, fos. 47~48 ; Dhiravat, "VOC participation in Siamese Society", p.49. 르네 샤르보노에 대해선, Dhiravat na Pombejra, "Towards a History of Seventeenth-Century Phuket", in *Recalling the Pasts: Autonomous History in Southeast Asia, ed. Sunait Chutintaranond and Chris Baker* (Chiang Mai: Silkworm Books, 2002), pp.89~126, 특히 pp.120~121.

41) VOC 2286, Originele resolutie op 11 April 1732 rakende het huwelik van de Barquir Paulus Scheper en de jonge dochter Maria Wens (파울루스 쉐페르와 마리아 벤스의 결혼에 관한 결정), fo. 92.

42) Smith, *The Dutch in Seventeenth-Century Thailand*, p.111.

43) VOC 1945, Memorie W. Blom, 1720년 12월 22일, fo. 68.

44) Ibid., fo. 69.

45) Ibid., fo. 73.

46) Ibid., fos. 72~73. 또한 Anthony Reid, *Southeast Asia in the Age of Commerce, 1450~1680*, II: *Expansion and Crisis* (New Haven: Yale Univ. Press, 1993), pp.90~93도 보라.

47) VOC 1945, Memorie W. Blom, 1720년 12월 22일, fo. 69.

48) Ibid., fos. 70~71

49) Ibid., fo. 75.

50) Ibid., fo. 75.

51) Ibid., fo. 69.

52) Ibid., fos. 75~76.

53) VOC 1458, Dagregister Van den Hoorn, 1689년 1월 19일, fo. 495^r.

54) VOC 2239, Dagregister Sijen, 1732년 5월 5일, fo. 39.

55) "The Dutch-thai Treaty of 1664", in Smith, *The Dutch in Seventeenth-Century Thailand*, p.139.

56) VOC 1945, Memorie W. Blom, 1720년 12월 22일, fo. 69.

57) Ibid., fo. 70.

58) 데 브리스의 살해 사건은, Dhiravat, "VOC participation in Siamese Society", p.57에서 다루고 있다. VOC 1841, Missive Dirck Blom to Batavia, 1713년 12월 15일, fos. 29~30 ; Translaet vonnis van de Siamse Coning over de moordenaars van de matroos Jodocus de Vries (선원 요도쿠스 데 브리스의 살해범에 대한 시암 왕의 판결의 번역문), 1713년 2월 5일, fos. 38~41.

59) 예컨대, 일찍이 1621년에 반 나이언로드(Van Nijenrode)는 모든 이들이 집 밖으로 나와 엎드려서 왕의 행렬에 경의를 표해야 하고, 그렇게 하지 않으면 누구든 중형에 처하거나 심지어 사형에 처했다고 적었다. Cornelis van Nijenrode, "Remonstrantie en verthoninge der gelegentheyt des coninckrijx van Siam mitsgaders haeren handel ende wandel ende waar de negotie meest in bestaet etc", *Kroniek van het Historisch Genootschap Gevestigd te Utrecht* 10 (1854), 176~191, 특히 181.

60) VOC 1945, Memorie W. Blom, 1720년 12월 22일, fos. 91~92.

61) VOC 1458, Dagregister Van den Hoorn, 1689년 1월 19일, fo. 467^{r-v}.

62) Dhiravat na Prombejra, "Ayutthaya as a Cosmopolitan Society: a Case Study of Daniel Brochebourde and His Descendants", in *idem.*, *Court, Company, and Campong*, pp.25~43, 특히 p.37 ; Ten Brummelhuis, *Merchant, Courtier and Diplomat*, p.47.

63) VOC 2193, Dagregister Van Alderwereld, 1731년 11월 30일~12월 3일, fos. 180~183.

64) Ibid., 1731년 6월 25일과 26일, fos. 154~155.

65) Reid, *Age of Commerce*, II, p.71.

66) Van Vliet, *Description of Siam*, pp.164~165 ; Heeck, *A Traveller in Siam*, p.61 ; Abbé de Choisy, *Journal of a Voyage to Siam 1685~1686*, tr. Michael Smithies (Kuala Lumpur: 1993), p.190 (원본은 1687년에 간행).

67) Dhiravatg, "Ayutthaya as a Cosmopolitan Society", pp.35~36.

68) Dhiravat na Pombejra, "VOC Employees and their Relationships with Mon and Siamese Women: A Case Study of Osoet Pegua", in *Other Pasts: Women, Gender and History in Early Modern Southeast Asia*, ed. Barbara Watson Andaya (Hawaii: Center for Southeast Asian Studies, 2000), pp.195~214, 특히 pp.209~211.

69) Jean Gelman Taylor, *The Social World of Batavia: European and Eurasian in Dutch Asia* (Wisconsin: The Univ. of Wisconsin Press, 1983), p.43 · 76.

70) VOC 1456, Rapport Keijts, 1689년 2월 14일, fo. 2012^{v}.

71) 예컨대, VOC 1139, Journaelsche aenteeckeninge van den commissaris Jeremias van Vliet, 1641년 11월 1일, fo. 776^{v} ; VOC 1362, Missive Faa to Batavia, 1680년 12월 26일, fo. 956^{v}.

72) Dhiravat, "VOC Employees and their Relationships with Mon and Siamese Women", pp.206~207.

73) Dhiravat, "Daniel Brochebourde and his Descendants", p.35.

74) Dhiravat, "VOC participation in Siamese Society", pp.54~56.

75) Ibid., 1741년 1월 29일, fo. 227 ; 1741년 2월 10일, fos. 251~253 ; 1741년 2월 11일, fo. 258.

76) Ibid., 1741년 2월 11일, fos. 253~257.

77) Ibid., fo. 55.

78) Smith, *The Dutch in Seventeenth-Century Thailand*, p.102.

79) Remco Raben, "Batavia and Colombo: the Ethnic and Spatial order of Two Colonial Cities" (Dissertation, Leiden University, 1996), p.197.

제7장 마드라스의 영국인 디아스포라와 토착민 사회 간의 문화교섭, 1650~1790년

쇠렌 멘츠(Søren Mentz)

'인도성 도서관(Indian Office Library)'*에 있는 영국 장교 윌리엄 파머(William Palmer)의 초상화는 눈길을 끄는 그림이다. 파머는 그림의 가운데 있는데, 그의 이슬람교도 아내와 자식들, 처제, 그리고 분명 아이들의 유모인 세 명의 하녀들을 포함한 자신의 가족과 함께 그려져 있다. 그는 아내와 자식들에게 헌신적인 눈길을 주는 사이에, 손은 처제의 손을 잡고 있다.[1]

그림은 인도의 환경에 편안히 적응한 18세기 말의 한 영국 남성의 안락한 가정사를 드러내고 있다. 비록 그가 토착민과 같이 생활한 적이 없다는 사실을 주의 깊게 담고 있지만 말이다. 각본에는 유럽 문화에 대한 어떤 환상도 없지만, 그림은 그의 영국인 정체성을 드러내고 있다.

그림을 보는 사람에게 떠오르는 인상은 조화, 즉 인종적 저의가 없는 문화교섭의 인상이다. 그렇지만 화제(畵題)와 구성은 주목할 만하다. 실제로 그림은 인도의 역사에서 특별한 시기에 그려졌다. 그 시기 동안 인도

---

* 인도성은 1858년에서 1947년까지 대영제국의 식민지 영토를 직접 관할한 영국 정부 부서로서, 영국 동인도회사의 상업 활동의 결과로 탄생했고, 1947년까지 그 장관은 영국 내각의 일원으로 참여했다.

아대륙은 인도인 군주들이 통치하는 여러 독립국들에서 영국 패권하의 식민지로 변모했다.

마드라스(Madras)*의 영국인 사회의 사회적·문화적 측면을 묘사하거나 영국인 상인과 인도인 주민 간의 상호교류를 연구한 학자는 별로 없다. 연구의 초점은 코로만델(Coromandel) 연안지역이 아니라 벵갈과 캘커타를 향해 있었다.[2] 예외인 것은, H. 다드월(Dodwell)의 『마드라스의 영국인 명사들(*Nabobs of Madras*)』과 퍼시벌 스피어(Percival Spear)의 책 『영국인 명사들. 18세기 인도에서 영국인의 사회 생활에 대한 연구(*The Nabobs. A Study of the Social Life of the English in Eighteenth Century in India*)』인데, 그 책에서 작자는 문화교섭의 힘든 과정을 그리고 있다.

> 영국인과 인도인처럼 성격과 문화 그리고 제도에서 너무나 다른 두 인종의 접촉은 문화 접촉이 가진 문제를 가장 첨예한 형태로 제기한다. 상호간의 영향은 두 문화가 기본적으로 같을 때 더 쉽다. 근본적인 차이가 있다면, 그것은 상호간의 배척이나 한쪽에 의한 다른 한쪽의 흡수가 되기 십상이다.[3]

비록 21세기 전지구화 시대에 스피어의 가정이 부정확함이 드러났지만, 그의 시각은 1930년대 제국주의 전성기 동안에는 전반적으로 인정되었다.

마드라스의 사회생활을 묘사하면서, 스피어는 1650년에서 1790년의 시기를 다음과 같이 두 개의 시대로 구분하였다.

(1) 1650~1740년경: 영국인 상인과 인도인 사이에 제한적으로만 사회적 관계를 맺던 시대. 영국인들은 토착민 사회와의 동화를 피하기 위해 식

---

* 인도 동남부 타밀나두 주의 수도이며, 코로만델 연안의 상업, 문화, 교육의 중심지이다. 그 항구는 인도에서 두 번째로 큰 항구이다. 1644년 영국동인도회사가 들어와 요새를 세우고 이후 영국의 인도 지배에 교두보로 활용되었다.

민 본국의 디아스포라를 창출하면서 타민족과 교류하지 않았다.

(2) 1740~1790년경: 동인도회사의 지위가 바뀐 시대. 상인은 군인이자 외교관이자 행정가가 되었다. 그 시대는 모험가와 외교관의 황금 시대였고, 영국인들이 인도 사회에 보다 익숙하게 되었다. 그렇다 하더라도, 주로 인도 군주들과 군사적 귀족계급의 구성원들과 맺은 관계가 발전하였다. 인도인들이 여전히 권력의 지위를 유지했던 동안에는 군사적 성공이 유럽인에게 인도의 귀족사회로 들어갈 기회를 제공하였다.

스피어의 논지에 홀던 푸버(Holdern Furber)와 피터 마샬(Peter Marshall) 같은 학자들이 도전하였다. 그들이 볼 때, 1600년에서 1750년까지는 협력의 시대로, 그때 영국인과 인도인들은 상호 존중과 의존 속에서 살았다. 영국의 상업이 영국 상선에 자본을 투자한 토착민 상인 집단들과의 협력하에 수행되는 사이에, 영국인 무역업자는 시장에서 차를 마시면서 상품을 외상으로 구입하였다.[4] 영국인들이 인도 말을 하지 못했기에, 그들은 인도 시장에서 그들 대신에 활동할 수 있는 상업 중개인을 이용하기를 선호했다. 그 자체로, "영국인 상인과 인도인 상인들이 서로 편의를 제공하는 복잡한 관계의 양상이 발생했다."[5]

이런 주장들의 논리는 사적인 접촉 없이는 상업 활동을 수행할 수 없었다는 것이다. 당연히 영국 상인은 자신의 인도인 상대에게서 상품을 사고 팔았다. 예컨대 1670년대 동안, 다이아몬드 상인 내터니얼 참리(Nathaniel Chomley)는 마수리파트남(Masulipatnam)*과 마드라스에서 골콘다(Golconda)**의 광

---

* 코로만델 연안의 가장 북쪽에 있는 해항도시. 기원전 3세기부터 존속하고 있었다고 한다. 인도에서 동인도회사의 상관이 최초로 개설된 곳이며, 17세기 프랑스, 영국, 네덜란드와의 무역이 행해졌다. 지금은 마칠리파트남(Machilipatnam)이라 불린다.

** 인도 중남부의 요새도시로 그 지역에서 가장 강력한 이슬람 술탄왕국이었고, 다이아몬드 무역의 중심지였다. 17세기 말에 무굴제국에 정복당했고, 지금은 도시

산으로 자주 여행하였다. 그는 몸소 보석을 구입했다.[6] 참리는 지역 방언을 몇 개 했고, 많은 인도 상인들과 친밀한 관계를 맺고 있었다. 그렇지만 그가 실제로 인도 사회와 얼마나 교류하였는지 질문하는 것은 타당한 의문이며, 다음에서 나는 스피어의 시대 설정이 검토할 가치가 있다고 주장할 것이다.

1650~1740년 시대

나는 다른 곳에서 마드라스의 영국인 사회가 주로 식민 본국의 자극을 받아 발전했다고 주장했다.[7] 인도인과의 사회적 상호 교류는 최소한도로 유지되었다. 마드라스에서 영국인의 일상생활이 가진 여러 측면은 영국 지방 도시에서의 일상생활과 흡사했다. 비록 새로 부임한 회사 직원들이 인도 문화를 대면하고 당황해 하고 자기 동료가 몇 가지 인도인의 습관에 영향 받고 있는 것을 알고 당혹해 하곤 했지만 말이다.

토착민과 함께 생활하는 것은 영국인에겐 할 수 있는 최악의 행동이었다. 고향에서 멀리 떨어진 민간 상인들은 자신의 문화적 정체성을 고수하였다. 그들은, 비록 형편상 잠시 동안 조국을 떠날 수밖에 없었지만, 스스로를 영국 왕실의 신민이라고 생각했다. 스피어는 영국인 사회와 인도인 간의 관계를 다음과 같이 설명하고 있다. "서로 멸시하지 않은 채 생각과 견해 상에서 별개였고 서로를 인정하지 않았다."[8]

영국 상인들은 마드라스에 갈 때, 자신들의 체류가 일시적일 것이라고 예상했다. 작은 재산이라도 버는 데는 기껏해야 5년 내지 10년이면 충분할 것이라 생각했다. 그 돈이면 그들이 다시 고향으로 돌아갈 수 있을 터

의 유적지로 유명하다.

였다. 그들은 인도를 자신의 영속적인 터전으로 만들 야심이 전혀 없었다. 따라서 재정적으로뿐 아니라 사회적으로 그리고 문화적으로도 식민 본국과의 접촉을 유지하는 것이 무엇보다 중요했다.

인도와 본국 사이의 인적 순환이 영국인의 독특한 정체성을 보존하는데 필수적이었다. 마드라스에서 성공적인 기간을 보낸 후 본국으로 귀환하는 사람들과 마드라스에서 자신의 마지막 안식처를 찾은 그다지 운이 없는 사람들의 뒤를 잇기 위해 새로 임명된 상인들이 매년 도착했다. 잉글랜드에 있는 전직 회사 직원들은 본토와 식민지의 친구 및 이전 동료들을 이어주면서 그들에게 런던에서 일어난 발전들을 알려주고 그들과의 관계를 유지했다. 새로 마드라스로 오는 회사의 고위 직원들이 본토에서 가장 최근에 유행하는 사회적·문화적 행동을 영국인 식민 거류지로 옮기면서 매개 역할을 하였다. 마드라스에 살고 있는 영국인 사회 내에 이런 변화들이 분명 계속 이어서 발생했다. 이런 연속적인 변화들로 인해 회사 직원들이 결혼하여 토착민 사회로 들어가거나 자기 조국에 등을 돌릴 수도 있는 "크레올화" 과정이 차단되었다. 로빈 코헌(Robin Cohen)에 따르면, 디아스포라 건설의 핵심은 바로 "고향과의 지속적인 관계맺음, 즉 고향의 사회적·정치적 제도들에 대한 존중과 그것들의 모방"이다.[9]

영국인들이 아메리카와 서인도제도에 창조한 사회들에 비해 보면, 인도에선 사회적 요소들이 거의 존재하지 않았다. 그렇지만 영국인 거류민의 수가 한정되었음에도, 마드라스는 메트로폴리탄적 행동에 확고하게 뿌리내린 독특한 사교활동 형태를 발전시켰다. 제한된 수이지만 일부 영국인 가족들은 마드라스에 영원히 정착하기로 선택했고, 그럼으로써 소규모의 영국인 사회를 창출했다. 이 영국인 사회에서 사교활동과 문화적 관습의 수행은 대영제국의 이 외딴 식민 거류지에 안정성과 연속성을 제공했다. 본국과의 사회적 유대 역시 회사 직원들에게 경쟁력을 제공했다.

한편으로 마드라스는 아시아 교역 세계에서 남인도 지역의 한 해항도시로 기능했지만, 다른 한편으로 최초의 대영제국의 중요 구성요소가 되어 그 뒤 오랫동안 영토 확장을 위한 교두보 역할을 했다.

마드라스에 상주하는 가족들은 마드라스의 사교생활에 중추를 구성했다. 그들은 고향으로 돌아간다는 희망을 버렸지만, 잉글랜드의 친지 및 친구들과 관계를 유지했고 정기적으로 서신을 교환했다. 아이들은 종종 본국의 학교로 보냈고 친지나 친구들이 돌봐 주었다. 교육 과정이 끝나면 젊은이들은 상업 활동을 돕거나, 여자의 경우 적당한 회사 직원과 결혼하기 위해 마드라스로 돌아오기 마련이었다. 잉글랜드에서 교육을 받는 것은 문화적으로 중요한 측면을 가졌다. 그런 젊은이들은 또한 사교활동에 꼭 맞게 훈련받았고 영국 메트로폴리스의 최신 문화 발전을 인도로 옮겨 주었다. 그럼으로써 그들은 마드라스에서의 사교생활이 너무 뒤처지지 않도록 보장해 주었으며, 이는 그 사회가 낙후되었다는 비난을 받을 위험을 줄이는 데 기여했다.

인도에 사는 영국인의 수는 많지 않았다. 18세기 초에 대략 250명 정도의 군인들이 마드라스에 거주했다. 이 중 장교만 도시의 사교활동에 참여할 만한 지위를 누렸을 것이다. 그 외에, 150명 정도의 영국인 민간인들이 있었는데, 이 중 반은 자유 상인과 선원들이었고, 4분의 1은 회사 직원들이었다. 나머지 4분의 1은 여자들이었는데, 이들은 중요한 주민 집단을 구성하고 있었다.

마드라스에는 남자 주민에 비해 상대적으로 많은 수의 영국인 여성이 있었는데, 이들의 존재는 영국의 가치에 부합하는 생활방식을 발전시키고 주변 인도 사회와의 사회적 접촉을 제한함으로써 사회적 인식의 성장을 확고히 하였다. 마드라스에서 수행한 사교활동 중에는 저녁 만찬모임과 무도회 그리고 오후 사교모임이 있었다. 상관장 콜레트(Collet)는 자신의 지위가 함축하고 있는 사회적 의무를 설명하면서 자기 어머니에게 이렇게 썼다. "회사는 훌륭한 식사를 마련해 주고, 저로서는 음악회나 때로는 무도회에서 귀부인을 접대하려는 목적으로 안뜰을 아주 훌륭하게 유지합니다." 이런 사교모임들은 중요했다. 비록 회사 직원들은 상업적인 경쟁자들이었고 똑같은 승진을 바라고 있었지만, 그래도 그들은 저녁에는 보다 편안한 분위기에서 서로 만날 수 있었다. 사교모임들은 미혼 영국인 남성을 위한 만남의 자리로 기능했고, 공동체의 모든 이들이 그런 모임에 관심을 가졌다.

비록 영국인 남성과 인도인 여성 사이에 성적 교제가 발생했지만, 멸시의 대상이 되고 용인되는 행동은 아니었기 때문에, 그런 교제는 통상 비밀리에 이루어졌다. 포르투갈인과 달리, 영국인들은 이종족간 결혼을 결코 조장하지 않았고, 영국과 인도 혼혈인들은 마드라스에서 사회적인 지위를 얻기가 아주 힘들었다. 이종족간 결혼에서 태어난 자식들을 다루는 문서는 구하기가 어렵다. 트리치노폴리(Trichinopoly)*의 영국인 의사 리처드 윌슨(Richard Wilson)이 쓴 한 편지는 드문 예외에 속한다. 의사로서 그는 코로만델 연안 몇몇 도시 수비대의 사병들을 잘 알고 있었고, 그들의 생활 상태에 정통하였다. 그의 기록에는 하급 영국 군인과 인도 여성 사이의 성관계가 혼혈아 출산을 가져왔다는 구체적인 증거가 담겨있다. 회사로 보내기 위해 쓴 1778년의 편지에서, 그는 영국인 공동체가 이런 아이들을 제대로 돌보지 않는다고 주장했다.

다른 모든 민족들 중에서 유독 영국인만이 그들의 자손들을 무시하고 멸시해왔다는 것을 이 나라 원주민들은 오래 전부터 심하게 그리고 반박할 수 없게 비난해 왔다. 그리고 아마도 우리는 이런 견지에서 고려할 때

---

* 인도남부의 유서 깊은 역사도시.

만큼이나 외국인의 시각에서도 분명 불리하게 보일 것이다.10)

마드라스에서 인도인 정부(情婦)들이 회사 직원들과 같이 산 것으로 설명되는 경우는 좀처럼 없다. 물론 때로는 포르투갈계 인도 여성이 영국인 상인과 결혼했다. 인도 여성과 관계를 맺는 것이 사회적으로 용인되지 않았기에, 그런 관계는 비밀리에 이루어지거나 극도로 신중하게 다루어졌다. 더바 고쉬(Durba Ghosh)에 따르면, "내연관계의 관행은 영국령 인도 같은 사회가 인종적·사회적 불평등의 다층적 위계제를 지니고 있으면서도 인종적이거나 문화적인 뒤섞임에 오염되지 않은 듯이 보이게 할 수 있었다."11)

더바 고쉬의 연구는 영국인 남성과 인도인 여성 사이의 성관계를 보여주는 18세기 말 캘커타와 벵갈에서 나온 600건의 유언장에 기초했다. 불행히도 마드라스에 관한 정보는 전혀 없다.

군대의 정규군은 영국 엘리트의 사교활동에 참여하지 않았고, 그래서 그들은 인도인의 술집에서 만족을 얻었음에 틀림없다. 1754년에 마드라스에 도착한 영국인 장교 코어닐(Corneille)에 따르면, 인도 여성과의 성관계가 군인들이 사망하는 가장 빈번한 원인 중 하나였다. 사망한 사병 79명 중 60명이 "음주와 여자"에 관련해 죽었고, 11명은 기후 때문에, 8명은 사고로 죽은 것으로 보고되었다.12)

마드라스에서 영국인 사회만 독특하게 문화적 정체성을 보존하고자 했는가라고 질문해 보는 것도 타당할 것이다. 인도 상인들의 사교 행위에 비해 보면, 문화적 분리는 규범이었던 것 같다. 18세기의 처음 10년 동안에 만들어진 세인트 조지(St. George) 요새의 지도는 영국 주민이 소위 "화이트 타운(White town)"에 거주하고 있었고, 그곳을 세인트 조지 요새의 능보들이 보호하고 있었음을 보여준다. "화이트 타운"은 여러 행정 건물들 외에

6개의 거리와 세인트 메리(St. Mary) 교회로 구성되었다. 마드라스를 방문하는 영국인 장교는 처음 '화이트 타운'을 편평한 지붕을 가진 잘 지은 높은 집들로 이루어졌다고 묘사했다. 비록 영국인들이 마드라스에 도착한 후 세운 최초의 건물인 총독관에 바로 인접한 거리를 제외하면 다른 거리들은 너무 좁았지만 말이다.[13]

17세기 동안 회사 직원들은 "화이트 타운"의 성벽 내에 머물렀지만, 다음 세기에는 그 지역이 너무 좁아지면서 영국인들은 인도인들이 압도적으로 거주하고 있던 그 주위 "블랙 타운"의 토지를 사들이기 시작했다. 18세기에는 인도 주민이 도시를 지배했고 약 10만 명이나 되었다.[14] 타밀족 힌두상인(Chettys)과 타밀족 이슬람상인(Chulias) 그리고 아르메니아인 같은 다른 상인 집단들은 상당한 정도의 자율성을 누리면서 도시의 여러 지역들에 따로 살았다. 이런 상인들은 인도양 전역에 걸쳐 산재한 공동체들을 연결하는 네트워크를 이루었다. 타밀족 이슬람상인은 아체와 같은 지역의 토착 말레이 여성과 결혼했지만, 자신의 고향과 관계를 유지하기 위해 자신의 타밀족 정체성을 계속 보존했다. 종족 정체성은 원거리 무역에서 중요한 요소 중 하나였다.

주변의 인도인 환경과 자신을 분리하고자 하는 영국인들의 바람에도, 사회적 관습은 몇 가지 인도의 관행이 영국인의 행동거지로 스며들면서 서서히 바뀌었다. 회사 직원의 사회적 기준은 본국에서보다 마드라스에서 훨씬 더 높았고, 일부 가족들이 남인도를 자신의 영구적인 본거지로 정하기로 할 때 중요한 역할을 했다. 외국에서 여러 해를 보낸 후에 그들은 기후에 완전히 적응했고, 그런 특별한 조건에서의 생활에는 여러 가지 이점이 있었다. 즉, 수많은 하인을 거느리고 안락한 집이 있었으며, 값싼 식량을 공급받았고, 상호간에 의존했고, 지역 주민과의 동화를 막기 위해 영국인들 사이에 문화적·종족적 정체성을 이용한 연대감이 있었다. 그들은 상업적인 경쟁자일 수도 있었고, 행실이 나쁘고 부패했다고 서로 비난할 수도 있었지만, 또한 도시의 사교 모임에 참여했고 총독의 저택에서 열린 저녁 만찬에서 친밀하게 대화를 나누었다.

일상생활과 생활 조건 그리고 다른 사회 문제들의 여러 측면들에 대한 묘사는 아주 드물다. 다행히도 그윌림(Gwillim) 부인과 그녀의 여동생 메리 시몬즈(Mary Simonds)가 잉글랜드의 어머니에게 보낸 편지에서 마드라스에서의 생활을 묘사했다. 여자들은 항상 많은 하인들에게 둘러싸여 있었는데, 이 하인들은 모두 하얀색 모슬린을 입고 하얀 터번을 둘렀으며 큰 황금 귀걸이를 했다. 저녁 만찬이 있으면, 손님들은 각자 한두 명의 하인을 대동했으며, 그래서 적어도 30명의 하인들이 식탁에서 대기하고 있는 일도 있었다. 손님들은 가마를 타고 왔는데, 가마에는 가마꾼이 9명 내지 13명이 필요했고 옆에선 두 사람이 등불을 들었다. 집에는 불을 환하게 밝혔고, 특히 무도회가 열리면 베란다에서 식사를 하거나 춤을 추었다. 그리고 손님들은 숲이 우거진 정원을 거닐었다. 무도회에는 150명에서 200명의 손님을 초대하는 것이 관례였고 약 500명의 하얀 옷을 입은 하인들이 시중을 들었다. 마드라스에 도착한지 얼마 안 된 한 젊은 여성은 마드라스의 여성들이 공작부인만큼이나 많은 하인들을 부렸고 그래서 참을 수 없을 정도로 나태해지는 과정을 적어두었다. 그녀는 계속해서 이렇게 말했다.

> 엄마, 당신 자식이 다섯 명의 흑인이 옮기고 있는 마차 같은 가마에 타고 있는데, 그 앞에는 군인 한 명이 손에 칼을 들고 가고 있고, 옆에선 소년 한 명이 달리면서 내 페티코트를 누르고 있는 모습을 보시면 웃으실 거예요.[15)

많은 하인을 부리는 것은 마드라스에서 생활을 즐기는 여러 측면 중 하나였고, 일부 영국인 상인 중에는 이것 때문에 인도에 남기를 선택한 사람도 있었다.

인도에 사는 영국인에게 주요 문제 중 하나는 그들이 전통적인 영국식 저녁식사를 고수하는 것이었다. 그들은 고기를 너무 많이 먹고 채소를 너무 적게 먹었다. 많은 양의 와인과 주류를 곁들여 단백질을 너무 많이 섭취한 것은 그 후유증을 남겼다. 윌리엄 몬슨(William Moson)은 마드라스에 도착한지 몇 년 뒤인 1720년대 말 영국의 재단사에게 주문한 옷이 몸무게가 불어 더 이상 맞지 않는다는 것을 알았다. 영국인들은 가발과 모직 코트, 검은 모자 그리고 영국 신사의 복장에 속한 다른 모든 것을 끈질기게 고수했기에 그들이 입는 옷차림이 인도 기후에 맞지 않았다. 열대기후의 생활과 연관된 사회적 행위에 맞추기를 거부해서 생긴 부정적인 결과 중 하나가 높은 사망률이었다. 설사와 탈수 그리고 고열로 많은 영국인들이 사망했고, 보다 건강한 식생활을 했다면 그들의 수명이 늘어났으리라는 것은 분명했다. 그렇지만 의복과 식습관은 아시아에서 영국인들이 가진 특징에 속했고, 영국인을 토착 지역민과 구분짓는 것이었다. 그런 습관들이 제공한 것은 일종의 문화적 보호막으로, 이는 영국인들이 자신의 문화 정체성을 잃지 않게 해주었고 그들이 본국에서 알았던 여러 측면들에 초점을 맞춤으로써 생활을 견딜 수 있게 해주었다. 그렇지만 영국인 상인이 사망 후 남긴 물품 목록에 인도 외투와 가마 그리고 다른 인도 물품이 있는 것을 보면, 이는 "앙다문 입술" 뒤에서 영국인들이 환경에 맞추어 자신의 사회적 행동을 넌지시 바꾸었음을 시사한다.

마드라스의 회사 직원들은 잉글랜드에서보다 마드라스에서 훨씬 더 나은 생활을 할 수 있었고, 비록 그들이 영국식 관습의 보존에 자부심을 갖고 있을지라도 그들의 생활은 인도 문화의 영향을 받아 서서히 변하였다.

1650년에서 1740년까지 마드라스에서 살았던 영국인들에 대한 전반적인 묘사는, 그들이 모국과의 사회적·문화적 유대감을 보존하기 위해 인도 주민과의 사회적 상호교류를 피했다는 것이다. 그렇지만 마드라스에 있던 영국과 인도의 혼혈 주민은 보다 큰 주목을 받을 만함에도 아직까지 상세하게 연구된 적이 없었다.

1740~1790년 시대

1740년~1790년 시대의 특징은 마드라스의 영국인과 인도인 주민 간의 관계에 극적인 변화가 일어났다는 점이다. 그런 변화 과정에서 두 가지 요소가 중심적이었다. 1720년대 동안 동인도회사는 직원들의 상업 활동을 단순화하기 위해, 특히 런던으로 사적 자금을 유입하는 것을 막기 위해 새로운 규정을 도입했다. 또한 마드라스에서 공적 자금의 지출을 축소하는 정책도 시행하였다. 동인도회사의 이사들은 아시아의 상황보다 영국 국내의 안정에 더 관심을 기울이게 되었다. 마드라스의 요새화가 방치되었고, 이는 주민들 사이에서 남아시아의 정치 불안에 대한 관심을 불러 일으켰다. 1738년 나디르 샤(Nadir Shah)*의 침입 이후, 마라타(Maratha)** 전사들이 마드라스 인접 지역을 약탈했고 그것은 아르코트(Arcot)*** 약탈로 정점에 이르렀다. 직원들이 여러 차례 청원을 했음에도 이사들은 요지부동이었고, 그런 무관심은 1746년 프랑스의 마드라스 점령으로 정점에 달했다. 정치적 불안으로 점철된 시기에, 회사 직원들은 런던으로부

---

 * 이란 아프샤르 왕조의 창시자.
 ** 인도의 마하라쉬트라, 고아 등의 주에 사는 마라티(Marathi)어를 사용하는 사람들을 지칭. 이들은 17세기 쉬바지(Shivaji)의 주도하에 마라타 제국을 건설하여 무굴 제국을 압도하고 중부 인도를 지배하였다.
 *** 인도 남부 내륙의 벨로르(Vellore) 시 근처의 소도시.

터 받은 명령에 꼭 따라야 한다고 생각하지 않았고 상업 기회의 상실을 벌충하기 위해 인도의 정치 상황에서 보다 적극적인 역할을 수행하기 시작했다. 회사 직원들이 무역보다 전쟁에서 더 쉽게 사재를 축적할 수 있다는 것을 알게 되자, 영국인들은 인도의 현안에 더 깊이 연루되어 갔다.[16]

상황 변화에 중심적이었던 두 번째 요소는 영국과 프랑스의 전쟁이었다. 이전에는 마드라스의 영국인들이 인도인 주민들에 관해 스스로 고립을 유지했던 반면에, 이제 전쟁 때문에 영국인들은 살아남기 위해서라도 동맹자를 찾고 관계를 맺지 않을 수 없었다. 인도 주재 영국군 수의 증가는 전쟁의 결과 중 하나였다. 하급 군인들은 별 두려움 없이 인도인 주민들과 관계를 맺었다. "토착민과 함께 생활하는 것(Going native)"이 그들의 경력에 장애가 되지 않았을 것이고, 그들은 상급자들의 사교생활에 참여하기를 원하지도 않았다. 그들은 인도인의 술집에서 위안거리를 찾았고 그들이 맺은 성관계의 결과로 영국인과 인도인 혼혈아의 출생 수가 증가했으며, 이런 아이들은 사회의 주변에서 양육되었다.

자료가 부족하여, 우리는 이에 대해 아는 것이 별로 없다. 그렇지만 18세기 말 유럽인과 아시아의 혼혈 문제에 관한 흥미로운 자료 하나를 트리치노폴리의 영국인 의사 리처드 윌슨이 써 놓았다.[17] 그는 혼혈아들의 열악한 생활 상태를 공식적으로 묘사한 최초의 인물 중 한 명이다. "인도에서 유럽인 군인들이 낳은 수많은 남자 아이들의 가난하고 절망적인 상태는 오랫동안 내 주의를 끌었고 내 생각을 붙들어 매었으며 내 동정심을 강하게 불러 일으켰다."

의사는 영국과 인도인 혼혈아들을 사회의 유용한 시민과 근면한 구성원으로 이루어진 훌륭한 프로테스탄트 집단으로 여기지 않는다고 한탄했다. 그는 그들의 생활 조건과 교육 상태를 있는 그대로 묘사하면서, "한 신민 집단을 영국 국민으로 유인함으로써 능동적이고 담대하고 유용한 일단의 사람들이 지배의 수단을 강화할 수 있을 것"이라고 주장하고자 했다.

월슨은 자신이 주재한 10년간 세례를 받은 유럽과 아시아인 혼혈아의 수가 약 2,000명 정도라고 추산했고, 회사가 그들을 더 잘 돌보고 더 잘 다루게 되면, "우리는 바로 지금 우리가 고용하는 군대 규모와 대등한 군대를 얻을 수 있었을 것이다." 영국과 인도인의 혼혈아들이 영국의 신민이 되는 대신에 퐁디쉐리(Pondicherry) 같은 도시들에 거주하고 있으며, 퐁디쉐리에는 영국인의 아이들 약 700명이 살고 있었다.

그들의 엄마들은 도덕과 정직의 율법을 모르거나 지키지 않는 인도의 최하층 계급에 속하는 것으로 설명하고 있다. 그렇지만 이런 여자들은 자기 아이들을 잘 돌보았으며, 그들을 남부끄럽지 않게 양육했다. "14살이면, 영어를 말하고, 인도의 언어 대부분을 이해했으며, 예절과 그 나라의 관습을 완전히 익혔다." 이런 문화의 혼합으로 그들은 영국인과 인도 사회 사이에 이상적인 문화적 중개자가 되었지만, 회사가 이를 무시함으로써 유럽인과 아시아의 혼혈아들은 자신의 재능을 다른 유럽인들에게 제공했다. 더바 고쉬가 말하듯이, "토착 여성과의 성관계는 공공연한 비밀이어서 지역사회 대부분이 이런 관계를 잘 알고 있었지만, 토착민 배우자와 그들의 아이들은 공적인 행사에 거의 모습을 보이지 않았고, 인정받지도 못했으며, 그런 행사를 즐기지도 못했다."18)

따라서 인도인 군주들의 상류 사회 밖에서 발전한 사회적 관계를 연구하고 마드라스에서 살았던 영국인과 인도인 혼혈 주민을 살펴보는 것이 필수적이다.

마드라스에선, 영국인 상급 상인들과 고위 장교들이 인도인 통치자 및 특권계급과 친밀하게 되었다. 문화적·사회적 상호교류의 중심은 체파욱

(Chepauk) 성에 있던 아르코트의 나와브(Nawab)* 모하메드 알리(Mohammad Ali)의 궁정이었다. 영국과 프랑스의 전쟁 동안 나와브는 긴밀한 동맹자가 되었고, 권력을 유지하는 데 필요한 군역에 드는 돈을 지불하기 위해 영국 상인들에게서 광범위하게 돈을 빌렸다. 이런 재정적 의존으로 인해 영국인들을 인도인의 관습과 생활방식에 보다 익숙해지게 만든 사회적 관계가 창출되었다.

이전 시기에 영국 상인과 군인들은 무희의 춤과 물담배 그리고 코끼리 싸움에 대한 친밀감을 발전시켰다. 이제 그들은 또한 고대 인도 문헌과 예술 그리고 언어에 대한 관심도 발전시켰다. 개인적인 수준에서 결연이나 친교는 주로 상급 군인이나 회사 직원과 인도인 통치자들 같은 엘리트 집단 사이에서 이루어졌다.

모하메드 알리는 1767년에 세인트 조지 요새에서 남쪽으로 1마일 떨어진 곳에 있는 회사의 정자 근처 땅에 체파욱 성을 건설하기 시작했다. 조지 패터슨(George Paterson)은 1770년대에 그 장소를 방문하고서 두 문화의 뒤섞임을, 즉 유럽 양식과 무어 양식의 융합을 발견했다. 나와브는 서양 가구를 좋아했고, 영국인 미술가들이 그린 가족 구성원들의 초상화와 함께 의자와 램프, 탁자들을 갖고 있었다. 그의 영국인 채권자들은 종종 아침 식사에 초대받아 엄청난 대접을 받았다.

조지 패터슨은 직업이 의사였는데, 1770년대 초에 존 린제이(John Lindsay) 경의 비서 자격으로 마드라스에 도착했다. 패터슨은 아르코트의 나와브와 가까운 친구가 되었으며 그의 신임을 얻었다. 그런 지위로 인해, 그는 인도 사회에 대해 많은 것을 익혔고 나와브가 마드라스에 도입했던 문화의 연결을 경험하였다. 그렇지만 패터슨과 그처럼 체파욱 성에 빈번하게

* 무굴시대 인도의 통치자 칭호.

드나든 많은 영국인 채권자들은 자신의 사회적 · 문화적 시각이나 행동을 전반적으로 바꾸지는 않았다. 비록 그들의 전임자보다 그들이 인도인 사회에 대해 훨씬 많이 알았음에도 말이다.

인도인 사회의 최상위 수준에서 사회적 유대가 일어났다. 모하메드 알리의 가족은 카르나틱(Carnatic)* 지역에 온지 얼마 안 되었고, 그의 조부가 처음으로 무굴제국 황제로부터 고위직을 수여받았다. 영국인들이 지원하지 않았다면, 그는 1749년에 사라졌을 것이다. 그는 영국인 사회 내의 영향력 있는 집단과 좋은 관계를 유지하는 것이 자신의 장래에 필수적이라는 것을 알았다. 다른 한편 영국인들은 나와브에게 재정적으로 의존하였다. 많은 이들이 "아르코트의 나와브의 빚"으로 알려진 것에 크게 투자했다. 그가 자신의 재정적 채무를 이행하지 못하면, 그들은 파산하게 될 것이고 돈을 벌어 잉글랜드로 돌아간다는 희망을 잃게 될 터였다.

폴 벤필드(Paul Benfield) 같은 사람들은, 비록 인도의 관습에 익숙했고 보다 사치스러운 생활을 즐겼음에도 인도 문화에는 무관심했다. 그들은 인도를 일시적인 거류지로 여겼고 잉글랜드로 귀향하는 날을 고대하고 있었다. 이런 사람들이 토착민 여성과 비공식적인 가정을 유지했다면, 그것은 자신의 공적 평판을 손상시키지 않고서 가정적인 안락함을 최대한 누리기 위한 방편이었다.

그렇지만 동인도회사가 남인도에서 하나의 영토 세력이 되고 있었음을 감안하면, 역사가들이 기록한 사회적 관계의 수준이 압도적이지는 않다. 시납파 아라사라트남(Sinnappah Arasaratnam)의 책 『해양 교역과 영국 세력(*Maritime Commerce and English Power*)』은 남인도에서 영국 지배의 성장을 묘사하고 있지만, 비자야나가람(Vijayanagaram)의 라자(Raja)** 같은 강력한 대영주와

---

* 마드라스가 위치한 인도 남부의 연안지역.
** 옛 인도의 영주 호칭.

토지에 대한 지배권을 장악하기 위해 협력했던 마드라스 총독 럼볼트(Rumboldt) 같은 동인도회사 관리 사이에 이루어진 유대관계 외에는 사회적 상호교류를 보여주는 것이 별로 없다.[19] 덴마크의 학자 닐스 브린메스(Niels Brinmes)는 마드라스의 카스트 분쟁들을 검토했는데, 그는 그런 사건들이 영국의 사법체계를 통해 해결되었다고 주장한다. 식민지 수도의 설치는 관료제적 양상을 띠었고, 영국인들이 힘의 우위에 서서 작업하면서 권위를 가지고 인도인 사회에 개입할 수 있었다.[20] 진정한 문화의 뒤섞임은 큰 규모로는 전혀 발생하지 않았다. 토착민 여성과 같이 살았던 영국인 남성은 자신의 문화 정체성을 바꾸지 않았고 일정한 남성성의 코드를 유지할 필요성을 끊임없이 인식했다. 그들은 그런 남성성의 코드를 통해 가정을 지배했던 것이다.[21]

토착민과 같이 살았던 영국 신민은 종종 거대한 영국인 거류지 밖에서도 발견된다. 윌리엄 델림플(William Dalrymple)의 『흰색 무굴인들(*White Mughals*)』은 인도인의 생활방식에 완전히 적응한 사람들에 대한 매력적인 연구이다. 제임스 에칠러스 커크페트릭(James Achilles Kirkpatrick) 소령(1764~1805년)이 좋은 일례이다. 그는 18세기 마지막 시기에 데칸고원(Deccan)*의 히데라바드(Hyderabad)** 궁정에서 살았던 영국인 거류자였다. 그의 영국인 동료들은 인도인의 관습을 지녔다고 종종 그를 경멸하였다. 히데라바드의 니잠(Nizam)***을 방문하는 동안 마운츠튜어드 엘핀스턴(Mountstwart Elphinstone)은 "커크패트릭 소령이 아주 꼴사납게 토착민처럼 행동"했지만, 커크패트릭을 더 잘 알게 된 후 그는 그 거류자가 "영국인처럼 행동"하기도 했고 그

---

* 인도 중부의 고원지대. 인도대륙의 삼각형 해안선을 형성하는 중심축이다.

** 인도 중남부의 도시로 안드라 프라데쉬 주의 수도이다. 현재 인도에서 가장 큰 도시 중 하나이며 1591년에 세워졌다. 다이아몬드와 진주 무역의 중심지이다.

*** 히데라바드의 군주 칭호.

와 마음이 잘 맞는다는 것을 알았다고 고백했다.

커크패트릭은 인도 음식을 즐겼고, 인도인의 방식으로 사냥했으며, 인도인 정부 몇 명을 거느렸다. 그는 심지어 귀족 가문의 무슬림 여성과 결혼하기까지 했다. 그는 니잠의 궁정화가 타잘리 알리 샤(Tajalli Ali Shah)의 집에 정기적으로 초대받았고, 재상의 저택에서 화요일마다 열리는 닭싸움에도 참가했다. 델림플이 말하듯이, "히데라바드의 사회적 · 문화적 생활에 제임스 커크패트릭이 참여한 것이 거류민과 궁정의 귀족(omrahs) 사이에 상당한 생각의 교류와 깊은 친교로 이어졌다면, 그것은 또한 실질적인 정치적 이익도 얼마간 가져왔을 것이다."22) 따라서 문화와 행실에 대한 커크패트릭의 지식은 신뢰에 기초한 외교 관계를 창출하는 데 도움을 주었던 것이다.

커크패트릭이 그의 동료들에게 의심스럽게 보였다면, 인도인들도 그의 행동을 항상 긍정적으로 본 것은 아니었다. 인도인의 관습을 칭찬하는 커크패트릭의 모습은 그를 사회적으로 미심쩍어 보이게 했다. 아더 월러슬리(Arthur Wellesley)에 따르면, 인도인 몇 명은 그 영국인 거류자에 대해 이렇게 불만을 터뜨렸다.

> 미르(Mir)는 커크패트릭을 욕하기 시작하면서, 영국인들이 사생활에서 그들 자신의 예절과 관습을 꾸준히 고수하면서도 어떤 경우든 힌두교도의 예절과 관습을 특히 여자와 관련된 예절과 관습을 존중한다는 점에서 오래 전부터 영국인들을 칭찬해 왔지만… 커크패트릭은 원주민의 옷차림을 하고 원주민의 예절에 따라 자신을 우습게 만들고 원주민 여자들과의 관계로 인해 미움을 받았다고 하였다.23)

제임스 커크패트릭과 윌리엄 파머 같은 사람들은 폴 벤필드와 조지 패터슨 같은 사람들과는 달랐다. 앞의 두 사람은 인도에 가족을 두었고 영국으로 돌아갈 수 있을지 의심스러워했다. 반면에 뒤의 두 사람은 아시아를 잠시 머무는 곳으로 여겼다. 커크패트릭이 파머에게 쓴 것처럼, "당신이 오래 전부터 혹독한 영국의 여름을 얼마나 견딜 수 있을지 의문을 가졌다는 것을, 그리고 당신이 영국의 겨울을 어떻게 이겨낼지 고민했다는 것을 내 친구에게 상기시켜 주십시오." 필시 그들을 자신의 동료들과 비교해서 특별하게 만든 것은 그들이 고향으로 돌아간다는 목표를 전혀 갖지 않았다는 사실이었다.

참고문헌

Arasaratnam, S., *Maritime Commerce & English Power (Southeast India 1750~1800)* (London, 1996).

Brinmes, N., *Constructing the Colonial Encounter. Right and Left Hand Castes in Early Colonial South India* (Curzon, 1999).

Dalrymple, W., *White Mughals. Love and Betrayal in Eighteenth-century India* (London, 2002).

Dodwell, H., *The Nabobs of Madras* (London, 1926).

Ghosh, D., *Sex and Family in Colonial India. The Making of Empire* (Cambridge, 2006).

Mentz, S., *The English Gentleman Merchant at Work. Madras and the City of London 1660~1740* (Copenhagen, 2005).

Nightingale, P., *Fortune and Integrity. A Study of Moral Attitudes in the Indian Diary of George Paterson, 1769~1774* (Oxford, 1985).

Spear, P., *The Nabobs. A Study of the Social Life of the English in Eighteenth Century India* (Oxford, 1933).

주

1) 그림은 런던의 '인도성 도서관'에 보관되어 있으며, 그림을 그린 사람은 프란체스코 레날디(Francesco Renaldi)나 요한 조파니(Johan Zoffany)인 것으로 추정되었다. B. Toibin, *Picturing Imperial Power: Colonial Subjects in Eighteenth Century British Painting* (Duke, 1999) ; W. Dalrymple, *White Mughals. Love and betrayal in Eighteenth-century India* (London, 2002), pp.209, 248을 보라.

2) 예컨대, D. Ghosh, *Sex and the Family in Colonial India. The Making of Empire* (Cambridge, 2006)을 보라.

3) P. Spear, *The Nabobs. A Study of the Social Life of the English in Eighteenth Century India* (Oxford, 1933), p.126.

4) H. Fuber. "Asia and the West as Patners before 'Empire' and after", *The Journal of Asian Studies* XXVIII, no.4 (1969), pp.711~722.

5) P.J. Marshall, "Masters and Banians in Eighteenth-Century Calcutta", in *The Age of Partnership. Europeans in Asia before Dominion*, ed. B.B. King and M.N. Pearson (Honolulu, 1979), pp.191~215.

6) S. Mentz, "English private trade ion the Coromandel Coast 1660~1690: Diamonds and country trade", *The Indian Economic and Social History Review* 33, no.2 (1996), pp.155~173.

7) S. Mentz, *The English Gentleman Merchant at Work. Madras and the City of Lodnon 1660~1740* (Copenhagen, 2005).

8) Spear, *The Nobobs*, p.129.

9) R. Cohen, *Global Diasporas: an introduction* (London, 1997), p.104.

10) 편지는, H.D. Love, *Vestiges of Old Madras* vol.III (London, 1913), pp.179~182에 실려있다.

11) D. Ghosh, *Sex and the Family in Colonial India*, p.30.

12) Oriental and India Office Collection OIOC MSS EUR b215, Corneille Papers, Memories of an expedition to the East Indies undertaken in the year 1754, p.145.

13) OIOC MSS EUR b215, Memories of an expedition to the East Indies undertaken in the year 1754, fol. 64~65.

14) O. Prakash, "European Commercial Enterprise in Pre-Colonial India", *in The New Cambridge History of India*, vol.II.5 (Cambridge, 1998), p.148.

15) OIOC MSS EUR d546/1-2. Fowke Papers, Fort St. George, Agust 25, 1749, E Fowke to her mother.

16) P. Lawson, *The East India Company* (London, 1993), p.81.

17) 편지는 1778년에 쓴 것이며 H.D. Love, *Vestiges of Old Madras*. vol.III (London, 1913), pp.179~182에 실려있다.

18) D. Ghosh, *Sex and the Family in Colonial India*, p.70.

19) S. Arasaratnam, *Maritime Commerce & English Power* (Southeast India 1750~1800) (London, 1996).

20) N. Brinmes, *Constructing the Colonial Encounter. Right and Left Hand Castes in early Colonial South India* (Curzon, 1999).

21) D. Ghosh, *Sex and Family in Colonial India*, p.108.

22) W. Dalrymople, *White Moughals*, p.98.

23) Ibid., p.167.

제8장 퐁디쉐리의 힌두 중개인과 프랑스 총독,
1744~1760년

필립 오드레르(Philippe Haudrère)

퐁디쉐리(Pondicherry)* 출신의 힌두 중개인 아난다 란가 필라이(Ananda Ranga Pillai)**가 1736년에서 1760년까지 매일 쓴 일기는 교역소의 프랑스인과 토착 원주민 사이의 관계를 연구하는 데 아주 소중한 문서이다.[1] 글쓴이는 이렇게 말한다. "나는 내 귀로 들은 것과 내 눈으로 본 것, … 놀랍거나 새로운 일이 일어나면 그것이 무엇이든 기록해 나가고자 한다"(I, 1). 란가 필라이의 의도는, 1755년에 쓴 다음의 두 구절에서 확인할 수 있는 것처럼, 중요한 사건들을 계속 기록하는 것이다. "정오 무렵 사환이 와서 바르텔레미(Barthélémy) 씨[교역소의 2인자]가 날 보고 싶어 한다고 말했다. … 그는 또한 내가 벤카지 판디트(Venkâji Pandit)의 카잔어 편지를 프랑스어로 번역했는지 물었다…. 나는 내가 그에게 원본을 드렸고, 고드외(Godeheu) 씨가 출발

---

* 인도 동부 코로만델 해안의 프랑스 식민지, 현재는 인도연방정부 직할지.
** 1709~1761년. 프랑스동인도회사를 위해 일한 인도인 통역관. 마드라스에서 태어나 어릴 적에 퐁디쉐리로 이주했고, 아버지를 이어 통역관이 되었다. 프랑스 총독과의 친교로 유명하며, 그가 남긴 1736년에서 1761년까지의 일기들은 18세기 인도의 일상생활을 그린 중요한 자료로 인정받고 있다.

한 직후에 프랑스어 번역본을 드렸다고 답했다. 바르텔레미 씨는 그런 기억이 없다고 말했다. 나는 내가 그날의 일기에 그 일을 틀림없이 기록해 놓았을 것이라고 하였다. 그는 '정말이냐?'고 물었고, 나는 '물론입니다'라고 대답했다. 그는 '그럼, 사본을 가져와 봐라'고 했다. 나는 그곳을 떠나 집으로 갔다. 나는 2월 16일자의 일기를 살펴봤고 …, 거기 내가 그것을 주었다고 적어놓은 것을 찾았다. 나는 일기장에 적혀있는 대로 따라 쓰고 벤카지 판디트의 편지와 그 프랑스어본의 사본을 만들었으며, 그것들을 장군에게 갖다줄 채비를 하였다"(IX, 204). "6월 16일 월요일－그때 총독은 전에 코친 차이나의 라자(Râjâ)에게 틀림없이 편지를 썼다고 했다. 나는 이전에 편지를 쓴 적이 절대 없다고 생각하지만, 페르시아 명단(Persian list)을 보고 확인해 보겠다고 답했다. … 나는 … 집으로 가서 코친 차이나의 라자에게 쓴 편지가 있는지 페르시아 명단을 살펴보기 위해 그곳을 떠났다. 아무것도 없다는 것을 확인하고서, 나는 즉시 그 사실을 전했다…"(IX, 315).

그렇다면 아난다 란가 필라이는 어떤 사람이었는가? 그는 원래 마드라스(Madras)에서 왔고 18세기 초에 퐁디세리에 정착한 타밀족 상인 가문에서 1709년 태어났다. 그는 1726년 자기 아버지가 죽자 중요한 상업회사의 우두머리로서 아버지를 승계했다.

사업상의 인맥

그 일기가 가진 가장 놀라운 측면은 란가 필라이와 총독 조세프 프랑수아 뒤플렉스(Joseph-François Dupleix)* 사이의 상호신뢰 관계이다. 뒤플렉스는 퐁디쉐리에 온지 2년 뒤, 그 상인을 동인도회사의 사업을 위한 차석 중개

* 1697~1763년. 1742년에서 1754년까지 인도의 프랑스 통치령 총독이었다.

인으로 임명했다. "1월 3일 금요일: 풍디쉐리의 토착민 유력자들이 이날 오후 4시에 총독을 방문했다. 총독은 내게 그들과 함께 오라고 지시했고, 그래서 나는 총독이 나를 호출한 목적이 무엇인지도 모른 채 그렇게 하였다. 그때 그는 모두가 모인 자리에서 내게 엽궐련을 주었고, 7발의 예포를 쏘게 하였다. 그는 또한 내가 가마를 타고 요새 안을 돌아다닐 수 있도록 허락했다. … 나에 대한 총독의 대우는 특히 사려 깊은 것이었다. 이것은 총독 뒤플렉스 씨가 나에 대해 특별한 호의를 가졌기 때문이다"(I, 245~246).

몇 달 뒤 수석 중개인이 죽자, 뒤플렉스는 동인도회사의 본사에 란가 필라이의 수석 중개인 임명을 청원했고, 평의회 위원 중 한 명이 이를 그에게 알렸다. "1746년 6월 12일 일요일: 오늘 아침 드 보세(de Bausset) 씨가 방문해서 그를 모셨다. … 드 보세 씨는 이런 식으로 카리칼(Kârikâl)*과 관련한 여러 주제를 놓고 나와 환담했다. 그 뒤 그는 이렇게 말했다. '자네에게 아직 수석 통역관(dubâsh) 자리가 수여되지 않다니 어찌된 것일까?' 나는 이 말에 답해 이렇게 말했다. '제가 거기 임명되기를 바랄 이유가 무엇이겠습니까? 저로서는, 그것을 받지 못하더라도 얼마나 영광이겠습니까? 저는 엽궐련을 받았고, 가마도 허용 받았으며, 유럽인 신사의 선의를 크고 넓게 누렸습니다. 그리고 실제로 직책을 맡지 않았을 때에도 바랄 수 있는 모든 영예의 표지가 제게 주어졌습니다. 그런데 왜 제가 그것을 맡겠습니까? 제가 모든 분들의 호의를 누리고 있는데, 제게 부족한 것이 뭐가 있겠습니까?' … 그러자 그가 말했다. '… 지금 자네만큼 적임자가 없네. … 뒤플렉스 씨도 자네의 장점에 대해 그런 식으로 말했네. 평의회 위원들은 모두 다 자네가 그 자리를 맡으면 모든 사업을 아주 노련하게 운영하리라고 전적으로 믿을 정도로 자네 행동을 마음에 들어 하기 때문에

---

* 풍디쉐리에 인접한 남부 인도의 프랑스령 식민지.

자네가 임명되기를 기도하고 있네. … 그러나 총독이 회사에 비밀리에 어떻게 썼는지는 알지 못하네. … 내가 볼 때, 그 자리는 자네에게 갈 수밖에 없네'(II, 63)." 한 달 반 뒤 소문이 훨씬 더 강해졌다. "1746년 7월 30일 일요일, 드 라 빌바그(de la Villebague) 씨와 얘기를 나누던 방을 나와 걷다가 뒤부아(Dubois) 씨를 만났다…. 뒤부아 씨는 나를 보면서 이렇게 말했다. '자네가 회사의 중개인으로 임명되었으니, 우리의 사업 전부를 자네가 잘 처리해 줄 것이라고 전적으로 믿네.' 그는 축하해주면서 다가와 자기네 사람들의 관습에 따라 나를 포옹하고 키스했다. 나는 그의 축하를 반쯤 받아들이면서 고맙다고 말했다. 그러나 마치 내가 그의 취지를 이해하지 못한 듯이 그의 인사를 살짝 피했다. 나는 그에게 이렇게 답했다. '이렇게 임명되는 것이 제게 어떤 이익이 될런지요? … 총독이 제게 자신의 사적인 일을 모두 맡겼고, 회사의 사업 중 반은 제 손을 거치고 있습니다. … 이런 상황이 그 직책을 맡는 이에게 주는 유일한 이점은 회사의 계약과 회사 상인들에 대한 단속입니다. … 계약 중인 사업에서 그 직책을 맡는 이가 연간 얻는 수입은 2,000파고다이며, 그는 이 액수를 받자마자 그것을 아주 여러 곳에 써야 합니다. 다른 한편 마치 사무역 상인처럼, 저는 약간의 수고만 들이면 이 2,000 대신에 4,000이나 6,000도 벌 수도 있습니다….' 그가 다시 이렇게 대꾸했다. '사실 그렇네. 그러나 벵갈과 마찬가지로 코모린 곶(Cape Comorin)*에서 골콘다(Golconda)와 서쪽으로 마이소르(Mysore)**까지 인도의 이쪽 편에서 자네 친구가 아닌 사람이 아무도 없고 자네의 환어음과 증서를 받지 않을 사람이 아무도 없네. 여기에 자네만큼 그 자리에서 언제든 온갖 상품을 조달할 수 있을 정도로 그렇게 신용이 있는 사람은 결코 없네. 다른 이들이 아는 사람과 친구들은 퐁디쉐리의 울타리 내에만

---

* 인도양쪽으로 튀어나온 인도 최남단의 곶.
** 인도 서남부 카르나타카 주에서 두 번째로 큰 내륙도시.

있고 내지에는 아는 사람이 전혀 없어. 그러므로 자네가 그 직책을 맡는데 동의한다면, 회사의 사업이 성공적으로 수행될 것이고, 재정적인 시각에서 볼 때 그것은 상당한 이익이 될 것이야"(II, 155~156). 란가 필라이는 마침내 1747년 11월 공식적으로 수석 중개인에 임명되었다.

중개인은 1746년 7월 16일자의 기록에서 보이듯이, 뒤플렉스에 대한 신뢰를 반복해서 말했다. "오늘 아침 9시 나와 대화하는 중에, 총독은 드 라 부르도네(de la Bourdonnais)[함대 지휘관]에 대해 … 여러 가지 … 비난하는 얘기를 했다. 나는 시종일관 그의 시각에 맞추어 줬을 뿐 아니라, 지금처럼 중요한 시기에 총독이 이 도시의 사안을 능숙하게 다스리고 있음을 찬사를 곁들여 길게 이야기했다…. 나는 그의 전임자들이 다스린 것이 그가 다스리며 거둔 능력과 성공에 비할 바가 못 된다고 하고, 그의 후임자들이 그가 이룬 탁월함의 수준에 이를 수 있을지 의문이라고 했다"(II, 128). 필라이의 대답은 다소 아첨 떠는 것처럼 보일 수도 있다. 그러나 그는 2년 뒤에 있었던 짧은 대화에서는 그보다 솔직하게 말하였다. "8월 31일 토요일─그때 그는 내게 정말로 자기를 지지하는지 물었다. 나는 이렇게 대답했다. '나리께서 절 믿든 안 믿든, 저는 항상 나리를 지지해 왔고, 단연코 제 생명은 나리 것입니다.' 그는 '나도 안다'고 답하고는, 다른 말없이 가서 다른 이들과 함께 앉았다…"(V, 283).

뒤플렉스의 후임자들과 필라이의 관계도, 비록 그만큼 아주 가깝지는 않았지만, 여전히 상호 신뢰의 관계였다. 1755년 1월 22일 고드외(Godeheu)는 자신들의 요구사항을 제출하러 온 타밀 귀족들에게 이렇게 공식적으로 밝혔다. "차후 당신들이 내게 새로운 얘기를 가져올 필요가 없고, 란가 필라이에게 가서 그가 지시하는 대로 하시오. 그렇게 하지 않으면 누구든지 벌금을 물거나 처벌받게 될 것이오"(IX, 134). 총독 레리(Leyrit)는 비록 자기 사업을 다른 힌두 상인에게 맡겼지만, 특히 필라이의 아내가 죽은 후에는 중개인의 능력에 여러 번 공식적으로 경의를 표했다. "[1765년] 4월 22일 화요일—오늘 아침 9시에 두 명의 문지기…와 회사의 다른 관리들이 와서 총독 레리 씨가 날 부른다고 말했다…. 그래서 나는 그들과 같이 총독부 청사의 중앙 홀에 평의회 위원 및 직원들과 함께 있던 총독에게 갔다. 그는 자신과 동등한 신사들을 맞이할 때처럼 나를 정중하게 맞이했다. 모자를 쓰고 칼을 찼으며 손에는 단장을 들고 있던 그는 문에서 나를 맞이하여 안으로 데리고 갔으며 아내의 죽음에 대해 나를 위로했다…. 그리고 그는 손수 장미 향수를 뿌리고, 가운데 루비가 있고 다이아몬드를 두른 팬던트 장식의 여섯 줄짜리 목걸이를 내 목에 걸어주었다…"(X, 63). 2년 뒤 회사 직원들의 횡령 행위를 막기 위해 퐁디쉐리로 파견된 프랑스군 장군 라리(Lally)도 중개인에게 의지했다. 그는 [퐁디쉐리에 온 뒤] 세 번째 파티장에서 그를 조심스레 만났다. "[1758년] 8월 30일 수요일—저녁 6시 반쯤 나는 부아엘로(Boyellau) 씨의 저택으로 갔다. 내가 도착하자, 그는 내게 2층에서 기다리라고 했다…. 7시 반이 되자 세 명—부아엘로 씨, 라리 씨, 몽모랑시(Montmorency) 백작—모두 어둠 속에서 들어왔다. 나는 라리 씨를 분명히 볼 수 없었는데, 라리 씨는 검정 색 코트를 입고 지팡이를 들고 있었다. 그러나 그의 오른쪽 가슴에 높게 달린 밝은 십자가와 목소리로 그를 알아볼 수 있었다…. 그래서 나는 구석으로 물러났지만, 부아엘로 씨가 나를 불렀다. 내가 다가가자, 라리 씨가 내게 '앉으시게, 필라이 씨'라고 말했다. 나는 그 옆에 앉았다…. 그 뒤 그는 일어나 나를 한 쪽으로 데려가 내 등을 두드리면서 이렇게 말했다. '자세히 말해주게. 그러면 내가 개 같은 짓을 한 그놈들을 두드려 패줄 것이고, 그놈들이 당신을 보면 벌벌 떨게 만들어 주겠네'"(XI, 262~263). 중개인과 성질 나쁘기로 소문난 장군 사이의 친밀한 관계에 퐁디쉐리의 모든 이가 놀라워했다. "[1758년] 5월 31일 수요일—나는 … 칸답파 무달리(Kandappa Mudali)를 만났는데, 그는 '이런 나리! 라리 씨가 레리를 부르라고 했어요'라고 했다. 그는 차석 중개인과 다른 이들을 그냥 이름을 부르지, 결코 무슨 씨라고 부르지 않는다. … 탁자에서 그는 '란가 필라이 씨, 란가 필라이 씨'라고 열두 번도 더 불렀다"(XI, 184~185).

　중개인과 유럽인 사이에 관계가 좋다면, 그것은 주로 사업에 기초한 것이었다. 우리는 란가 필라이의 개인적인 사업과 회사를 대신해 그가 수행한 사업을 구분해야 한다. 란가 필라이는 회사를 대표하여 활동하는 총독과 지역상인들 사이에 면직 의류 화물의 공급 계약을 준비했다. 그는 여러 집단들 사이에 중개인으로 활동했는데, 예컨대 1747년 9월 19일에는 이러했다. "오늘 총독과 함께 있는데, 코르네(Cornet) 씨[총독의 고문]가 왔다. 막 가려하면서, 그는 나와 다른 상인들이 계약을 체결하지 않았는지 물었다. 총독은 면화와 실이 이 나라에선 아주 비싸다고 들었고, 배가 많이 들어와 가격이 오를 것이라고 들었기 때문에 공급을 9퍼센트 늘리도록 요구하고 있다고 대답했다. 그리고 그는 이 나라 안에서 일어나는 영국인의 소요 때문에 돈을 보내고 의류로 돌려받기가 어렵다고도 대답했다"(IV, 141). 그때 필라이는 교역소 부근에서 면직 의류를 수집하는 일을 조직했다. "6월 10일 수요일－그[총독]는 그때 내게 여기에 그런 일을 할 사람이 없다면, 상인들을 즉시 물건이 있는 곳으로 보내 살렘(Salem)*이나 우다야팔라얌(Udaiyâpâlaiyam)에서 배로 물건을 보내게 하라고 말했다. 나는 그 말에 따라 상인들을 보내면서 그들에게 살렘…과 북부의 다른 곳으로 의류를 요청하는 서한을 쓰도록 했다"(VII, 245). 그는 선불을 지급하여 의류 제작을 시작하도록 했다. "1743년 5월 16일－오늘 아침 10시 상인들…이 통상적인 연간 계약을 집행했고, 5,000파고다를 지불받았다"(I, 224).

---

* 인도 동남부 타밀 나두 주의 내륙도시.

그는 또 회사를 대신하여 지역 사업에 공급할 화물도 마련했다. "1746년 11월 3일 화요일―[…] 그[총독]는 또한 내게 내년 [1월]에 타이(Tai)를 떠나 모카(Mocha)로 갈 네덜란드 선박에 선적하기 위해 1만 파고다에 값하는 6,000장의 저급 남색 의류를 준비하라고 지시했다. 그리고 주문의 일부 지불액으로 5,000퐁디쉐리 파고다를 내게 주었다"(III, 71).

다른 한편, 총독은 중개인의 활동을 끊임없이 감시했다. "1746년 3월 16일―오늘 아침 8시에 나는 집에 있었다. 그때 회사의 사환이 와서 총독이 날 보고 싶어 한다고 전했다. 출두 명령에 복종하여, 나는 즉시 그의 집으로 갔다. 그는 나를 아무도 없는 자신의 사무실로 데려가서는 이렇게 말했다. '자네 회사에 많은 돈을 빚지고 있고, 체불 상태에 있더군. 그 돈을 다 어디에 쓰는 것인가? 돈을 빌릴 때 이자는 얼마인가?' 나는 이렇게 대답했다. '나리 돈을 착복한 적은 없습니다. 그 돈을 도박에 탕진한 적도 없습니다. 그 돈을 헛되이 쓰지는 않았습니다. 저는 제 돈을 무역에, 바다 건너로는 상업 회사에, 지방에서는 상품제조업에, 그리고 아울러 내지의 여러 곳에 투자했습니다.… 이런 식으로 제 돈을 썼습니다. 저는 빚의 두 배 정도 되는 자산을 갖고 있습니다. 제가 배에 선적한 상품과 제가 지역에서 벌충해야 할 연체금은 제가 회사에 감사하고 있는 만큼 충분히 안전할 것입니다.' 그는 다시 이렇게 말했다. '나는 자네가 그만한 재산이 없다고 하거나 빚을 갚지 못할 것이라고 하는 것이 아니네. 하지만 트리치노폴리의 브라만(Brahman)이 여기에 왔을 때 자네가 그에게서 받은 1만 파고다를 회사에 지불한다면, 현명한 일이 될 것이네.' 나는 이렇게 답했다. '총독님, 이런 정보를 준 사람과 함께 이곳에서 제게 그 돈을 주었다는 사람도 불러 주십시오. 그리고 재판에 회부해 주십시오. 단 1카쉬라도 제가 받은 것으로 드러나면, 저는 회사가 제게 부과하기로 정하는 어떤 처벌도 두 말 없이 감수하겠습니다. 하지만 그 진술이 거짓이고 근거 없는 것으로 드러나면, 나리께 그 정보를 준 사람이 똑같은 처벌을 받아야 할 것입니다.' … 그렇게 말하고 나는 계속해서 이렇게 말했다. '또 하나 말씀드릴 것이 있습니다. 용서해 주십시오. … 제가 나리 일에 너무 많이 개입하고 있다고 말하면서 도시 전체가 저를 나쁘게 얘기하고 있습니다. 어떤 이는 저를 공격해서 죽일 기회를 찾고 있기까지 합니다. 이런 중상을 들으면서도 그리고 제 생명을 해하려는 시도들에도 불구하고, 저는 진심으로 줄곧 총애를 얻고자 애써 왔습니다. 이것이 제가 얻는 보상으로 충분하다고 생각해왔고, 저 자신이 금전적인 이익을 얻고자 한 적이 결코 없습니다.' 이때 내가 한 말을 다 기록하려면, 아마 대여섯 쪽은 필요할 것이다. 그러나 핵심적인 요점은 이미 언급한 것과 같다. 그러자 총독은 대화를 바꾸어서 내게 순구바르(Sunguvâr)의 계산과 코끼리 장수의 계산은 어떻게 되고 있는지 물었다. 나는 다시 이렇게 말했다. '나리께서는 제가 정직한지 아니면 부정직한지 아셔야 하지 않습니까? 나리께서 그래야만 저는 저에 대한 어떤 의혹으로부터도 벗어날 수 있을 것입니다'"(I, 326~328).

회사를 위해 일한 것 외에, 란가 필라이는 또한 자기 이름을 걸고도 사업을 했을 뿐 아니라 자신에게 자금을 맡긴 다른 유럽인들을 위해서도 사업을 수행했다. 그들 중에 단연 으뜸가는 사람이 뒤플렉스였다. "1742년 10월 8일 월요일 — 케다(Queda) 행 프랑스 선박 '마리 조제프(Marie Joseph)' 호가 오늘 아침 출항했다…. 선적한 상품은 … 나의 59번 대리점을 통해 확보한 총독 소유의 의류였다"(I, 201). "1746년 8월 1일: 총독이 내게 사람을 보내 이렇게 전했다. '자네 소유인 총액 1만 892루피가 지금 나에게 있다. 이 돈은 '냅튠(Naptune)' 호로 두 번 수송했던 상품을 모카에서 판매하여 번 것이다…. 나는 또한 자네가 할증 계약으로 돈을 빌려준 로스티스(Lhostis) 씨로부터 수수료 18파고다와 이자와 계절풍 위험[지연 위험] 부담금인 10파고다를 빼고 500파고다도 받았다. 따라서 자네는 자네 이름으로 총액 1만

3,031루피를 번 것이고, 장부에 그 액수를 수령하여 내게 지출한 것으로 기록하라'"(II, 160~161). "1746년 8월 6일: 오늘 오전 11시 반경, 뒤플렉스 씨가 내게 사람을 보내 자신을 위해 제조할 상품의 목록을 주고, 그 상품을 다음 10월 말까지 공급하기 바란다고 하였다"(II, 171). 이런 협력관계는 뒤플렉스가 프랑스로 떠날 때까지 계속되었다. "[1754년] 10월 14일 월요일—나는 요새에 있던 구 총독을 방문해서, 우리의 업무 처리에 관련된 일부 장부에 서명해 달라고 요청했다. 나는 이렇게 말했다. '나리께서는 제게 지난 13년 동안 너무나 큰 친절을 베풀어 주셨습니다. 절 잊지 마시고 계속 친절을 베풀어 주시기를 바랍니다.' 그는 '그렇게 할 것'이라고 답했다"(IX, 51). 그리고 중개인은 그 만남에 대한 설명을 이렇게 끝맺었다. "12년 9개월 전인 1742년 1월 14일 아침에 그는 벵갈에서 여기로 와 우리의 총독이 되었다. 이 시기 동안 줄곧, 그는 나의 노력으로 엄청난 돈을 벌었지만, 나로 인해 곤란에 처한 적은 한 번도 없었다. … 나는 그의 통치하에서 진실되고 정의롭게 살았다. 그러나 처음부터 끝까지 그는 진실이나 정의에 아랑곳하지 않았다"(IX, 54~58). 우리는 뒤에 그의 이런 평가를 다시 다루게 될 것이다.

　란가 필라이가 뒤플렉스만 상대한 것은 아니었다. 유럽인 중에서는 알베르(Albert) 부인과 뒤플렉스의 모친을 들 수 있다. "1746년 8월 26일: 알베르 부인이 내게 사람을 보내 이렇게 전했다. '재작년 넵튠 호가 모카로 항해할 때, 당신은 수수료를 지불하는 조건으로 내가 1,000루피의 수입을 얻도록 해주었어요. 그리고 나는 도퇴유(d'Auteil) 씨에게 그 수입을 넘겨주었고요. 그는 18퍼센트의 수수료와 그 외 계절풍 위험 부담금인 10퍼센트를 지불해야 해요. … 따라서 당신은 정액 1,000루피 외에 응당 치러야 할 이자 등 337루피의 이윤을 받아야 합니다. 이 총액 중에 그는 현재 내게 837루피를 주었어요. 나머지에 대해서 나는 육로 운송의 경우에 흔히 부과하는 이자를 지불한다는 것을 명기한 약속어음을 당신에게 주겠어요.'"(II, 240~241). 또 라 부르도네의 형제인 마에 드 라 빌바그(Mahé de la Villebague)도 있었다. "드 라 빌바그 씨는 8월 25일에 내게 준 1만 루피에 대한 계약서와 영수증을 내게서 받았고, 그 외에 1만 루피를 내게 더 주었다. 그리고 그는 총 2만 루피의 영수증을 내게서 받았다"(II, 290). 또 있었다. "7월 9일 화요일─… 그때 그[총독]는 드 라 빌바그 씨와 함께 마닐라 무역을 했는지 물었다. 나는 이렇게 말했다. '저만 같이 한 것이 아닙니다. 기야르(Guillard) 씨와, 피라부안(Pilavoine) 씨, 로베르(Robert) 씨, 라 봄(La Beaume) 씨, 페드로, 순구라만(Sunguraman), 코르네(Cornet) 씨도 같이 했습니다.' 그러자 그는 내 몫이 얼마였는지 물었다. 나는 4,065파고다라고 했다"(V, 111~112).

란가 필라이는 또한 다른 타밀인 상인들과도 사업상의 연계를 맺고 있었고, 그들 사이에서 그는 탁월한 지위를 누렸다.

힌두 사람들의 우두머리

중개인인 란가 필라이는 사업가로서의 활동 외에도, 토착민 공동체가 유럽인들을 상대할 때 그들을 대표하는 사람이기도 했다.

이 역할을 하려면, 타밀어 호칭인 '도바시(dobash)', 즉 "두 가지 언어를 할 수 있는 사람"에서 알 수 있듯이, 몇 개의 언어를 능숙하게 할 수 있어야 했다. 란가 필라이는 6개의 언어를 말할 수 있었다. 그는 타밀어, 텔루구어(Telugu)(III, 31), 힌두스탄어(Hindustani)(VIII, 189), 페르시아어(II, 93; III, 344; IV, 448; V, 229; IX, 413), 프랑스어(II, 93; III, 183; IV, 448; V, 4~11; VI, 102), 포르투갈어(XII, 126~127)를 했다. 특히 그는 총독이나 평의회 위원들을 만날 때 교역소의 공용어인 표준 포르투갈어를 썼다.

그는 언제든 통역관으로서 일할 수 있어야 했다. 그래서 1748년 8월 22

일 퐁디쉐리 성벽 아래에서 영국군과 프랑스군 사이에 전투가 발생했을 때, "내가 견과 창고로 가려하자, 총독이 이렇게 말했다. '어디 가는 건가? 여기서 사람들을 불러 대기하게. … 나는 요새에 있을 테니, 자네도 밤낮으로 나와 같이 있어야 하네.' 나는 그렇게 하겠다고 했다"(V, 229).

그는 너무나 중요한 중개인이었다. "나는 '심지어 쿨리가 와서 얘기해도 항상 그에게 적절하게 답하면서 그가 말하고 싶어 하는 것을 들은 후에 돌려보냈다'고 하였다"(V, 403~404). 그 뒤 그는 총독에게 이렇게 청원했다. "다음 나는 그에게 성심성의를 다해 카리칼 티루벤가담(Kârikâl Tiruvengâdam)의 사건에서 그를 변호해 주기를 간청했다. … 사실 총독은 그에 관해 아주 화가 나서 말했다…. 그가 반박할 때마다 나는 적절한 설명을 제시했고, 선물을 약속하여 나는 총독이 분노를 가라앉히고 그 사람이 일을 다시 맡는 것을 승인하도록 권할 수 있었다"(II, 35). 또한 이런 일도 있었다. "[1748년] 6월 22일 토요일―… 나는 견과 창고로 가서 … 수랍파 무달리(Surâppa Mudali)를 불러 이렇게 말했다. '내가 총독에게 당신과 미랑(Miran) 씨가 내게 말한 일에 대해 말해 놓았다. 이제 가서 청원서를 제출해라.' 그는 내게 감사 인사를 하고 출발했다"(V, 57).

그렇지만 총독이 언제나 필라이의 조언을 따른 것은 아니었다. "[1747년] 4월 28일 금요일―지난 주 금요일 감옥에 갇힌 아룸파타이 필라이(Arumpâtai Pillai)의 아들인 뭇타얀(Muttayan)이 오늘 석방되었다. 그 이유는 압푸 무달리 (Appu Mudali)가 총독에게 2,000루피를 주었기 때문이다. 그러나 총독의 생각에 관해 내가 뭐라 할 수 있겠는가? 그는 내게 아룸파타이 필라이를 곤경에 빠뜨려서 1만 루피를 내놓게 만들라고 했었다. 나는 일을 거의 성사시켰는데, 이제 그는 … 2,000루피에 무타얀을 석방해 버렸다. … 압푸는 이 대가로 500루피와 사각 에메랄드가 달린 귀걸이 셋트를 얻었다"(IV, 69~70).

그리고 필라이는 때로 친분을 이용해 총독을 압박하기도 했다. "[1747년]

11월 8일 수요일－… ‘…총독님이 거절하신다면, 제가 그들[총독의 명성을 퍼뜨린 두 세포이 병사들]에게 선물을 주어 멀리 보내 버리겠습니다.’ 나는 20분 정도를 이에 관해 얘기했다. 결국 총독은 ‘그들이 얼마를 잃었는가?라고 물었다. 나는 이렇게 말했다. ‘200파고다 넘게 잃었고 말도 두 마리 잃었습니다. 하지만 그들은 200파고다만 줘도 아주 만족해 할 것입니다. 회계사이자 신문기자인 마푸즈 칸(Mahfuz Khân)은 당신의 관대함에 기뻐하며 당신의 공적을 칭송할 것입니다’ 그러자 그는 서기를 불러 640루피를 가져오라고 했다"(IV, 198~199).

중개인은 때로는 특히 힌두 종교축제의 조직과 관련해 집단적 청원을 제출하기도 했다. "1746년 8월 11일: 그때 나는 그에게 이렇게 말했다. ‘칼라펫타이(Kâlâpêttai)의 사람들이 마을에서 축제를 열 것이라고 하고 늘 그랬듯이 축제를 열도록 허락해 주시길 청합니다.’ 그는 이렇게 대답했다. ‘그들이 관습에 따라 축제를 열게 하게.’ 나는 그 명령을 그들에게 전했다…"(II, 188).

평상시와 다른 청원이 있으면, 그는 청원을 하기 전에 유리한 시기를 기다렸다. 마드라스에서 프랑스군이 승리했을 때가 그런 때로 그는 이렇게 하였다. "1746년 9월 22일 화요일－그때 총독이 내게로 몸을 돌리며 말했다. ‘바라는 건 무엇이든 청해보라. 기쁘게 그 요청을 들어주겠다.’ … 나는 이제 도시의 거리마다 그리고 변두리마다 빈민과 심지어 어린 아이들도 바수데바 판디트(Vâsudêba Pandit)[베틀후추와 담배에 대한 세금 징수관]를 천하고 비열한 놈이라고 부르면서 얼마나 비웃고 욕하는지 생각이 났다. 그것은 그가 베틀후추 잎의 판매 가격을 1카쉬당 아홉 잎에서 일곱 잎으로 줄이고 결국 다섯 잎으로 줄였으며, 담배 잎의 경우 1파남당 열 두 잎에서 열 잎으로 줄였기 때문이다. 나는 이것이 이 공정하게 통치되는 도시의 행정에 유일하게 심각한 오점이라고 불평하는 말을 여러 번 들었기에 그리고 이런 치욕스런 일을 이제 끝내고 싶었기에, 총독에게 담배 잎과 베틀후추

잎을 이전 가격으로 판매하도록 지시하기를 청하였다. 총독은 즉시 바수데바 판디트를 불러들여, 그에게 이전처럼 1카쉬에 베틀후추 잎 아홉 장을 그리고 1파남에 열두 잎 반을 사도록 지시했다"(II, 321). 필라이는 총독이 시장에서의 쌀 가격이 폭등했다고 알렸을 때도 비슷한 방식으로 행동했다. "1746년 12월 25일 일요일—나는 '총독님, 제가 모든 노력을 다하고 있음을 확신할 수 있을 것입니다. … 이전에 르누아르(Lenoir) 씨가 비슷한 상황을 맞아 자비로운 조치를 취해 좋은 평판을 얻은 적이 있습니다. 그는 세금을 감면하고 자기 돈을 들여 식량을 수입했으며, 기근에서 사람들을 구하는 공적을 세웠습니다.…' 그는 이렇게 말했다. '자네가 말하는 것이 다 옳다. … 쌀을 세 되 반으로 팔아야 하는데, 그럴 때 드는 비용을 계산해 보라. 이로부터 얼마나 손실이 발생하든, 그것은 내 계산으로 넣도록 하라…'"(III, 208).

중개인은 총독에게 여론이 어떻게 바뀌는지를 끊임없이 알려주었다. 이에 대해선 마드라스에서 프랑스군이 승리한 뒤 나온 증언 하나만 살펴보도록 하자. "그때 그[총독]는 내게 마드라스 일과 관련해 어떤 소식이 있는지 물었다. … 나는 이렇게 말했다. '나리의 위대한 무훈이 전부 시로 옮겨져 노래로 불리고 있습니다.' … 그러자 그는 그 노래의 의미가 무엇인지 물었다. 나는 이렇게 대답했다. '노래들은 다른 무엇보다 어떤 지원선도 보이지 않고 압도적인 적들이 둘러싸고 있을 때 나리께서 얼마나 용감하고 불굴의 의지로 이에 맞섰는지 얘기하고 있습니다. 영국인들이 나리 이름만 들어도 간이 덜컥 내려앉을 정도로 두려움에 떨었고, 다른 이라면 3년은 걸려 세울 해안의 방루와 요새를 나리께서는 6개월 만에 세웠으며, 프랑스에서 군함을 확보한 나리께서 영국 군함을 한 척은 침몰시키고 다른 배들에게는 심각한 손상을 가해 물리치고 쫓아버렸다는 얘기를 들려주고 있습니다. 그리고 나리의 영웅적 위업에 델리의 황제가, 그리고 실제로는 유럽의 모든 나라의 군주들이 찬탄을 보냈다는 얘기도 들려주고 있습니다.' … 그러자 그는 자기 아내가 있는 방으로 가서 아내와 논의한 뒤, 가수들에게 자기 집으로 와 노래를 들려주도록 … 지시했다. 그 뒤 나는 집으로 가 저녁을 먹고 막 누워 쉬려하는데, 그때 가수들이 찾아와 내게 총독이 그들을 불렀다고 했다…. 그래서 나는 그들이 유럽인 앞에서 어떻게 공연해야 하는지를 좀 길게 가르쳐 주고 돌려보냈다.

총독과 그의 아내, 처제 그리고 페드로 무쓰(Pedro Musse)의 아내가 모인 총독의 집으로 악사들이 들어갔다. 악사들은 펼쳐져 있는 카펫 위에 자리 잡았고 연주를 시작하라는 청을 받았다. 가수들이 장엄한 선율 속에 노래를 부르자, 두세 명의 유럽인 부인들이 그것을 뒤플렉스 부인에게 타밀어로 옮겨주었고, 부인은 다시 그것을 프랑스어로 옮겨 자기 남편에게 전해 주었다. 그들 모두가 공연을 아주 흥겹게 즐겼다"(II, 275~318).

중개인은 때로는 처음 보면 유럽인들이 놀랄 수도 있는 지역의 관습에 관해 총독에게 얘기해 주기도 했다. 1750년 9월에 총독이 그렇게 놀란 적이 있었다. "그는 화가 나서 내게 말했다. '내가 말을 몰아가고 있는데, 행렬 속에 옮겨지는 그림을 보기 위해 가던 찬다 사힙(Chandhâ Sâhib)[트리치노폴리의 군쥐의 아들과 대여섯 명의 말 탄 이들이 나를 보고도 못 본 체 했다. 어떻게 그렇게 무례하게 굴 수 있는 건가?' … 나는 이렇게 말했다. '이슬람교도 사이에선, 자기 아버지나 주인을 만나거나 자기보다 더 나이 많은 사람을 만나면 정면으로 얼굴을 대하기보다는 한쪽으로 비켜 서있는 것이 예의바른 행동입니다. 그것은 타밀인의 관습이기도 합니다. 라자 사힙(Razâ Sahib)은 당신을 자기 아버지처럼 모시기에, 한쪽으로 비켜 서있었던 것입니다. 별일 아닙니다.' 그는 '그럼 그럴 때는 그것이 옳은 행동이군'이라고 했다…"(VII, 382).

아난다 란가 필라이는 프랑스인과 인도 군주들 사이의 중개인이기도 했다. 이런 외교관 역할을 수행하기 위해, 그는 일종의 정보망을 거느리고 있었는데, 이에 관해 그는 자신의 일기에서 몇 차례 언급했다. "1746년 11월 17일 목요일－오늘 아침 나는 바킬 숩바얀(Vakîl Subbaiyan)이 아르코트에서 보낸 편지의 내용을 총독에게 옮겨 주었다. … 총독이 내게 이렇게 말했다. '… 더 적절한 사람들을, 대여섯 명 정도가 좋겠군, 아르코트로 보내 더 많은 정보를 얻도록 하게'"(III, 113). "[1747년] 8월 13일 일요일－총독은 상인들을 물러나게 한 뒤 나를 데리고 들어가, 우리만 있게 되자 이렇게 내게 말했다. '나는 자네에게도 좋은 소식을 들었네. 개인적으로만 애기해야 하는 문제가 있는데, 내일 오후에 오면 좋겠네.' 총독은 또한 내가 여기 적어 놓을 수 없는 소식도 알려 주었다…"(IV, 138). "[1750년] 1월 4일 일요일－나는 오늘 아침 총독이 교회에서 돌아왔을 때 그를 만나러 갔다. 그리고 그에게 어제의 지시에 따라 나지르 장(Nâsîr Jang)의 주둔지로 4명의 첩자를 보내 정보를 가져오게 했다고 말했다"(VI, 351).

란가 필라이는 인도 군주들에게 총독이 보내는 페르시아어로 된 서한도 맡고 있었다. "[1749년] 9월 24일 수요일－이번 일에 대해 애기를 나눈 후, 그는 내게 자신이 지난 6, 7일 동안 통상적인 일일 보고 편지를 받지 못해 놀라고 있다는 내용의 편지를 찬다 사힙에게 쓰라고 했다"(VI, 179). 중개인 자신이 편지를 썼다. "1746년 11월 24일 목요일－총독이 오늘 내게 이렇게 말했다. '자네도 알다시피, 안와르 웃 딘 칸(Anwar ud-din Khân)의 아들인 무하마드 알리 칸(Muhammad Ali Khân)이 파스(Pass) 너머 크리슈나(Krishna) 둑에서 전쟁을 치르고 돌아왔어. 지금 그에게 편지를 쓰게.' 나는 이렇게 대답했다. '바라신다면 쓰겠습니다. 그 전에 어떻게 써야 할지 지시해 주십시오.' 그가 큰 소리로 말했다. '지난 40일 동안 자네는 자네의 재량에 맡기는 내 지시에 따라 한 번도 내게 내용에 관해 묻지 않고 여러 사람들에게, 심지어 니잠(Nizâm)에게도 편지를 썼네. 그런데 이번엔 편지에 쓸 내용에 대해 지시해 달라는 것은 무엇 때문인가?' 나는 이렇게 답했다. '지금까지는 나리께서 제게 편지를 쓰라고 하기 전에 편지와 관련한 문제에 대해 저와 얘기를 나누는 것이 관례였고 거기서 제가 그 문제에 대해 나리께서 어떻게 생각하는지 알고 그에 따라 서한을 작성했기에 제가 지침을 내려달라고 할 이유가 없었습니다.' 총독은 '알겠네, 알겠어. 이번엔 내 생각을 전혀 모르는 채 써 보게. 자네 판단에 따라 편지를 쓰게. 이것은 자네의 능력을 시험해 보는 것이네.' 나는 그렇게 하고 편지를 그에게 읽어주었다. 그는 편지 내용에 완전히 동의하고 그것을 보내라고 지시했다…」"(III, 129~130).

란가 필라이가 뒤플렉스와 의견을 달리할 때도 간간히 있었다. "8월 21일 수요일―… 그[총독]가 와서 내가 찬다 사힙의 아내[그때 풍디쉐리에 있었던]에게 영국인들한테 편지를 쓰라고 말할 수 없는지 물었다. 나는 그렇게 할 수 있다고 하고 편지 내용이 무엇인지 물었다. 그는 내게 그녀에게 다음과 같이 쓰라고 부탁하라고 했다. '내가 여기 있는데 어떻게 당신들이 이 도시를 공격할 수 있는가? … 당신들이 이 도시를 공격하려면, 내 남편이 와서 어떻게 할지를 생각해 보라.' … 그는 이런 편지가 영국인들을 불안하게 할 것이라고 생각했다. 그러나 나는 사람이 머리가 좋으면 성공하게 마련이지만, 사람이 얼마나 똑똑한가와는 무관하게 여전히 더 큰 것, '행운' 또는 '신의 은총'이라고도 불리는 꿀 같은 도움이 존재한다고 생각했다. 그래서 나는 이렇게 대답했다. '지금은 그런 편지를 쓰기에 적절한 때가 아니니, 다른 때를 기다려야 합니다.' 그는 내 말을 듣고는 말을 하지 않았다. 나는 그가 말하는 것에 대해 내가 의견을 개진하고 하는 것이 아무리 놀랄만한 일이더라도, 그런 일에 대해 많은 것을 적어놓아선 안 된다고 생각한다"(V, 221).

중개인은 또한 전문가로서의 능력을 발휘하여 프랑스인과 지역 군주들 사이의 협상에도 참여했다. 그는 얼마간 거드름을 피면서 이렇게 썼다. "1747년 2월 26일 일요일－신의 은총으로 회사 일들을 수행해야 하는 운명을 지닌 나는 밤낮으로 고심하여 온갖 일에 관해 총독에게 조언했고, 그 결과 총독은 내 조언에 따라 행동했다. 모든 지각 있는 존재의 통치자의 법령에 따라, 이 왕국의 현재 수장이 우리를 공격했고 패배하였다. 그는 자기가 먼저 평화조약을 제안하고, 총독에게 평화조약을 체결하기를 빌었다. 이는 프랑스인에게 영광이었다. … 이슬람교도의 사절이 그의 요청을 전했을 때 나는 총독과 함께 있었다. 그러나 그는 자신이 요구한 액수의 10분의 1에도 훨씬 못 미치는 액수를 받는 데 동의할 수밖에 없었다. … 대표가 총독과 조약 조건을 논의할 때, 총독과 세상이 그런 사안에서의 나의 노력과 사업 수완 그리고 협상에서 내가 발휘한 노련함과 기민함을 다 알게 되었다. 그는 영예와 더불어 그보다 더한 선물을 받았다. 내가 가진 평판을 얻었던 사람은 아무도 없었고, 나의 명예는 궁정의 대사관과 지방관들, 귀족들, 그리고 여기서 300리그* 내에 살고 있는 모든 사람들의 입에 오르내리고 있다. 북쪽의 델리에서 남쪽의 말라야람(Malayalam)까지, 동쪽 바다에서 서쪽 바다까지 전부 그렇다. 그들은 모두 이렇게 말한다. '우리는 외교 수완이나 날카로운 지성 또는 대담한 착상 면에서, 아니 어떤 능력 면에서 보아도 아난다 란가판(Ânanda Rangappan)에 버금가는 사람을 본 적도 들은 적도 없다'"(III, 366).

　란가 필라이는 유럽인과 이렇게 오랫동안 교류하면서 어떤 교훈을 얻었을까? 다른 무엇보다도, 그는 유럽인들의 기술적 성취에 찬탄을 보냈다. "내가 직접 … 박격포가 발사되는 것을 보았다. … 포탄 무게는 136파운드나 되는데, 그런 포탄이 박격포에서 발사되면 하늘로 솟구쳐 올랐다….

---

* 거리단위로 약 3마일.

그 포성과 그것이 불을 뿜으며 떨어질 때의 아름다운 모습을 보고 나는 '라마야나'(Râmâyana)*에 나오는 불타는 별을 떠올렸다. 나는 신이 내린 우레 소리를 보고 들은 적이 있다. 나는 이것이 다름 아닌 인간이 내는 우레 소리라고 생각한다. … 이것은 유럽인 외에 누구도 다룰 수가 없다. 왜냐하면 그들만이 그것을 다루는 기술을 가졌기 때문이다"(V, 313). 그것만 빼면, 그는 유럽인들을 어떤 점에서도 우월한 존재라고 생각지 않았다. "[1748년] 3월 26일 목요일―… 나는 타밀인들이 들은 얘기를 무엇이든 잘 믿는 아주 어리석은 사람들이지만, 유럽인들은 다르다고 생각했다. … 그러나 이제 나는 당나귀만큼이나 어리석고 타밀인들보다 더 바보 같은 … 유럽인들도 많다는 것을 알게 되었다. 총독은 웃으면서 유럽인들이 우리나라의 관습에 대해 아는 것이 전혀 없다고 말했다. 나는 여기서 15년이나 20년, 30년을 산 유럽인도 여전히 아주 어리석게 보인다고 대답했다"(IV, 462).

란가 필라이와 뒤플렉스 사이의 관계에도 팽팽하게 긴장된 시기들이 있었다. 그런 경우 중 일부는 별거 아닌 것들이었는데, 다음과 같이 총독이 타밀인들의 식사 관습에 관해 퉁명스럽게 평가한 것과 같은 경우였다. "그때 총독은 아침에 무엇을 먹었는지 물었다. 나는 식은 밥과 버터밀크, 오이절임을 먹었다고 했다. 총독이 그 말을 받아 말했다. '타밀인의 음식은 먹을 게 못돼. 그들의 음식은 동물이 먹는 것 같아. 채소와 카레 재료 외에 무엇이 있는가? 그것은 사람에게 맞는 음식이 아니야. 근데 이슬람교도의 '필라우'(pilaû)**는 그럭저럭 먹을 만하더군. 하지만 요리법이나 재료 면에서 세상에 우리 음식만한 것이 없지. 우리 음식은 잘 차려진 식탁

---

* 고대 인도의 2대 산스크리트어 서사시 중 하나, 힌두 경전의 중요한 일부를 이루고 있다.
** 필라프의 일종으로 쌀과 야채 및 고기를 섞어 만들었다. 북부인도의 전통음식으로 이슬람교도들이 즐겨 먹는다.

에 제공되는데, 거기에 아내와 남편과 친지 그리고 친구들이 모두 둘러 앉아 사교적인 여흥을 즐기면서 식사를 하지. 이슬람교도와 타밀인들은 언제나 우리 음식을 먹고 싶어 하지만, 우리는 그들의 음식을 먹고 싶어 하지 않아. 우리는 그들의 채소로 만든 음식을 싫어해.' 그런 식으로 그는 우리 음식을 흠 잡으면서 비하했다. 그리고 이렇게 덧붙였다. '자네는 유럽인들처럼 식탁에서 식사하지 않는가? 그러나 자네는 오랫동안 유럽인과 살았고 지성을 갖추고 있어. 그래서 식탁에서 식사하는 것을 관습의 파괴라고 생각하지 않지. 나는 그것이 좋아. 타밀인들은 오랫동안 우리와 같이 살았지만, 여전히 그런 식사 방식을 자신들의 관습에 반한다고 하고, 터무니없이 무지하게 우리를 천민(Pariahs)*에 비유하면서 우리에 대해 나쁘게 말하지.' 그는 꽤 오래 동안 이런 얘기를 계속 했다"(VIII, 296~297).

　　그런데 뒤플렉스 부인이 있었다. 인도 태생인 그녀는 프랑스동인도회사 서기의 딸이었고, 엄마는 인도인과 포르투갈인의 혼혈이었다. 그래서 그녀는 그 지방의 언어를 했고, 계속 자기 남편에게 이것저것 얘기해 줄 수 있었다. 중개인은 뒤플렉스 부인이 남편에게 행사하는 영향력에 크게 한탄했다. 그녀의 영향력은 중개인의 영향력에 뒤지지 않았고, 우리는 몇 가지 예에서 이런 내용을 찾을 수 있다. "[1747년] 3월 24일 금요일―… 그[뒤플렉스]의 아내는 통치에 참여하고 싶어 한다. … 그녀에게 돈에 관해 얘기해 보라. 그녀는 청산유수로 말할 것이다. 그녀는 온갖 권위를 행사하고 있다. … 그는 자기 아내 말을 들을 때는, 내게 참견하지 말라고 하고 이렇게 말한다. '부인이 무슨 애길 하는지 보도록 하자'"(IV, 31~33). "[1747년] 12월 12일 목요일―나는 이런 상태가 계속될 수 있다고 생각지 않는다. 신이 있다면, 그는 우리가 이런 악에서 벗어날 방법을 만들어 놓았을 것이고,

---

* 남부인도나 미얀마의 최하층 천민.

때가 되면 우리에게 그 방법을 알려줄 것이다"(IV, 263). "[1748년] 6월 30일 일요일—그러나 그녀가 고집을 피우기에, 나는 그녀가 또 일을 제멋대로 할 것이라고 예상한다. … 그녀는 '닐리(Nili)'[라마야나에 나오는 사악한 암컷 원숭이]다"(V, 89). "9월 7일 토요일—… 그[총독]는 여기가 마치 오이를 팔아 살아가는 작은 마을인 것처럼 전체 관리를 부인에게 맡겨 버렸다…"(V, 296). "뒤플렉스 씨가 겪게 되는 온갖 난처한 일들을 부인 혼자서 다 일으켜 왔다. 그러나 그는 이렇게까지 사태가 돌이킬 수 없게 된 것을 이해하지 못했다"(IX, 53).

뒤플렉스 부인과의 관계가 그렇게 적대적이었던 이유는 무엇이었는가? 뒤플렉스 부인의 기질 탓일 수도 있었고, 중개인이 어떤 비판에든 크게 분개했다는 사실 때문일 수도 있었다. 뒤플렉스 부인의 "정치적" 활동은 힌두 사회에서 여성에게 부여한 지위와 크게 모순되었다. 중개인과 다투게 된 또 다른 원인은 그녀가 교역소의 주민들을 가능한 많이 가톨릭으로 개종시키고자 열을 올렸다는 점이었다.

종교적 긴장관계

란가 필라이는 신앙심이 깊었다. 그는 예상치 못한 자연 현상들을 유심히 관찰했고, 그런 현상들을 조짐으로 받아들였다. "[1747년] 3월 24일 금요일—팔미라 나무처럼 긴 불타는 별이 북동쪽에서 남서쪽으로 떨어졌다. 그것은 형언할 수 없을 정도로 밝았다. … 나와 함께 있던 찬제악(Changeac) 씨[보좌관]는 '이것은 많은 이들이 죽게 될 반란이나 나왑 안와르 웃딘 칸(Nawâb Anwar-ud-din Khân)의 죽음의 징조'라고 하였다. 나는 '유럽인들이 그런 것을 믿겠습니까?'라고 물었다. 그는 '그런 예언은 항상 실현됩니다'라고 대답했다"(IV, 35). 그는 점성술사의 조언을 들었고, 때로는 그들의 예언을 총독에게 보고했다. "[1747년] 3월 14일 목요일―4월 이후에는 나리의 일들이 나날이 잘 풀릴 것이고, 나리께서는 왕에게서 귀족 작위를 받게 될 것입니다…. 그는 내가 그런 일을 어떻게 아는지 물었다. 나는 브라만 점성술사가 4월 이후 그리고 5월이 끝나기 전에 이런 일이 일어날 것이라고 예언했다고 답했다. 이 얘기를 듣자 총독은 웃었다…"(III, 441). 3주 뒤 뒤플렉스는 귀족의 권리를 갖는 생 미쉘(St. Michel) 기사단의 기사작위를 받게 되었다는 소식을 들었다!(IV, 47).

란가 필라이는 유달리 경건한 힌두교도였다. 그런 이유로 예수회 선교사들이 그를 적대적으로 대했는데, 이들은 지역 토착민의 우두머리가 기독교도가 되기를 바랐다. 그래서 유럽인들이 란가 필라이에게 중개인의 지위를 받아들이도록 요구했을 때, 그는 이렇게 답했다. "1746년 7월 30일―'그 일은 심사숙고 중에 있습니다. … 생 폴(St. Paul) 교회의 사람들[즉, 예수회]이 상당히 난처해 할 것입니다.' 드 빌바그 씨는 이에 대해 이렇게 말했다. '생 폴 교회 성직자들의 생각은, 기독교도가 그 자리에 임명된다면 그들이 도시 내에서 일어나는 모든 일을 알게 될 테고, 그들이 원하는 사람이라면 누구든 영향력 하에 둘 수 있다는 것이야. … 이에 대해 프랑스의 대신들은 생 폴 교회 당국은 거짓말쟁이고 퐁디쉐리가 어떤 명성도 얻지 못하고 정체된 상태에 있는 것은 그들이 범한 해악 때문이라고 하면서 그 결정을 평의회[즉, 회사의 평의회]가 적합하다고 생각하는 대로 하도록 평의회의 판단에 맡겼어. 이 결과로, 생 폴 교회 성직자들의 말은 아무런 중요성도 없게 되었고, 회사의 교역 증진이 그 직책의 적격자를 선정하는 데 주된 고려사항이 될 것이야. 그래도 성직자들이 가만히 있지는 않겠지. 그들은 기독교도를 임명시키기 위해 온갖 노력을 다할 테고, 심지어 자신들을 지지하도록 본국의 당국까지 움직이려고 할거야. 그들이 어떤 사람들인지는 누구나 잘 알고 있어. 그렇지만 우리 상황에 맞는 적격자가 그런 집단에 있을 턱이 있겠어?'"(II, 157~158).

란가 필라이가 임명된 이후, 뒤플렉스는 예수회를 달래기 위해 온갖 애를 썼다. "[1747년] 9월 19일 목요일―그[총독]는 … 내게 생 폴 교회의 신부들과 관계가 어떤지 물었다. 나는 이렇게 답했다. '… 이제 저는 좀처럼 거기에 가지 않습니다. 그들은 기독교도에게 이로운 일을 한다고 저를 공공연히 치켜세우곤 했습니다. 그들은 천국에서 그들과 함께 할 수 있도록 저를 위해 때때로 기도한다고 말하기까지 했습니다. 신년을 맞아 그들을 보러 갔을 때, 그들은 저를 군중 속에서 불러내어 한 시간 반이나 같이 있으며 치켜세우기도 했습니다. 그러나 제가 수석 중개인이 되자마자, … 그들은 기독교도가 임명되었더라면 더 나았을 테고 힌두교도에게는 기대할 것이 없다고 말하기 시작했습니다.… 그들은 왕에게 편지를 썼고 자신들에게 유리한 답을 받지 못하면 곧 또 쓸 것이라고도 했습니다. 그래서 그들은 자신들의 주장이 옳다고 기독교도들을 설득했습니다. 지금까지 나리께서 제가 이기적인 마음에 얘기를 하고 다닌다고 생각하실까봐, 저는 한 번도 이에 대해 얘기한 적이 없습니다. 그러나 나리께서 물어보신다면, 약간 말씀을 드릴 수밖에 없군요….' 총독은 이렇게 말했다. '그들은 기만적인 사람들이라 속임수를 안 쓰면 무엇으로도 이길 수 없어. 자네는 겉으로 그들을 존경하는 체 하여 그들의 신뢰를 얻어야 해.' 내가 가만히 있자 그는 계속해서 이렇게 말했다. '수도원장을 방문할 기회를 얻어, 자네가 지금까지 그들로부터 얼마나 친절한 대우를 받았는지와 이제 그들이 다르게 말하는 것을 기독교도들에게서 듣고 자네가 얼마나 놀랐는지 그에게 말해야 해. 이 모든 얘기를 웃으면서 하고, 자네는 언제든 그를 위해 봉사할 준비가 되어 있지만 보통 사람들이 자네에 대해 말하는 것을 믿고서 자네를 나쁘게 얘기한다면 자네의 감정이 바뀔 것이라고 그에게 말하게'"(IV, 143~145).

다음날 9월 20일 란가 필라이는 수도원장을 방문할 기회를 얻었다. "…
나는 들어가 존경심을 표했다. 그는 물었다. '이런! 이것이 천국의 문인가?
여기에 넌 무엇을 가져왔는가? 이제 좀 나아졌는가?' 나는 내가 그의 축복
을 받는 한 의심할 여지없이 나아지고 있다고 대답했다. 그는 큰 소리로
말했다. '네게 우리가 축복을 주었다니 그것이 무엇이냐? 너를 낫게 한 것
은 브라만의 축복이 아니더냐?' 나는 다시 대답했다. '저는 항상 힌두교도
와 기독교도 사이에서 어느 쪽으로도 치우지지 않게 행동했습니다. 나리
께서는 전도사들에게서 제가 항상 그들의 불만 사항에 즉각 주의를 기울
이고 있다는 것을 들으셔야 합니다. 최근까지 나리께서는 제게 항상 아주
친절하셨습니다. 그러나 지난 며칠 동안 나리께서 저에 대해 불친절하게
말씀하셨습니다. 저는 그것이 제가 운이 없어 그렇다고 밖에 생각할 수
없습니다.' 그는 말했다. '기독교도를 수석 중개인으로 둔다면, 그를 신뢰
할 수 있을 것이야. 너는 중개인이 되기 전에는 우리에게 좋은 사람이었
다. 하지만 너는 중개인에 임명되자 곧 힌두 사원을 후원하고 힌두 사원
에 특권을 주었지만 기독교도는 바로 무시하기 시작했어….' 나는 이렇게
답했다. '지난 3년 동안 상당히 힘든 일들이 있었던 것은 사실이지만… 그
것 때문에 누군가를 비난하지는 않을 것입니다….' 그는 이 말에 이렇게
답했다. '우리 모두는 네가 두 세대 동안 존경을 받아 온 훌륭한 가문 출
신인 것을 알고 있다. 너는 중요한 지위들을 맡아왔고 유럽인들에게서 호
의를 얻었어. 그러나 네가 기독교도였다면, 많은 다른 사람들도 그렇게
했을 것이다.' 나는 이렇게 말했다. '나리의 말씀이 저를 놀라게 하는군요.
기독교도는 이곳에 사는 사람 중 단지 16분의 1에 불과합니다. 그리고 모
두가 가난하지요…. 나리께서는 이 사실을 잘 알고 계시고, 힌두교도들은
그렇지 않다는 것도 잘 알고 계십니다….' 수도원장은 이렇게 말했다. '네가
어찌할지 말해 보라. 나는 네가 모범을 보이기만 한다면 모두 기독교도가

될 것이라고 믿는다. 네가 기독교도가 아니라서 우리는 몇 번이나 뒤플렉스 씨에게 기독교도를 임명하라고 요구했었다. 우리는 유럽에 편지를 보냈고, 또 보낼 것이야….' 나는 이렇게 답했다. '저는 저를 임명해달라고 요구한 적이 없습니다.' 그는 이렇게 말했다. '그것은 분명 사실이다. 그리고 너는 다른 누구보다 능력 있는 사람이야. 그러나 나는 어리석은 사람일지라도 기독교도가 중개인이 된다면, 많은 기독교도가 번성할 것이라고 생각한다. 네가 기독교도였다면, 많은 사람들을 개종시킬 수 있었을 것이야. … 신의 가호가 있기를 그리고 신께 의지하기를.' 나는 이렇게 말했다. '나리께서 그렇게 판단하신다면, 분명 그렇게 되겠군요'"(IV, 148~150).

중개인과 예수회 수사들 사이의 적대는 일기 전체에 걸쳐 곳곳에 나오는 주된 주제 중 하나였다. 여기서는 예를 두 가지만 들어보자. 1748년 8월 12일 뒤플렉스는 란가 필라이에게 여론이 어떤지 물었고 필라이는 많은 이들이 수사들 때문에 화가 나있다고 확인해 주었다. "'도시의 성직자들은 아무짝에도 쓸모가 없습니다. 그들은 사람들을 성가시게 할 뿐 아니라 도시에 소란을 일으키기도 합니다.' 그는 이렇게 말했다. '자네 말이 옳아. 어떻게든 성직자들을 도시에서 쫓아낼 수만 있다면, 정말 기쁠텐데'"(V, 190). 또 다른 예는 이러하다. "[1753년] 5월 8일 목요일―생 폴 교회에서 칼리칼 관구 담당 성직자가 이렇게 말했다. '당신이 칼리(Kâli) 신*을 축복하여 대장장이들이 여는 키니테르(Kinni-thêr) 축제를 허가했다고 들었소. 이 축제는 5, 6년 동안 열리지 않았소. 오랫동안 중단된 축제를 다시 부활시켜선 안 되오. 나는 총독에게 말할 것이오.' 나는 이렇게 답했다. '영국과의 분쟁 때문에 몇몇 사원에서는 축제를 전혀 열지 못했습니다. 그러나 제가 총독께 고하니 총독께서 이전처럼 축제를 해도 좋다고 명령했습니

---

* 힌두교의 신 비시누의 10번째 마지막 화신, 복수의 신.

다. 그래서 이 축제도 열리게 된 것입니다.' 그는 축제를 허용해선 안 된다고 하면서 멀어져 갔다"(VIII, 334). 4일 뒤 중개인은 이렇게 적어놓았다. "오늘밤 칼리 신이 '키니테르'에 내려오셨다"(VIII, 338).

예수회 수사와 힌두교도 사이의 적대는 생 폴 교회 가까이에 있던 시바신에게 헌정된 이사와란(Isawaran) 사원과 관련해 특히 심했다. 이는 1746년 3월 7일 목요일에 쓴 내용에서 볼 수 있다. "수요일 밤 11시에 알 수 없는 두 사람이 오물이 든 그릇을 들고 이사와란 사원으로 들어와서는 제단 주위에 있는 신들의 머리에 그것을 뿌렸다. 그리고 그들은 사원으로 들어와서 … 난디 신의 상에 오물 그릇을 던져 깨고는 무너진 건물 한쪽을 통해 달아났다"(I, 132). 이런 짓으로 사람들이 격앙했고, 신자들이 사원 앞에 모여 단식 농성을 하겠다고 위협했다. 뒤플렉스는 사원 앞의 군중들을 해산시키고, 지도자들을 모아 그들이 계속 행동을 하면 죽음에 이를 수도 있다고 경고했다. 그리고 그는 중개인에게 조사를 맡겼는데, 정말 이상하게도 어떤 결론도 내지 않고 조사가 끝났다.

영국군이 퐁디쉐리를 포위한 동안, 사원이 파괴되었다. 란가 필라이는 이런 사건들을 근심에 차서 이렇게 설명하고 있다. "오늘 아침 생 폴 교회를 둘러싸고 천막들이 세워졌다. 그리고 … 200명의 군인들이 거기서 숙영했다. 총독과 파라디스(Paradis) 씨[총사령관] 그리고 다른 사람들이 교회로 가서 박격포를 거기에 설치하기를 원했다. 그러나 그들[예수회 수사들]은 이사와란 사원을 허물 것인지 물었다. 나는 총독이 유럽에서 일어나는 일 때문에 (부인을 통해) 그들에게 도움을 바랄 수도 있다고 생각했다. 그래서 지금은 전시이기에, 상당한 얘기가 오가고 회의가 열렸으며, 성직자들에게 이사와란 사원을 파괴할 것이라고 하였다. 그러고 나서 총독은 귀가했다"(V, 295). 중개인이 총독의 마음을 바꾸고자 한 번도 시도해 보지 못한 채, 다음날부터 사원을 무너뜨리기 시작했다. "결국 생 폴 교회의 성직자들은 지난 50년 동안 베다푸리 이사와란 사원을 무너뜨리고자 하였다. 전임 총독들은 여기가 타밀인의 나라라고 하고, 그들이 사원에 손을 대면 망신을 살 것이라고 하였다…. 그러나 총독은 자기 아내의 말을 듣고 사원을 파괴하라고 지시했다. 이는 불명예에 수치심까지 더하는 짓이다"(V, 297).

이 사건은 란가 필라이가 보존하고자 애쓴 미묘한 균형감을 돌이킬 수 없을 정도로 망쳐버렸다. 1746년 4월 이사와란 사원에 대한 공격이 있은 후 그는 총독에게 이렇게 말했다. "총독님, 나리께서 사악한 짓을 한 놈들을 처벌하기 위해 필요한 조치를 취하지 않으신다면, 지금까지 얻은 명성을 더럽히게 될 것입니다. 게다가 나리께서는 마드라스에서 퐁디쉐리로 온갖 상인들을 초빙했고, 퐁디쉐리를 마드라스처럼 부유한 도시로 만들고 싶어 하십니다. 나리께서 말씀하신 것과 같은 그런 조치들을 취하신다면, 나리께서는 자신이 하고자 하는 바대로 도움을 얻고 상인들이 나리를 신뢰하게 될 것입니다…"(III, 224~225). 뒤에 1747년 4월 뒤플렉스가 왜 상인들이 여전히 마드라스를 떠나지 않고 있는지 묻자 그는 이렇게 대답했다. "그들은 자기들끼리 이렇게 말하고 있습니다. '프랑스인은 강제로 우리를 기독교도로 만들 것이다. … 그들은 우리에게 어떤 자유도 주지 않을 것이다. 그들의 처벌은 너무 과해서, 우리를 목매달고 우리 귀를 잘라 버릴 것이다. 또한 그들은 우리의 불만을 전혀 들어주지 않을 것이다'"(IV, 65~66). 그리고 다시 1748년 3월에는 이런 말도 했다. "총독의 마음에 강한 인상을 남기려고, 나는 이렇게 답했다. '영국인들이 자기 사람들을 친절하게 다루기에, 타밀인들은 영국인이 기뻐할 것은 무엇이든 그에게 보내게 하고, 영국인이 얻어서 좋은 것은 무엇이든 그가 받도록 하고 있습니다. 마드라스와 세인트 데이비드(St. David) 요새가 타밀인으로 가득 차 있는 것은 그 때문입니다.' 그는 마치 내가 한 말을 듣지 못한 것처럼 멀리 물러났다"(IV, 448).

1754년 10월 란가 필라이는 사원을 재건하도록 허락해달라고 고드외에게 이렇게 간청했다. "나리의 전임자께서 부당하게 사원을 파괴하여 도시민들을 비탄에 빠뜨렸습니다.… 나리께서 그런 명령을 내리신다면, 도시는 더 한층 고개를 숙일 것입니다.… 우리 타밀인들은 참배를 제일 중요하게 여깁니다.… 마드라스의 영국인 회사와 나가파탐(Nagapatam)의 네덜란드 회사는 매달 수당을 줄 뿐만 아니라, 축제가 열리면 혼란을 막기 위해 십여 명의 군인이나 세포이 병사 또는 인도인 병사를 대동하여 직원들을 보내기까지 합니다. 제가 직접 이를 본 적이 있습니다. 우리 회사의 상인들은 이곳도 그렇게 되지 않는 한 도시가 번성하지 못할 것이라고 항상 말하고 있습니다. 그렇게 되지 않으면 도시는 쇠퇴할 것입니다"(IX, 61). 그러나 고드외는 그런 결정을 내리기를 거절했다.

란가 필라이가 죽기 몇 달 전인 1760년 7월에는 영국군이 퐁디쉐리를 습격해서 파괴하는 일에 이어서 최악의 사태가 발생했다. 신성 모독이 사태의 전면으로 떠올랐다. "라리(Lally) 씨가 오늘 저녁 브라만의 귀와 코를 잘라 버리고, 그 뒤 그를 목 매달라고 지시했다. … 도시가 세워진 뒤 지금까지 60년 동안 어떤 브라만도 오늘 목 매달린 것처럼 그렇게 살해된 적은 없었다. 이전에는 브라만이 목 매달리기 직전까지 가도, 내가 브라만을 죽이는 것은 큰 죄악이라고 총독에게 설명하면 그가 풀려나곤 했다. 왜냐하면 그때는 도시가 곧 번성하게 되어 있었기 때문이다. 그러나 이제는 도시가 곧 허물어질 것이기에 브라만이 목 매달리고 있다"(XII, 290~291).

따라서 중개인과 총독 사이의 관계는 상업적 번영이 유지될 때만 좋았던 것이다. 란가 필라이와 그와 종교가 같은 신자들은 인도와 프랑스 간의 교역을 통해 돈을 벌었고, 그들은 교역소에 퍼져있던 질서와 안전을 높게 평가했다. 프랑스와 영국 사이의 상업적·군사적 경쟁은 이런 긴장 상태를 악화시켰는데, 이는 교역소에는 절대 이로울 수 없는 종교 분쟁으로 결과하였다.

주

1) *The Private diary of Ananda Ranga Pillai, dubash to Joseph Fraonçois Dupleix... translated from the Tamil and edited by ... Fr. Price, K. Rangachari and H. Dodwell,* Madras, 1904~1928, 12 vol.(본문에서의 준거는 이 판본에 근거한다). 프랑스어판: *Les grandes pages du journal d'Ananda Ranga Pillai, courtier de la Compagnie des Indes auprès des gouvernes de Pondichéry, 1736~1760, présentées par Pierre Bouradat* (Paris, 2003) ; *Les Français dans l'Inde, Dupleix et Labourdonnais. Extraits du journal d'Anandarangapoullé courtier de la Compagnie Française des Indes (1736~1748), tranduit du tamoul par Jullien Vinson...* (Paris: E. Leroux, 1894). 일기의 색인: *The colonial world of Ananda Ranga Pillai, 1736~ 1761: a classified compendium of his diary...* by R. Alasubdaram (Pondicherry, 1988). 아난다 란가 필라이의 전기: SRINIVASACHARI, Chidambaram S., *Ananda Ranga Pillai: the "Pepys" of French India* (Madras, 1991).

제9장 수라트 주재 동인도회사들의 상관과 시설: 위치와 건축적 특징, 소유권

나가시마 히로무(長島 弘)

이 장의 목적은 무굴제국의 영토인 수라트(Surat)*에 있던 동인도회사 상관들 중 일부의 위치와 건축적 특징, 그리고 소유권을 추적하는 것이다. 일본의 쇄국 정책이 펼쳐지던 나가사키에서는 네덜란드인과 네덜란드동인도회사의 활동범위가 작은 인공섬인 데지마로 제한되었다. 데지마의 건물들은 일본 정부의 지시에 따라 나가사키의 일본인 상인들이 건설해서 회사에 대여했다. 처음에 데지마의 건물들은 일본 양식으로 건설했지만, 네덜란드인들이 데지마로 이주한 직후 두 채의 건물을 유럽 양식으로 재건축할 수 있는 허가를 받았다. 따라서 나가사키에서의 조건에 비해, 수라트에 주재한 유럽 회사들의 상관들은 어떤 조건 아래에 있었을까? 회사들은 수라트의 어디서건 자유롭게 활동할 수 있었을까? 회사들은 유럽 양식으로든 다른 어떤 양식으로든 마음대로 건물을 지을 수 있었을까? 회사들은 자기 건물에 대해 소유권을 가질 수 있었을까?

우선, 나는 상관 건물의 위치와, 부두, 창고, 묘지 같은 상관 시설의 위

---

* 인도 서북부 구자라트 주의 상업중심 해항도시. 무굴제국 시기 인도 제1항이었다.

치를 추적할 것이다. 나가사키와는 반대로, 현재 수라트에서 그 건물이 어디에 있었는지는 상당히 불분명하다. 수라트 주재 유럽 회사들의 상관 및 시설들과 나가사키의 상관 및 시설들을 비교하고자 하는 이 연구의 목적을 위해서는, 그 건물들의 위치를 세밀히 검토하는 일이 불필요할 수도 있다. 그렇지만 나는 수라트에서 건물의 위치를 추적하는 것이 얼마나 어려운 일인지 보여주기 위해 그렇게 하고자 한다. 상관들의 위치를 명확히 하기 위해, 나는 또한 무굴리 사라이(Mughuli Saray)(여관)와 물라 무하마드 알리(Mulla Muhammad Ali)의 저택과 모스크 같은 수라트의 중요 건물 일부의 위치도 고찰할 것이다.

[그림 1] 1877년 수라트의 지도

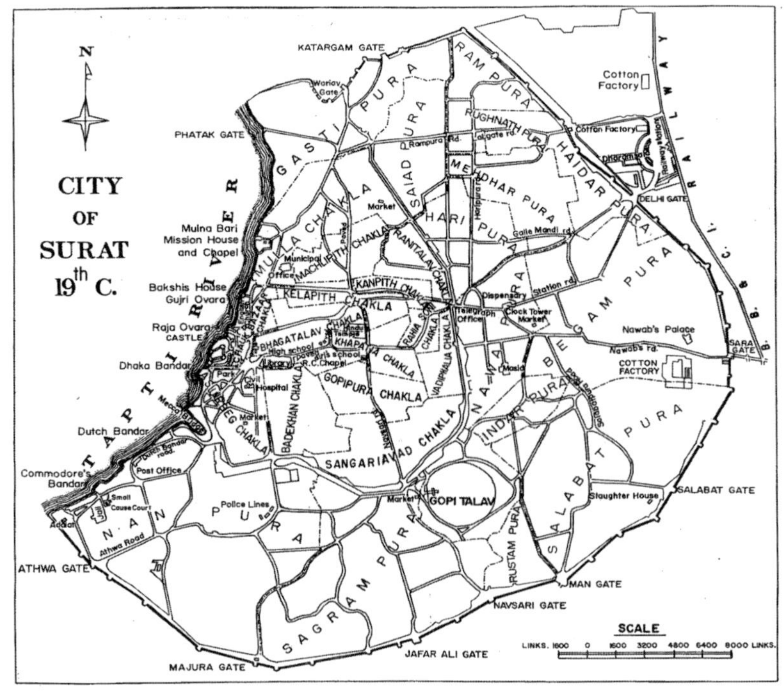

출처: V.A. Janaki, *Some Aspects of the Historical Geography of Surat*, University of Baroda, 1974, p.88.

상관의 위치

수라트에는 요새가 있다. 그 요새는 16세기 중반에 건설되어 지금까지 남아있다. 그것은 도시의 서쪽 편에 타프티(Tapti) 강에 면해 있다([그림 1]을 보라). 수라트는 두 개의 성벽이 둘러싸고 있었다. 내성은 1664년 쉬바지(Shivaji)가 이끈 마라타(Maratha) 군이 도시를 약탈한 후 1664년에서 1679년까지 건설되었다. 외성은 마라타 군의 공격에 맞서 도시를 방어하기 위해 1710년대 말에 건설되었다. 내성 안의 지역은 넓게 두 지역으로 구분할 수 있다. 상인지역('사우다가르 푸래[Saudagar-pura]')과 관청지역('술탄 푸래[Sultan-pura]')이 그것이다. 상인지역은 요새의 북쪽에 위치하고 관청지역은 남쪽에 위치하였다. 거기에 강변에서 떨어져 동쪽에 위치한 수공업지역을 더할 수 있다.

영국 상관들

유럽인의 상관들("관저"나 "상점"이라고도 불린)은 모두 1762년까지 내성 안에 위치했던 것 같다. 1762년에 네덜란드 상관이 두 성벽 사이의 남서쪽 구석으로 위치를 옮겼다.

수라트 주재 영국 상관은 1612년에 처음 세워졌다. 영국 상관들의 위치가 어떻게 변해갔는지에 대한 윌리엄 포스터(William Forster)의 연구에 따르면, 첫 번째 영국 상관의 위치는 분명하지 않다. 1616년 중반에 영국인들은 강제로 첫 번째 영국 상관을 떠나야 했고, 이전에는 도시의 화폐주조소였던 크와자 아랍 투르바티(Khwaja Arab Turbati)[1] 소유의 집을 빌렸다. 포스터는 그곳이 요새 남동쪽의 '다르바르(darbar)', 즉 수라트 태수('무타삿티[mutasadti]')의 궁전 근처에 위치했으며, 뒤에 네덜란드인들이 자신들의 관저로 대여했다고 추정한다.[2] 그곳은 '왈란다니 코티(Walandani kothi)', 즉 네덜란드 건물로 알려지게 되었다. 상당히 값나가는 이 집을 영국인이 점유하는 것을 지역 당국은 강력하게 반대했지만, 영국인들은 1619년 임대차 기간이 만료될 때까지 3년 동안 그 집을 계속 점유했다. 임대차 기간이 만료되면서 그들은 새 집을 구할 수밖에 없었다. 그들의 선택권은, 당시 구자라트 태수('수바다르[subadar]')였던 무굴 왕자 샤 자한(Shah Jahan)이 영국인들에게 수변 가까이에 상관을 구입하거나 건설하거나 빌리는 것을 허용하지 않는다는 지시를 내리면서 제한되었다[Roe: 510n1; Habib: 93]. 이 지시에 대해선 뒤에 다시 살펴볼 것이다. 임대차 기간이 만료됨에 따라 그들은 "잡다한 작은 집들"을 사용할 수밖에 없었다[EFI 1618~1621: 135~136]. 1621년 11월 영국인 중개상들은 최대한 편리하게 이용하도록 집을 재건축할 수 있는 허가를 무굴 당국으로부터 받았으며, 비록 집세에 대한 합의가 아직 이루어지지 않았지만 집은 반쯤 완성되었다고 썼다[EFI 1618~1621: 325]. 영국인들이 새 집으로 옮길 수 있었는지, 없었는지는 알려져 있지 않지만, 옮겼다하더라도 그들이 거기에 머문 기간은 아주 짧았던 것 같다. 왜냐하면 얼마 안 있어 1623년 말 무렵 그들은 크와자 하산 알리(Khwaja Hasan Ali)의 집과 땅을 7년 임대차 계약으로 빌릴 수 있었기 때문이다[EFI 1622~1623: 309~310, 321; EFI 1624~1629: 28; Commissariat III: 215, 216 참조].[3] 이 임대차 기간이 끝난 뒤에 그들이 어디로 옮겼는지도 알려져 있지 않다. 따라서 분명한 것은 영국 상관의 위치가 그들의 활동 초기에 몇 번 바뀌었다는 사실이다.

영국 상관은 마라타의 쉬바지가 수라트를 약탈한 1664년에는 요새 북쪽에 있는 하지 자히드 벡(Haji Zahid Beg)의 저택과 창고들 옆에 있었다. 하지 자히드 벡는 당시 수라트에서 가장 큰 상인 두 사람 중 한 명이었고, 도시의 상인지역('사우다가르 푸라')에 거주했다. 언제 그리고 어디서 영국인들이 이 집으로 옮겼는지는 알려져 있지 않다. 이 상관은 때로는 "구 관저"라고 불렸는데, 이는 구 관저의 서쪽 강변에 위치한 "신 관저"에 대비해서였다.

포스터는 구 관저가 J. 오빙턴(Ovington)이 1689년에 도시의 북서쪽 구역에 있는 넓은 건물이라고 쓴 것으로 추정한다. 오빙턴에 따르면, 관저는 무굴 황제 아우랑제브(Aurangzeb)*의 소유였고, 그는 집세 대부분을 건물의 수리나 증축에 쓰도록 허락했다[Ovinton: 227]. 헤밀턴(Hamilton)에 따르면, 프랑스인들은 구 영국 상관 근처의 작은 교회를 소유했는데, 그 교회는 카푸친 수도회 수사 몇 명이 유지했다[Hamilton I: 96]. 잉글랜드에서는 새로운 동인도회사가 1698년에 문을 열어, 수라트로 중개상들을 파견하였다. 비록 수라트에서 새로운 영국 회사의 역사와 그 회사의 위치가 아직 충분히 추적되지 않았지만, 1700년 10월 무렵에는 니콜러스 웨이트 경(Nicholas Waite)**이 대표하는 그 회사의 중개상들이 수라트에 머물기 시작했다는 것은 분명하다[SFR. 6: 1ff.]. 1702년 구 회사와 신 회사가 통합되었으며, 이 통합을 알리는 편지가 1703년 6월 11일 수라트에 있는 영국인들에게 도착했다[SFR. Vol.5A: 1703년 6월 14일자]. 비록 그 통합이 1709년에야 완성되었고 1709년까지 신·구 회사 모두 계속 별개로 활동하면서 수라트에서 서로 강력한 경쟁심을 드러내었지만 말이다[SFR. Vols. 5A & 6 참조]. 관저에 대한 수리비용이 오빙턴이 활동했을 때처럼 "왕[무굴 황제]의 집세에서 공제"되었기에, 구 상관은 틀림없이 오빙턴이 언급한 바로 그 관저였을 것이다[SFR 5A: 1704년 5월 23일과 6월 29일자]. 새 상관은 필시 뒤에 '신 상관'이라 불린 것일 테지만, 그 위치는 아주 명확하지 않다. 아신 다스 굽타(Ashin Das Gupta) 역시 '신 상관'을 "18세기로의 전환기에 차지"했다고 언급하고 있다[Das Gupta: 30n2]. 다스 굽타가 말한 것처럼, 이 "영국 상관은 얼마나 더 계속 서있을지 의문스럽지만 여전히 서있다"[Das Gupta: 30n2].

---

* 1618~1707년. 무굴제국의 6대 황제. 인도대륙 거의 대부분을 통치했고, 그의 사후 무굴제국은 흔들리기 시작했다.

** 1694~1704년 동안 영국동인도회사 봄베이 총독.

네덜란드 상관과 일부 다른 회사들의 상관

인도인 학자 발크리슈나 고빈드 고크할(Balkrishna Govind Gokhale)에 따르면, 1616년에 수라트에 최초로 들어선 네덜란드 상관은 수라트의 지도적인 상인 중 한 명인 크와자 하산 알리에게서 연간 집세 600마흐무디(mahmudi)* 에 빌린 것이었다[Gokhale: 164; Broecke, I: 112 참조].4) 영국인들은 한동안 네덜란드인들이 영국인들의 새 집을 할당받고자 하지 않을까 우려했다. 하지만 이런 우려가 결국 근거 없는 것으로 드러났다[SC: 77, 78]. 네덜란드인들은 1622년 11월 다시 크와자 하산 알리로부터 일년에 1,200마흐무디를 조건으로 큰 집을 임대하였다. 물론 우리는 그 집이 이전의 집과 다른 집인지 알 수 없다[Broecke, II: 278n3]. 그렇지만 바로 뒤인 1623년 1월 네덜란드인들은 일년에 1,250마흐무디에 4년 임대차 계약으로 펠로완 사페츠 벡(Pelowan Saffedts Beg) 소유의 집으로 옮겼다[Broecke, II: 280; Gokhale: 164].

포스터는 네덜란드인들이 얼마 뒤 크와자 아랍의 집으로 옮겼으며, 이 집이 앞서 본 것처럼, '왈란다니 코티'로 알려지게 되었음에 틀림없다고 한다. 처음에 포스터는 '왈란다니 코티'가 크와자 아랍의 집이었다고 추정했다. 하지만 그는 뒤에 자신의 견해를 바꾸어 '왈란다니 코티'가 네덜란드인 최초의 상관이었다고 추정했다. 그는 자신의 견해가 왜 바뀌었는지, 그 이유를 전혀 제시하지 않는다[Roe: 510과 Foster 1922: 1을 비교해 보라]. 어쨌든 크와자 아랍의 집과 '왈란다니 코티'를 동일시하는 포스터의 처음 견해는 여전히 추정에 불과하다. 앞서 보았던 것처럼, 1623년 1월에 네덜란드인들은 4년 임대차 계약으로 펠로완 사페츠 벡 소유의 새로운 집으로 옮겼다. 크와자 아랍의 집은 그때까지 네덜란드인과 아무런 관계가 없었다. 그러므로 보다 깊이 조사해 볼 필요가 있다. 18세기 초에 나온『봄베이 지

---

* 옛 인도의 금화.

명색인(*Bombay Gazetteer*)』에 따르면, 네덜란드 상관은 여전히 같은 장소에 있으므로[*Bombay Gazetteer*, Vol.II: 307 참조], 이런 추정 역시 더 깊은 조사를 필요로 한다.

레스칼리오(*L'Escaliot*)에 따르면, 1664년 쉬바지가 수라트를 약탈했을 때, 네덜란드 상관은 영국 상관에서 "영국 기준으로 거의 1마일 떨어져" 도시의 다른 쪽에 있었다[Forster 1921: 316]. 이것은 이 무렵에는 네덜란드 상관이 소위 '왈란다니 코티'로 옮겼음을 보여준다.

17세기 말에 네덜란드 회사는 미르자 모셈(Mirza Mosem)에게서 집을 빌렸고, 그가 죽은 뒤에는 그의 아들들인 마멧 사헤드(Mamet Sahed)와 미르자 마멧 아레프(Mirza Mamet Aref)에게서 집을 빌렸다[VOC 1620: 248a]. 1692년 네덜란드인들은 구 관저 부지에 새로운 상관을 건설하기 위해 두 아들과 계약을 체결했다. 새로운 상관은 두 부분으로 구성되었다. 한 부분은 구 관저와 이어져 있었고, 다른 부분은 구 관저에서 떨어진 2층 건물이었다([그림 12]를 보라)[VOC 1620: 236a~251]. 비록 완전히 명확하지는 않지만, 이렇게 구 관저와 신 관저가 결합되어 조성된 건물이 '왈란다니 코티'였을 것이다.

네덜란드인들은 그보다 넓은 집을 얻고자 했다. 1712년 그들은 수라트의 전임 태수인 고(故) 이티바르 칸(Itibar Khan)의 집을 그들에게 빌려주도록 허락하는 무굴 황제로부터의 지시('파르만[farman]')를 얻어내었다. 그 집은 요새 북쪽 강변 가까이에 위치했다[HR, 855: 118; Stavorinus, III: 95; VEL: 873]. 그들이 실제로 그 집을 빌렸는지 빌리지 못했는지는 불명확하다. 다스 굽타에 따르면, 네덜란드인들은 그 집을 구입하지 못했고, 결국 그 집은 4만 루피에 신디(Sindhi)* 상인 술레이만지(Suleimanji)에게 팔렸다[Das Gupta: 33n1; VOC 1913: 26]. 다스 굽타는 18세기 전반동안 줄곧 네덜란드 회사가 수라트에 "새로운 관

---

* 파키스탄 신디 지방 출신의 사람들.

저"를 지으려고 부단히 노력했고, 1719년 무렵 그들이 도시 내에서는 이런 목적에 맞는 여유지가 전혀 없음을 알고 내성 밖에서 적당한 땅을 구해야 했다고 하고 있다. 네덜란드인들은 또 집주인으로부터 앞서 언급한 "구관저"를 구입하려고 노력하기도 했지만, 집주인이 건물에 대해 너무 많은 요구를 하여 성사되지 못했다[Das Gupta: 33n1; VOC 1897: 36].

1762년 네덜란드인들은 자신의 상관을 소위 '네덜란드 부두(Dutch Bandar)'로 옮겼는데, 그것은 내성과 외성 사이 지역의 남서쪽 구석, 강 가까이에 있었다[*Gujarat State Gazetteers*, Surat District (Revisied Edition) 1962: 969]. 네덜란드인들은 물건을 부두('반다르[bandar]')로 옮길 수 있는 허가를 수라트 요새의 태수에게서 얻는 데 어려움을 겪었다고 하며, 1759년 이래 요새를 차지하고 태수를 조정했던 영국인들이 그렇게 하도록 태수를 사주했다고 한다[Stavorinus III: 126~127].

[그림 2] 1660년대 수라트의 북서쪽 구석의 지도(포스터의 추정에 의거)

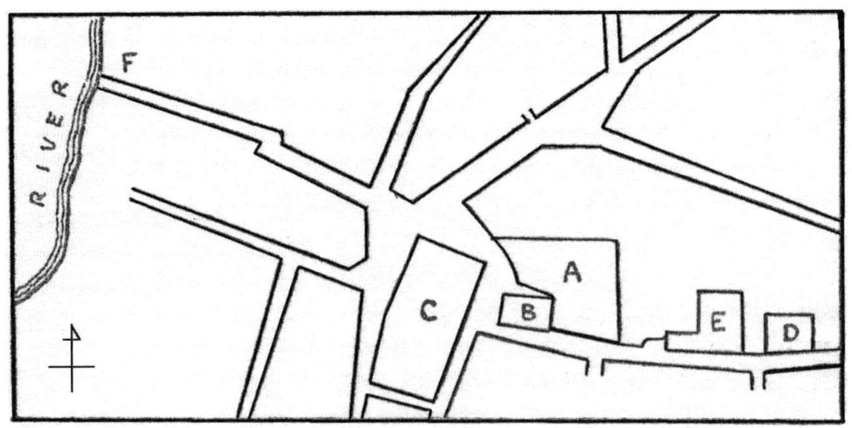

The English Factories in India, 1661~1664, p.297에서 재인용.
A: 영국 상관, B: 미르자 자히드(자히드 벡)의 궁전과 모스크, C: 다디마르 또는 라켓 경기장(18세기), 원래는 궁전이었다, D: 아르메니아 정교회 교회(18세기), E: 프랑스 상관(약간 뒤에 세워짐), F: 이후의 영국 상관

포스터의 연구에 따르면, 1664년에 포르투갈 관저는 영국인들의 구 관저 가까이에 위치했다. 그는 프랑스 관저 역시 약간 뒤에 영국 관저와 포르투갈 관저 가까이에 세웠다고 추정한다[EFI 1661~1664: 297. 그곳에 있는 포스터의 주석을 참조]. 그러나 그의 견해가 18세기와 19세기의 일부 지도들에 주로 기초한 것이기에, 상관들이 언제 처음으로 거기에 세워졌는지는 불명확하다. 스웨덴 회사의 상관도 역시 1750년의 지도에선 도시의 안쪽 북서쪽 구석에서 볼 수 있는데, 그 지도는 크리스토퍼 헨릭 브라드(Christopher Henrik Braad)가 기록한 것이다[Franks: 158~159].

위에 기술한 우리의 조사가 가설적인 것이지만, 수라트에 있던 각 회사들의 상관 위치들이 몇 번이나 재배치되었고 그래서 각 시대마다 그것들의 정확한 위치를 추적하기는 아주 어렵다고 말할 수 있을 것이다. 다음 장에서 나는 수라트의 일부 초기 지도들에서 상관들의 위치를 확인하는 것과 관련된 다른 문제들을 검토할 것이다.

초기 지도들에 그려진 상관들의 위치

1664년의 영국 및 포르투갈 상관들의 위치와 후대 시기 프랑스 상관의 위치의 경우, 포스터는 일부 설명과 지도 그리고 추정에 근거하여 자신의 연구결과를 보여주는 지도를 제시하고 있다([그림 2]를 보라). 포스터가 설명한 것은 1664년 쉬바지의 수라트 약탈과 관련된 것이며, 영국 상관이 하지 자히드 벡의 저택과 창고 옆에 있었다는 것을 보여준다. 포스터가 참조한 지도들은 이러했다. (1) 1753년 드 글로스(De Gloss) 대령이 편찬한 지도에 기초한 대영박물관 소장의 프랑스 지도, (2) 『수라트 시 지도(The Plan of the City of Surat)』, (3) 포스터와 동시대인인 F.G.H. 앤더슨(Anderson) 씨가 제공한 수라트를 일부로 포함한 대형 지도가 그것들이다. 지도 (2)는 1817년

상관 대리 애덤스(Adams)와 뉴포트(Newport)가 수행한 과학적 조사에 기초한
근대의 지도이다(이하 "1817년 지도"라고 약함; [그림 3, 4, 5]를 보라).5)

[그림 3] 상관의 유적들 (1817년 수라트 지도에 기초하여 작성)

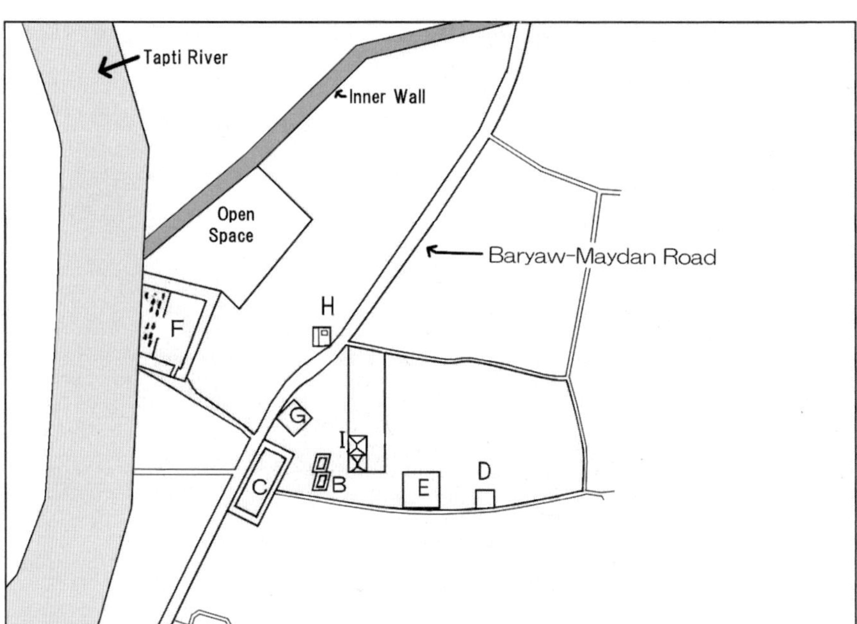

B: 미르자 자흐디의 모스크, C: 라켓 경기장, D: 아르메니아 정교회 교회, E: 프랑스 상
관, F: 영국 상관, G: 포르투갈 성당, H: 물라 압둘 파트의 모스크, I: 포르투갈 상관, J:
구 궁성(지금은 무굴 궁성, 즉 시 자치체 건물로 여겨진다).

그의 추정은 전반적으로 옳았던 것 같다. 비록 그 자신이 "'A'[즉, 영국 상관]
에 관해 제시한 경계들이 얼마간 억측"이라는 것을 인정하지만 말이다.
1664년의 영국 상관의 위치는 1817년 지도에는 포함되지 않았고, 대신에
포르투갈 상관과 보다 작은 사각형 건물이 보인다([그림 3]과 [그림 4]를 보라).

[그림 4] 1817년 수라트 지도에 보이는 내성 영역의 북서쪽 구석

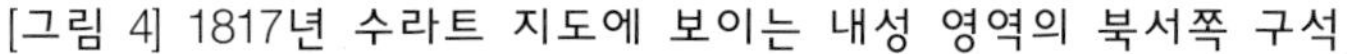

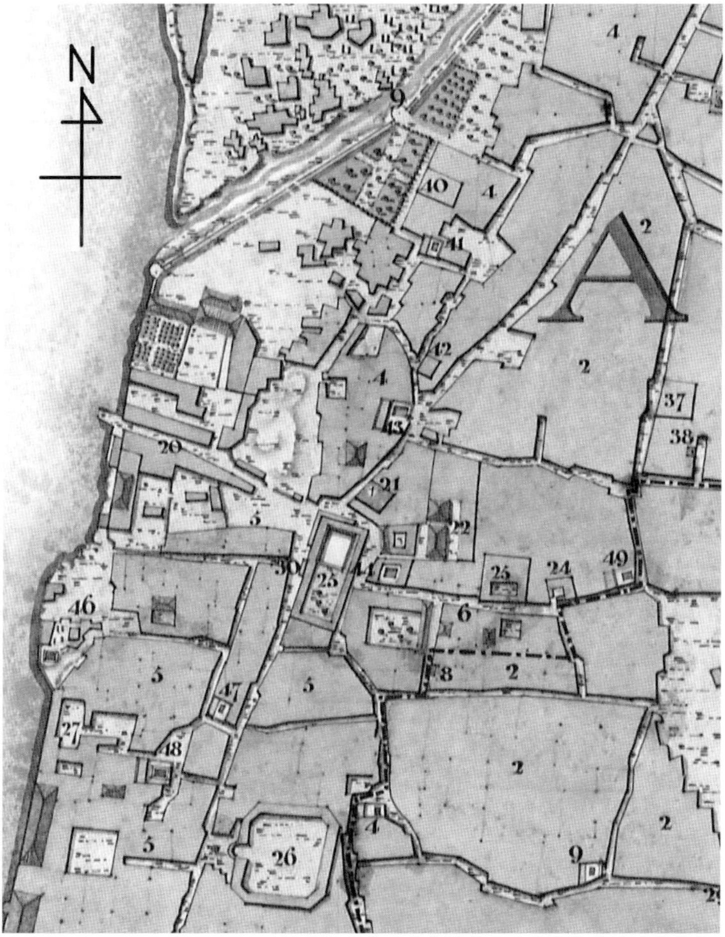

1817년에 조사된 *Plan of the City of Surat*의 일부, IOR: X/2737; C12754-10, ⓒ British Library Board. All Rights Reserved.
A: 물나 추크라(즉, 물라 차크라), 5: 모굴 수라이(건물 이름이 아니라 지역 이름이다), 6: 운그레즈 추크라(영국 차크라), 44: 미르자 자이즈 무스지드(미르자 자히드의 모스크), 25: 구 수라이에 있는 라켓 경기장, 24: 아르메니아 정교회 교회, 23: 프랑스 상관, 21: 포르투갈 성당, 43: 물라 압둘푸트의(물라 압둘 파트의) 모스크, 22: 포르투갈 상관, 26: 구 궁성(사람이 거주하지 않는 장소가 해롭다보니 쓸모없는 바라크 막사로 채워져 있다. 즉 [그림 3]의 J에 해당한다).

  그보다 빨리 제작되었지만 훌륭한 또 다른 수라트 지도가 있는데, 그것은 수라트 내의 여러 장소('와라[wara]', '푸르[pur]', '푸라[pura]', '폴[pol]', '무할라[muhalla]', '차크라[chakla]' 같은)의 분포를 보여준다. 그 지도는 인도 자이푸르(Jaipur)의 마하라자 사와이 만 싱 2세 박물관(Maharaja Sawai Man Singh II Museum)에 보존되어 있다. 그 지도는 1730년경에 만들어졌을 것이다(이하 "1730년 지도"로 약함; [그림 6, 7a, 7b, 7c]를 보라). 그것은 장소명을 페르시아어와 인도어 두 언어로 쓰고 있는 것으로 보아 유럽 방식의 지도가 아니라 인도 방식의 지도인 것 같다[Nagashima 2006 ; Gole: 164~165 ; Singh, Ch.: 185~192 참조]. 포스터나 다스 굽타는 그 지도를 전혀 언급하지 않는다.

[그림 5] 1817년 수라트 지도에 보이는 내성의 남서쪽 구석

1817년에 조사된 *Plan of the City of Surat*의 일부, IOR: X/2737; C12755-02, ⓒ British Library Board. All Rights Reserved.
① 나와브의 다르바르(궁정) ② 빌린데 카 코테라고 불린 건물들(즉, 왈란다니 코티) ③ 벨렌데 바리 또는 네덜란드 부두 ④ 카지의 모스트와 묘지(즉 크와자 디와니 모스크) ⑤ 내성의 남쪽 지역

[그림 6] 1730년 수라트 지도에 보이는 내성 내의 북서쪽 구석

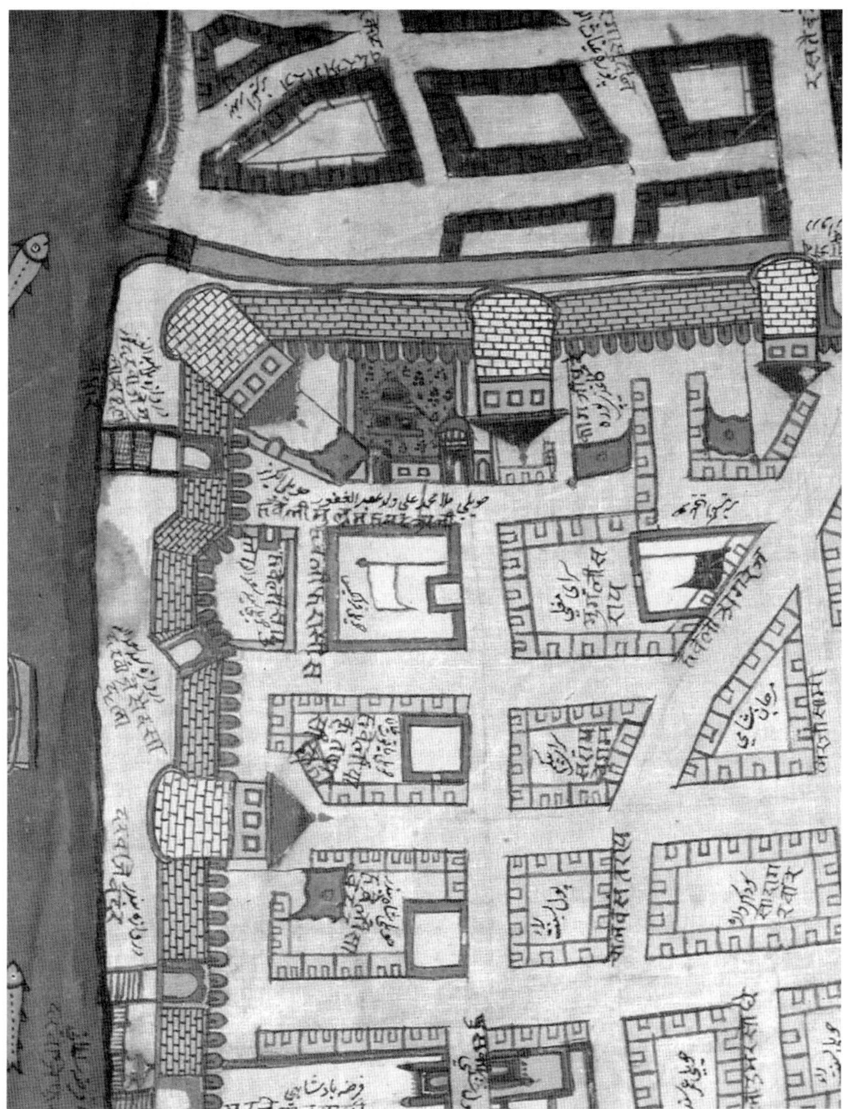

인도 자이푸르의 마하라자 사와이 만 싱 2세 박물관의 허가를 받아 수록(Courtesy of the Maharaja Sawai Man Singh Ⅱ Museum, Jaipur, India)

1730년 지도에는 무굴 궁성(사라이 이 무굴리(Saray-i Mughuli (CP.)); Mugali Saray (H.))의 위치도 소위 무굴 궁성, 즉 현 수라트 시 자치체 건물의 위치와 다르다. 전자는 지도상에 바라이우–마이단 로의 서쪽에 있는 것으로 그려져 있지만, 현 무굴 궁성은 도로의 동쪽에 위치하고 있다. 1730년 지도에는 무굴 궁성과 영국 상관이 같은 쪽에 있는 것으로 그려져 있고, 프랑스 상관은 무굴 궁성의 서쪽에 있는 것으로 보인다([그림 6]과 [그림 7]를 보라). 1817년 지도에는 무굴 궁성이라는 건물이 그려져 있지만, 그것은 지도에 첨부된 『참고사항(References)』에서 "사람이 거주하지 않는 장소가 해롭다보니 쓸모없는 바라크로 가득 찬 오래된 궁성"으로 설명하고 있을 뿐이다[References 1820: A-26]. 상관 대리 애덤스와 뉴포트는 "무굴 궁성"을 "운그레즈 추크라", 즉 영국 차크라(즉, 뜰) 남쪽에 있는 넓은 지대로 그렸다. 따라서 비록 무굴 궁성이라는 건물이 무굴 궁성 영역 내에 위치하더라도, 애덤스와 뉴포트는 그 건물이 무굴 궁성이라는 것을 분명 알지 못했다. 뒤에 그 건물을 1644년에 수라트 요새의 태수('카라다르[qaladar]')인 하치차트 칸(Haqiqat Khan)이 건설했음이 밝혀졌다[Commissariat 1980: 233~236 참조]. 그렇지만 그 건물이 무굴 궁성으로 불렸는지는 아직 분명하지 않다. 그러므로 현 시 자치체 건물이 실제로 이전 무굴 궁성인가 하는 의문은 여전히 풀리지 않은 채로 남는다. 어쨌든 1730년 지도는 그 시기 수라트의 지적도에 관해 많은 의문을 제기한다.

다스 굽타의 연구에 따르면, 새로운 영국 상관은 18세기 초에 물라 무하마드 알리의 집 옆에 위치했다[Das Gupta: 30]. 무하마드 알리는 그 시기 수라트에서 가장 부유한 상인이었다. 1730년 지도 역시 새로운 영국 상관이 무하마드 알리의 저택 옆에 있는 것으로 그리고 있는데, 그의 저택은 내성 내 지역의 북서쪽 구석에 있었다([그림 6]과 [그림 7]를 보라). 그렇지만 1817년 지도에는 새로운 영국 상관의 옆이 비어있다([그림 4]를 보라). 알리가 죽은 뒤 얼마 지나 그의 자손들이 다른 곳으로 이주했음에 틀림없다. 다스 굽타에 따르면, 무하마드 알리는 새로운 영국 상관에서 돌을 던지면 닿을 거리에 오늘날까지 남아있는 모스크를 세웠다[Das Gupta: 30n2]. 그렇지만 1817년 지도에는 새로운 영국 상관 옆에 모스크가 없으며, 대신에 새로운 영국 상관의 동쪽 편으로 바라이우-마이단 로의 서쪽 면에 "물라 압둘푸트(Moolla Abdoolfut)의 모스크"라고 불리는 모스크가 하나 있다([그림 3]과 [그림 4]를 보라). 물라 압둘 파트(Mulla Abdul Fath)는 무하마드 알리의 손자 중 한 명이었다[Nadri: 202]. 이것이 다스 굽타가 언급한 무하마드 알리의 모스크일지도 모른다. 영국 상관장과 무하마드 알리는 자주 만나 의논을 했고 둘 다 1732년 수라트의 태수에 맞선 상인들의 봉기에서 주도적인 역할을 했다. 다른 한편 네덜란드인들은 자신들의 관저가 '다르바르', 즉 수라트 태수의 궁정과 관저에 너무 가까웠기 때문에([그림 5]를 보라) 처음에는 봉기에 참여하기를 꺼려했다. 그러므로 당시 수라트의 영국인들은 일본의 네덜란드인들에 비해 상당한 행동의 자유를 누릴 수 있었다. 프랑스인 역시 봉기에 참여했다. 다스 굽타의 연구에 따르면, 당시 프랑스 상관의 소유자가 무하마드 알리였다[Das Gupta: 30n3]. 프랑스 상관은 실제로 1730년 지도에는 무하마드 알리의 저택 가까이에 있었던 것으로 그려져 있다([그림 6]과 [그림 7b]를 보라). 그 집이 무하마드 알리로부터 빌린 것이라면, 이 지도가 정확한 것일 수도 있다.

여타 회사 시설들

우리는 당시의 설명과 지도에서 주요 관저로부터 떨어진 다른 종류의 회사 시설들에 관해 참고할 만한 것을 찾을 수 있다. 이런 시설에는 상관의 하층 직원들이 거주한 집들과 부두, 정원, 묘지, 창고, 교회, 수도원, 예배당 같은 것들이 있었다.

각 회사의 주 관저 밖에 위치한 주택들

주 관저가 너무 작아 회사 전체가 들어가지 못하는 경우, 하층 직원들은 관저 밖에 있는 집을 빌려 살아야 했다. 델라 발레(Della Valle)는, 예컨대 1623~1624년에 네덜란드 회사의 많은 하급 직원들이 대 경내(great inclosure)(즉, 주 관저) 밖에 살면서 도시 여러 곳에 흩어져 있었고, 필요할 때 그들 모두 상관장의 궁성으로 갔다고 했다[Della Valle I: 26].

스왈리 바다(Swally Marine), 즉 유럽 선박의 정박지에 있던 부두와 정원들

J. 프라이어(Freyer)는 1672~1681년경 유럽 여러 나라의 시설들을 다음과 같이 설명하고 있다.

> 영국과 프랑스, 네덜란드, 이 세 나라의 국기들이 국기용 깃대 위에서 휘날리고 있었다. 이들은 여기서 아무런 방해 없이 모든 물건을 내리고 선적한다. 상관장 매튜 앤드류(Matthew Andrew)의 시대(1659~1662년) 전에는, 유럽인들은 스왈리(Swally)*에서 항상 천막을 치고 숙영했었다. 그러나 그 때 이래 기와를 얹은 목재 가옥이 수라트 태수가 지정한 역내에 세워졌다. 그 구역 내에는 창고와 가축우리, 그리고 다른 헛간들이 들어서 있었고, 그와 함께 이 모래땅이 허용하는 한도 내에서 훌륭한 정원도 있었다[Freyer I: 210~211].

프라이어는 포르투갈인들을 언급하지는 않지만, 1730년 지도에는 포르투갈의 부두와 정원 역시 다른 세 나라의 부두 및 정원과 나란히 그려져 있다(그림 7a)를 보라).

---

* 수라트 시 근처의 마을 이름으로 바다에 면하고 있고 그 연안에서 1612년 동인도 회사 함대가 포르투갈 함대를 격퇴한 것으로 유명하다.

[그림 7a] 1740년 지도에 보이는 수라트 요새의 내성 지역의 서쪽 부분
(나가시마의 복사 및 영어 번역)

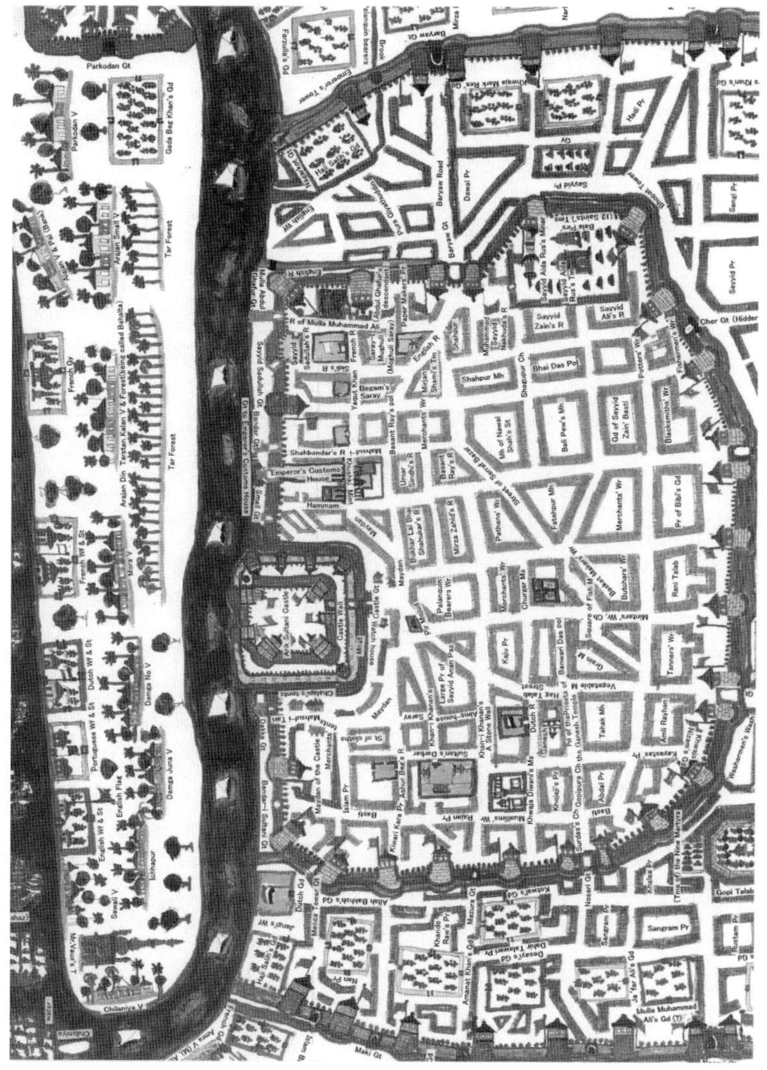

Ch: 차크라, Gd: 정원(또는 과수원), Gt: 문, Gy: 묘지, M: 시장, Mh: 무할라, Pr: 푸르, 푸라, St: 창고, R: 주택, T: 무덤, V: 촌락, Wf: 부두, Wr: 와라
와라, 푸르, 푸라, 폴, 무할라, 차크라 같은 말은 구역을 뜻한다.

[그림 7b] 1730년 지도에 보이는 수라트 요새의 내성 지역의 북서쪽 부분
　　　　　(나가시마의 복사 및 영어 번역)

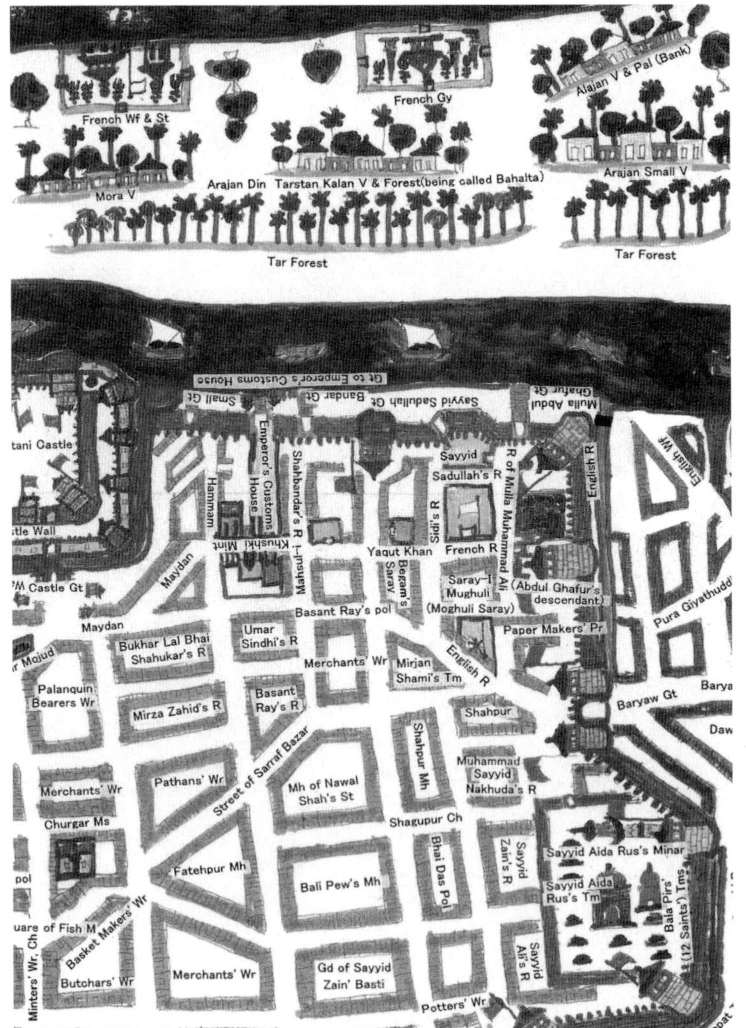

Ch: 차크라, Gd: 정원(또는 과수원), Gt: 문, Gy: 묘지, M: 시장, Mh: 무할라, Pr: 푸르, 푸라, St: 창고, R: 주택, T: 무덤, V: 촌락, Wf: 부두, Wr: 와라
와라, 푸르, 푸라, 폴, 무할라, 차크라 같은 말은 구역을 뜻한다.

[그림 7c] 1730년 지도에 보이는 수라트 요새의 내성 지역의 남서쪽 부분
(나가시마의 복사 및 영어 번역)

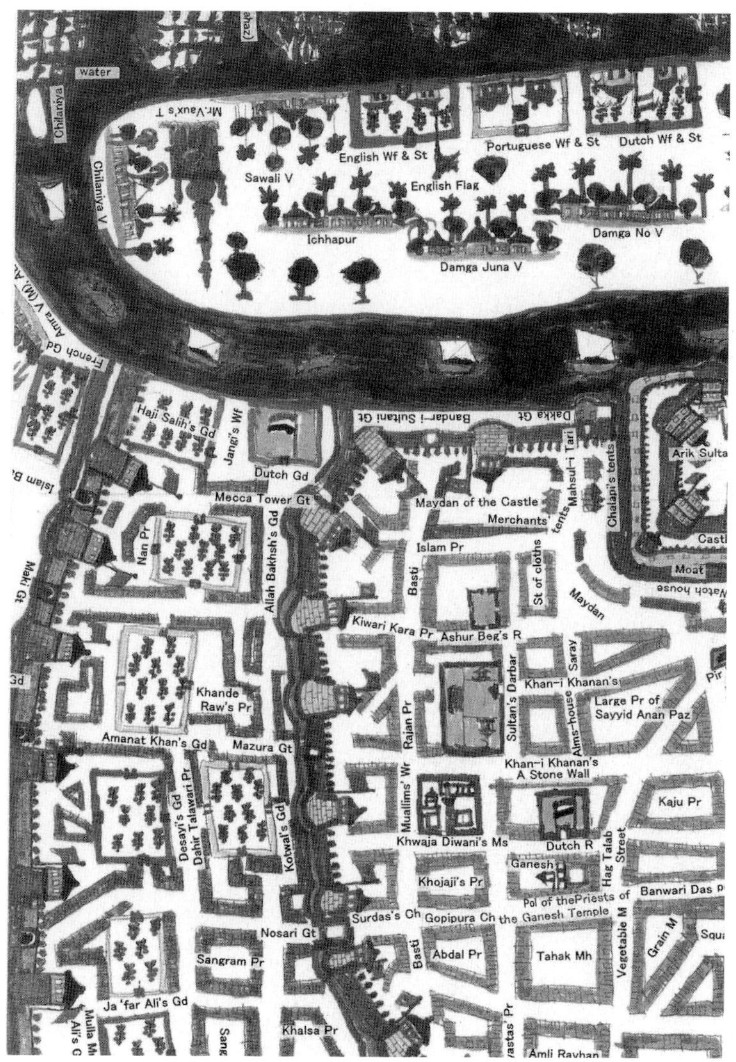

Ch: 차크라, Gd: 정원(또는 과수원), Gt: 문, Gy: 묘지, M: 시장, Mh: 무할라, Pr: 푸르, 푸라, St: 창고, R: 주택, T: 무덤, V: 촌락, Wf: 부두, Wr: 와라
와라, 푸르, 푸라, 폴, 무할라, 차크라 같은 말은 구역을 뜻한다.

M. 고디누(Godinho)에 따르면, 1663년경 스왈리에는 영국과 네덜란드의 자체 세관이 있었고, 그들은 이 세관들을 통해 상품을 내보냈다[Godinho: 46].

내성 내 상관과 떨어진 내성 밖 부두 및 정원들

1730년 지도에는 영국과 네덜란드, 프랑스의 부두 및 정원들이 타프티 강을 따라 그려져 있다. 영국의 부두는 내성 북쪽에서도 북쪽에 치우쳐 있고, 네덜란드의 부두는 남쪽에 내외 성 사이에 있으며, 프랑스의 부두는 훨씬 더 남쪽 외성 밖에 있다([그림 7a], [그림 7b], [그림 7c]를 보라). 그렇지만 그 부두들이 각각 언제 세워졌는지는 상당히 불명확하다. 이런 강변 부두들은 17세기 말의 어떤 여행자의 설명에도 언급되어 있지 않은 것 같다. 사실 프라이어는 1675년경의 유럽인 부두들을 다음과 같이 묘사하고 있다. "우리[유럽 회사들]는 관저들을 요새화하고, 선박 전용 부두나 계류장을 지니고 있으며, 거기에는 선원이나 군인 그리고 창고용 마당이 딸려있다. 네덜란드인들이 소유한 마당에는 멋진 정원도 있다. 그 정원은 인접한 강에서 목재를 가져와 지주로 삼았고, 유럽풍의 정자와 화단을 갖추고 있다"[Fryer I: 289 ; Gokhale: 164 참조]. 그러나 이런 시설들은 아마 스왈리 지역에 마련되었던 것 같다. 실제로 이탈리아인 여행객 마누치(Manucci)는 이렇게 말하고 있다. "유럽인들은 강의 다른 쪽에 있는 해안가에 정원을 가지고 있는데, 언제든 이슬람교도들이 그들을 공격하려 하면 그들은 그곳으로 물러날 수 있다"[Manucci I: 62]. 그는 강의 요새 쪽에 정원과 부두가 존재했는지에 대해선 전혀 언급하지 않는다.

'젠지 반다르(Jenghi-bandar)'라고 불린 도시의 남서쪽 근교에 있던 네덜란드 부두에 대해, 스타보리누스(Stavorinus)는 그 부두가 1712년 케테라르(Ketelaar) 씨가 대사였던 시기에 구입했고 일부는 증여로서 회사에 양도되었다고 하고 있다[Stavorinus I: 158~159]. 그렇지만 네덜란드 정원은 분명 1712년 이전부터 있었다. 1699년에 수라트에서 바타비아로 보낸 VOC 문서가 하나 남아 있는데, 그 문서에는 정원의 평면도가 들어 있으며, "… 회사 소유 정원에 대한 설명"이란 제목이 붙어 있다. 제목의 나머지 부분은 문서의 보존상태가 나빠 판독이 불가능하다. 그러나 비록 후대에 현대 기록관리사가 쓴 것이긴 하지만, 그 평면도의 제목은 다음과 같다. "VOC가 구입한 마당과 주변 땅에 세울 수 있었던 건물의 도면"[VEL 872 ; VOC 1620: 253~257]. 정원이 18세기로의 전환기에 조성되었다는 사실은 또한 1735년 암스테르담에서 수령한 한 문서도 확인하고 있다. 이 문서에 따르면, 그 구획에는 다른 무엇보다 다음의 땅들이 포함되었다. (1) 1707년에 한 미망인에게서 구입한 땅, (2) (1707년에) 스왈리에 있는 네덜란드 관저로부터 구입한 집, (3) 1710년에 구입한 땅이 그것들이다[VEL 874]. 스타보리누스에 따르면, 강변에 있는 VOC의 이 부두와 정원은 넓이가 약 7 내지 8에이커(즉 약 2,800 내지 3,200 평방미터) 정도 되었다[Stavorinus I: 159].

네덜란드인들은 또한 타프티 강을 사이에 두고 수라트와 마주 보고 있던 마을인 란데르(Rander)에도 창고가 있었다. 만델슬로(Mandelslo)에 따르면, 네덜란드인들은 1638년에 란데르에 창고 하나를 소유하고 있었다[Mandelslo: 7]. 이외에도 테베노트(Thevenot)는 네덜란드인들이 1666년 무렵 란데르에 "아주 훌륭한 무기고"를 가지고 있었다고 한다[Thevenot: 32].

영국인들의 경우, 당시 영국 상관장 프렘런(Flemlen)이 1638~1639년에 영국 정원의 포도나무를 지탱하기 위해 놓아둔 목재를 화마가 삼켜버린 과정을 설명했다. 그곳은 도시의 동쪽에 있었던 것 같다[Fremlen: 310]. 프라이어는 아담한 영국 정원이 (아마도 도시 내에) 있었지만, 쉬바지가 와서 그것을 파괴했다고 한다. 따라서 그가 있던 동안 영국인들은 "도시 내에 정원이 없었고 있다하더라도 극히 작았다." 비록 그들이 도시 밖에 나무가 많이 자라는 버려진 땅 같은 정원을 많이 가지고 있었지만 말이다[Fryer I: 214~215].

영국인들은 18세기 중반 무렵 도시의 두 성벽 사이 지역에 정원을 하나 조성했던 것 같다. 그것은 네덜란드 부두의 남쪽, 프랑스 회사의 정원 및 부두의 북쪽에 위치했다. 그 정원은 1758년의 프랑스 지도에는 그려져 있지만 1730년의 지도에는 그려져 있지 않다([그림 7c]와 [그림 8]을 보라).

상관과 떨어진 내성 내 창고들

창고는 보통 각 회사 주관저의 마당 안에 세웠지만, 때로는 주관저 밖에 있기도 했다. 1750년 스웨덴의 수라트 지도는 도시의 내성 안에 있던 주관저 밖의 창고들을 보여준다. 1670년의 네덜란드 창고 건물과 네덜란드의 새로운 창고 건물 그리고 스웨덴의 창고 건물들이 그런 것들이다 [Franks 1998: 158~159].

영국 회사의 경우, 새로운 영국 상관 남쪽 강변 가까이에 무기고가 하나 있었다([그림 8]의 "J"를 보라). 우리는 또한 영국 회사의 상관 기록에서 영국 창고 세 곳이 아마도 구 상관에 아주 가까이 있었다는 사실을 접하게 된다. 그 창고들은 전부해서 연간 168루피의 집세를 주고 호지 자이드 벡 (Hodji Zaid Beeg ; 하지 자히드 벡)에게서 임대하였다[SFR 5A: 1702년 6월 13일].

수라트의 태수 이티바르 칸은, 화폐주조소의 환전상들이 반대했지만 영국 회사에 회사의 은화를 주조하고 보관하는 용도로 화폐주조소 안에 건물 한 채(일종의 창고)를 짓도록 허락했다. 결국 영국인들이 땅을 거의 다 팠을 때, 그들은 뜻밖에도 땅 속에 빈 공간이 있음을 발견했다. 환전상들은 그것을 기회로 삼아 그 공간이 궁성까지 이어져 있다고 했다. 그래서 모든 것이 중단되었고, 태수는 어쩔 수 없이 영국인에게 다른 땅을 약속하면서 그 땅을 다시 메우라고 명령했다[SFR 5A: 1702년 8월 24일과 9월 21일]. 이 일은 태수가 영국인들을 특별히 선호했음을 보여주는 것 같다.

묘지

네덜란드인, 영국인, 프랑스인, 포르투갈인은 도시의 북동쪽에 각각 자신의 묘지가 있었다. 영국인 묘지는 지금도 외성 카타그람(Katagram) 문 바로 너머에 있고, 네덜란드인 묘지는 같은 카타그람 문 안쪽 아르메니아인 묘지에 인접해 있다. 딜립 K. 차크라바르티(Dilip K. Chakrabarti)는 여러 묘지들을 상당히 깊이 연구해 왔다[Chakrabarti: 133~139]. 따라서 우리는 유용한 일부 문서들에 의거해서 카타그람 묘지 주위의 대략적인 묘지 위치를 충분히 확인할 수 있다.

고디누는 1663년에 세 곳의 유럽인 매장지들을 다음과 같이 언급했다. 도시 바깥 동쪽 편으로 셀 수 없이 많은 이슬람교도 무덤들이 있는 넓은 들판 두 곳을 볼 수 있다. 그보다 훨씬 앞쪽에 담으로 둘러싸인 두 공간이 있는데, 하나는 네덜란드인을 장례 치르는 곳이고 다른 하나는 영국인을 장례 치르는 곳이다. 디자인 면에서나 섬세한 마감 면에서 수라트에서 사망한 네덜란드인과 영국인 상관장들 몇 명의 거대한 무덤들은 볼만 하다. 또한 로마 가톨릭교도를 위한 매장지가 따로 있는데, 그것은 무덤 위에 놓인 십자가로 쉽게 알 수 있다[Godinho: 50].

1670년대경, 프라이어는 네덜란드인 묘지와 영국인 묘지 사이에 포르투갈인 매장지가 있었다고 설명했다[Fryer I: 254 ; Chakrabarti: 133 참조]. 이것은 분명 위에서 언급한 로마가톨릭 교도를 위한 매장지였을 것이다.

프라이어는 그에 덧붙여 "프랑스인들은 영국인들의 반대편 너머에 죽은 자를 매장하는 별도의 장소를 두고 있는데, 거기에는 단 한 기의 작은 묘만 있다"고 한다[Fryer I: 254].

비교를 통해 파악할 수 있는 이 묘지들의 위치는 프랑스의 1758년 수라트 지도에 명확히 그려져 있다. 로마가톨릭 교도 묘지와 독일인 묘지는 외성 내 카타그람 문 가까이에 그려져 있는 반면, 유명한 영국인 묘지와 구 프랑스인 묘지는 카타그람 문 바깥에 있다([그림 8]과 [그림 9]를 보라). 프랑스 지도에는 또 다른 영국인 묘지가 카타그람 문 안 독일인 묘지 다음에 그려져 있지만, 그것은 영국인 묘지가 아니라 현재도 여전히 존재하고 있는 아르메니아인 묘지일 것이다.([그림 8]과 [그림 9]를 보라)

영국인은 타프티 강 하구의 유명한 이정표인 복스(Vaux) 씨의 무덤 외에도 스왈리의 해변가에도 무덤이 있었다[Fryer I: 212 ; Das Gupta: 22 참조]. 프랑스인 묘지는 1730년 지도에는 스왈리 지역의 프랑스 부두 및 정원 가까이에 그려져 있다.

교회와 수도원들 그리고 기독교 칼리지

프랑스의 프란치스코회 수도원 하나와 예수회 칼리지 하나가 있었다(그 이전 시기에는 후자만 있었다). 1758년의 프랑스 지도는 포르투갈 관저와 새로운 영국 관저 사이에 프랑스인 선교회의 수도원을 그리고 있다. 1750년의 스웨덴 지도 역시 프랑스 교회를 그려놓고 있다. 하지만 1817년의 지도에는 프랑스 교회가 없고 대신에 포르투갈 교회를 그려놓고 있다([그림 3]의 "G"와 [그림 4]의 21번을 보라).

[그림 8] 프랑스의 1758년 수라트 지도(Anirudda Ray, *The Merchant and the State: the French in India, 1666~1739*, 2 vols., New Delhi, 2004, vol.I의 96쪽에 인용된 지도에 근거하여 작성)

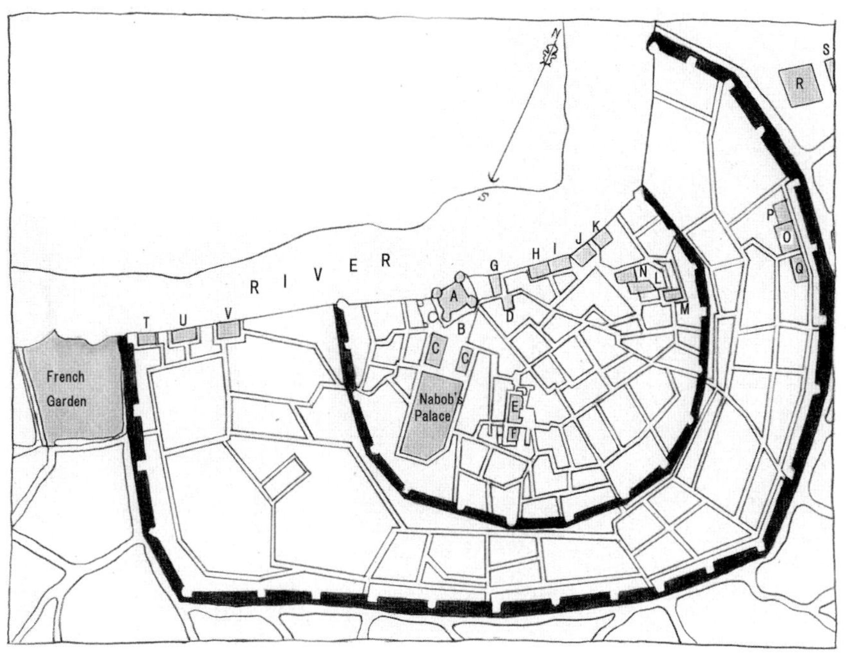

A: 요새; B: 마이단(공터); C: 궁성; D: 화폐주조소; E: 네덜란드 관저; F: 마구간; G: 새관; H: 시디의 저택; I: 모스크; J: 영국 무기고; K: 새로운 영국 관저; L: 포르투갈 관저; M: 프랑스 관저; N: 영국인 수도원; O: 네덜란드인 묘지; P: 로마가톨릭교도 묘지의 유적; Q: 아르메니아인 묘지("영국인 묘지"라고 잘못 쓰여져 있다); R: 영국인 묘지; S: 구 프랑스인 묘지; T: 영국 정원; U: 시디의 부두; V: 네덜란드 부두.

고디누는 수라트에 한때 예수회 칼리지가 하나 있었고 그곳의 성직자들은 도시에서 폭넓은 선교 활동을 수행했다고 한다. 그러나 고디누의 일기를 번역한 존 코레이어 애폰소(John Correia-Afonso)는 예수회 수사들이 1560년 이래 여러 번 수라트를 방문했고 그곳에 작은 예배당과 주거지를 가지고 있었지만, 예수회 칼리지에 대한 기록은 어디에도 없다고 지적한다.

고디누는 그에 덧붙여 무굴인들이 포르투갈인들로부터 무엇인가 원할 때마다 성직자들을 잡아 (포르투갈의) 총독이 잡힌 사람들의 생명과 자유를 위험에 빠지지 않게 하려고 무굴인들의 요구에 응할 수밖에 없게 만들었기 때문에 예수회가 선교 활동을 포기했다고 한다. 그들 대신에 수염을 기른 두 명의 프랑스인 수사들이 들어왔는데, 이들은 "로마의 포교성성(Congregation for the Propagation of the Faith)*이 인도로 파견했으며, 현재 주께 괄목할 만한 봉사를 하고 있다. 그들은 자신들의 거처 안에 가톨릭교도들이 일요일과 의무의 날에 미사를 행했던 작은 교회를 가지고 있다."

다른 한편 프랑스 카푸친회 신부들은 활발한 선교활동을 수행했고 1664년 무렵에는 이미 높은 존경심을 얻었다. 마누치(Manucci)에 따르면, 그가 (1655년에) 처음 수라트에 도착했을 때, "프랑스 프란체스코회 신부들 소유의 작은 교회"가 있었는데, "그 신부들 중 상급자는 유명한 성직자 암브로치오(Ambrozio)(앙브루아즈[Ambroise], 암브로즈[Ambrose]) 신부였다. 그 뒤에 프랑스인들이 와서 멋진 상관을 세웠다"[Manucci I: 61]. 그에 더해 태버니어(Tavenier)는 카푸친회 신부들이 유럽의 관저들을 본 따 아름다운 교회를 가진 아주 넓은 집을 지었다고 한다[Tavenier I: 7; 또한 Hamilton I: 96도 참조]. 베르니에(Bernier)는 전해들은 애기이지만, 쉬바지가 앙브루아즈를 존경했으며, 마라타 군이 1664년에 수라트를 공격했을 때 카푸친회 교회는 건드리지 않았다고 쓰고 있다[Bernier: 188 ; 또한 EFI 1661~1664: 310도 참조].

* 布敎聖省. 로마교황청에서 선교활동을 담당하는 심의회. 1628년 만들어져 유럽인의 식민활동에 따른 전세계적인 포교 임무의 수행을 맡아왔다. 현재는 人類福音化省으로 개칭했다.

[그림 9] 1817년 수라트 지도의 외성 내 북쪽 구석

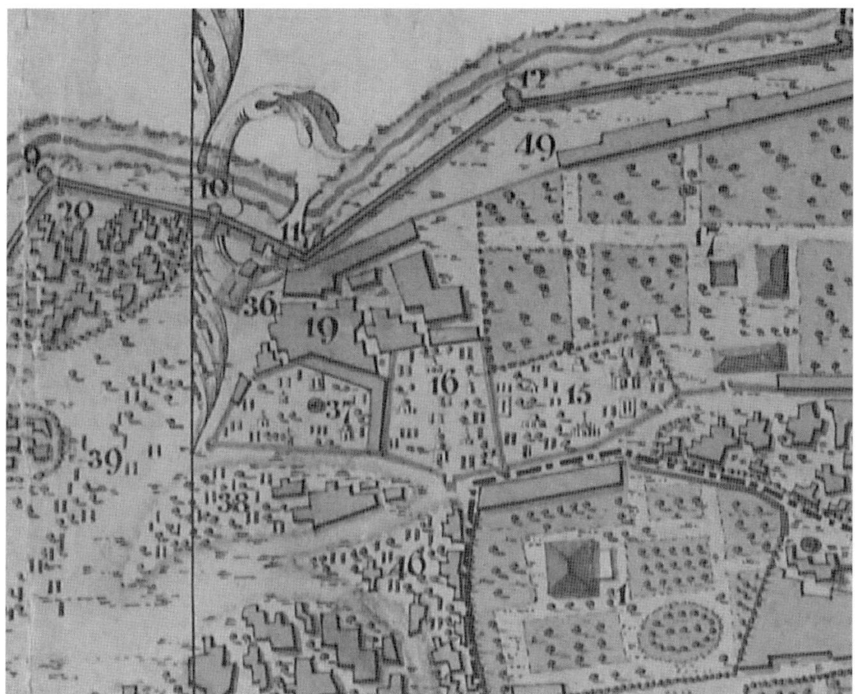

1817년에 조사된 *Plan of the City of Surat*의 일부, IOR: X/2737; C12754-10, ⓒ British Libr
ary Board. All Rights Reserved.
11: 카타르감 문; 15: 아르메니아인 묘지; 16: 네덜란드인 묘지; 17: 아르메니아 정원; 37:
포르투갈인 묘지와 작은 예배당.

고디누가 말한 수염을 기른 수사들은 분명 마누치와 다른 사람들이 언
급한 프랑스 카푸친회 신부들과 동행한 선교사들이었을 것이다. 프랑스
인 수사들이 카푸친회 신부들과 다른 종파에 속했던 것은 사실이다. 그렇
지만 두 종파 모두 성 프란체스코회에 속했기 때문에 그들은 틀림없이 긴
밀하게 연관을 맺고 있었을 것이다. 고디누는 1663년에 수라트를 방문했
고 카푸친회 신부들은 1664년 무렵에 이미 잘 알려져 있었다. 고디누도

테버니어도 두 개의 가톨릭 종파가 활동한다고 말하지 않았다. 따라서 우리는 그 둘이 수라트에서는 하나이고 같은 것이라고 판단할 수 있다. 카푸친회 신부들, 특히 앙브루아즈는 유럽 회사들과 수라트 태수 사이에 중개자로 활동했다. 예컨대, 1671년 영국과 네덜란드 그리고 프랑스 회사들이 함께 상관 직원들을 전부 수라트에서 스왈리로 옮기기로 결정하자, 새로운 상황 전개에 놀란 태수는 평화로운 해결을 중재하도록 앙브루아즈 신부를 스왈리로 보냈다[EFI 1670~1677: 211]. 앙브루아즈는 심지어 프랑스 회사를 돕고자 노력했던 것 같기도 하다. 1667년 6월자의 알레포에서 온 한 편지는 그가 1666년 9월 한 달 내내 프랑스에서 오기로 예정된 선박의 입항을 안내하기 위해 보트들을 준비해 두었다고 한다[EFI 1665~1667: 268n]. 테베노트에 따르면, "수라트에는 확실히 100개의 가톨릭 가문들이 있었을 것이다"[Thevenot I: 22].

네덜란드인과 영국인들은 같은 시기 일본에서 그랬던 것처럼, 교회도 없었고 자기 상관 밖에서 선교 활동을 수행하지도 않았다.

유럽인은 아니지만, 아르메니아인들도 수라트에서 기독교 신앙을 지켰다. M. S. 콤미싸리아트(Commissariat)의 연구에 따르면, 수라트의 아르메니아인에게는 일찍이 16세기 후반경에 교회 혹은 예배당이 있었던 것 같다. 그러나 이것은 연대가 분명치 않지만 도시의 무굴 태수가 파괴했다고 하였다. 이후 아르메니아인 공동체는 1778년 성모 마리아에게 헌정된 아름다운 새로운 교회가 세워지기까지 종교용으로 따로 지은 집에서 예배를 보았다[Commissariat III: 512~513]. 아르메니아 정교회 교회는 1817년 지도에는 프랑스 상관의 동쪽에 있는 것으로 그려져 있다([그림 3]의 "D"를 보라). 비록 그보다 앞선 지도에는 교회의 모습이 보이지 않지만 말이다. 스트레인셈 매스터(Streynsham Master)는 1672년에 "아르메니아인들은 자신들의 공동 책임으로 유지되는 집과 예배당 그리고 성직자를 두었다"고 쓰고 있다[Hedges,

Vol.II: cccvl. 이것은 그 시기에는 아르메니아인에게는 예배당만 있고 교회는 없었다는 것을 보여준다.

예배당

유럽 상관들 내에 있는 예배당의 경우, 1672년에 스트레인셈 매스터는 다음과 같이 묘사했다.

> 영국인들은 모든 예배를 회사 상관에서 수행하는데, 거기에는 예배를 위해 예배당 식으로 따로 만든 방이 하나 있다. 네덜란드인들도 회사 상관에 그와 비슷한 것을 두고 있다. 프랑스인들과 모든 로마 가톨릭 종파들은 뒤에 세워진 프랑스 카푸친회의 수도원에서 예배를 드린다. 그곳에 그들 역시 예배당을 두고 있다. 그리고 아르메니아인들은 자신들의 공동 책임으로 유지되는 집과 예배당 그리고 성직자를 두었다…[Hedges, Vol.II: cccvl].

네덜란드인들은 뒤에 내성 남쪽 강변에 있는 그들의 정원에 또 다른 예배당을 두었다[VEL: 874].

이상의 검토를 통해, 나가사키의 네덜란드 회사가 처한 상황과는 반대로, 다양한 종류의 많은 회사 시설들이 도시 전역에 걸쳐, 즉 내성의 안과 밖이든 외성의 밖이든 어디에든 설치되었다고 결론지을 수 있다. 또한, 예컨대 마드라스의 영국 회사, 풀리캣(Pulica)의 네덜란드 회사, 퐁디쉐리의 프랑스 회사, 바타비아의 네덜란드 회사가 처한 상황과 반대로, 수라트의 유럽 상관들은 강력한 요새와 여타 필수 시설 대부분을 갖추지 않은 거류지였다고 할 수 있다. 비록 1670년대에 프라이어는 유럽 회사들이 수라트의 자기 관저들을 요새화했다고 하지만, 그의 진술은, 앞서 말했던 것처럼 스왈리 지역의 시설들에 주로 관련된 것 같다. 수라트의 유럽 상관들은 인도인의 집들과 따로 떨어져 있지 않고 섞여 있었다.

상관과 다른 시설들의 건축적 특징

요새를 갖춘 넓고 튼튼한 상관들에 비해, 수라트의 상관들은 작지만 많은 시설들을 갖추고 있었고, 때로는 캐러밴 궁성(caravan-saray) 형태로 불리었다. 캐러밴 궁성은 중앙에 마당을 두었고, 그 마당을 빙 둘러 여러 객실과 방이 있었는데, 방의 입구는 마당과 면하고 있었다. 물론 이런 형태라 해서 그 건물이 반드시 이전에 캐러밴 궁성이었다는 것을 뜻하지는 않았다. 유럽 상관들의 소유자 명단에 무굴 황제의 이름과 바니아(Bania) 상인들(즉 힌두교나 자이나교도[Jain] 상인)의 이름도 있지만, 유럽 회사들은 보통 수라트의 부유한 이슬람 상인들이 소유한 저택을 빌렸다.

1616년에 크와자 아랍에게서 임대한 영국 관저는 두 채의 창고가 있었고 꽤 넓었다. 그것은 (스페인 및 무어 건축 양식을 따라) 지붕 위에 과수원과 쾌적한 산책로를 두었다. 거기에는 회의실들과 식당, 하인들, 사륜마차, 말들이 있었고 수행 종자라 불린 인도인들이 드나들었다[Roe: 510n1 ; Downton: 134]. 이 저택은 이전에 화폐주조소였다고 한다.6)

1629~1630년경의 영국 관저에는, 피터 문디(Peter Mundy)가 묘사한 것처럼, 다음과 같은 특징들이 있었다.

> 영국 상관은 아주 멋지고 튼튼하게 지어 도시에서 가장 훌륭한 건물에 속하며, 전반적으로 편평한 지붕에 거닐 수 있는 높은 테라스가 있었고, 대부분 석회 같은 것으로 마감을 하여 비가 아무리 와도 괜찮다. 그리고 넓은 홀 아래에는 상관장과 평의회, 상인들을 위한 회의실과 방들

이 있었고, 그 아래 완벽한 창고와 산책길들이 있었다. 또한 크기 면에서 인근 모든 나라에서 가장 훌륭하고 가장 비용이 많이 든 정원이 있었다. 그 정원은 거의 사각형에 가까웠고 그 주위에 빙 둘러 네 곳의 아주 넓고 긴 산책로가 있었다[Mundy II: 25~26].

지붕이 편평한 이 건물은 2층이었고 그 위 지붕 테라스에 사람이 거닐 수 있었다. 위층은 커다란 홀과 회의실 그리고 상관장과 평의회 위원들 그리고 상인들을 위한 방이었다. 아래층에는 창고와 인도 등이 있었다. 또한 거의 사각형 형태인 아주 훌륭하고 값비싼 정원이 있었다. 그렇지만 이 상관이 캐러밴 궁성 형태였는지, 그렇지 않았는지는 불분명하다.

만델슬로는 또한 1638년에 유럽회사 거류지들의 규모를 다음과 같이 묘사하고 있다. 수라트의 외국인 거주자 중 누구도 네덜란드인과 영국인들만큼 크고 부유한 거류지를 갖지는 못했다[Mandelslo: 10].

1623년의 네덜란드 상관은 다음과 같은 특징을 가지고 있었다.

그(상관장)는 상당히 큰 궁성에 살고 있는데, 거기에는 많은 다른 저택들처럼 궁정으로 통하는 몇 개의 입구와 함께 별도로 많은 객실들이 있고, 모두가 하나의 대문으로만 들어갈 수 있는 하나의 벽 안에 들어 있다. 여기에서 상관장은 가장 훌륭하고 큰 객실을 가졌다. 나머지 관저에 일부 객실은 가장 중요한 상인들이 가졌고, 다른 일부는 더 나은 경영과 단합을 위해 열리는 평의회에 속한다. 그 외에 하급 지위의 많은 다른 이들은 이 큰 안 뜰 바깥에 살고, 도시의 다른 곳에 흩어져 있으며, 필요할 때 그들 모두가 상관장의 궁성으로 간다[Della Valle I: 25].

이 건물은 캐러밴 궁성 형태를 갖고 있다. 하지 자히드 벡의 저택 옆에 있던 영국 관저 역시 넓었다. 프라이어는 1670년대에 그것을 이렇게 묘사했다.

> 　수라트에서 영국인들이 살고 있는 저택은 일부는 왕에게서 선물로 받은 것이고 일부는 빌린 것이다. 눈에 확 띄는 연출 없이 훌륭한 무늬를 그린 석재와 좋은 목재로 지은 그것은 각 층에 적어도 반 야드 두께로 아주 무거운 좋은 회반죽을 한 시멘트를 발라 아주 튼튼하다. 그것은 무어의 건물을 본 따, 위와 아래에 회랑, 즉 테라스 인도가 있고, 깔끔한 예배당과 식사하기 편리한 훤히 트인 곳을 갖추고 있다. 상관장은 널찍한 숙소, 협의와 오락을 위한 웅장한 방, 쾌적한 연못, 몸을 씻는 터키탕을 갖고 있다[Fryer I: 214].

오빙턴도 비슷하게 그 저택을 묘사하고 있다[Ovington: 227]. 어느 시점에 영국 상관에는 작은 풍향계가 달린 높지 않은 종탑이 있었다. 1616년 11월 영국 중개상들이 그들 상관의 강당 밖에 작은 풍향계가 달린 그리 높지 않은 종탑을 세우자, 수라트 사람들은 십자가 표지가 승리하여 도시를 얻었다는 특별한 기호라고 주장하면서 이교도들(즉 영국인들)이 수라트를 차지했다고 수라트 태수에게 항의했다. 태수는 영국인들의 의도를 알고 있었고 그들에게 상당히 동정적이었지만, '샤반다르'와 수라트의 다른 관리들은 그보다 격렬한 반응을 보이곤 했다. 영국인에 대한 수라트의 선박 소유 상인들의 악감정 뒤에는, 영국인들의 새로운 사업, 즉 동남아시아 수출용 의류에 대한 투자에다 홍해 수출용 의류에도 투자하는 것에 대한 우려가 놓여 있었다[Letters Received IV: 346~348].

위의 사례에서 태수는 영국인들에게 다소 동정적이었다. 반대로, 일본 히라도(平戶)의 네덜란드 상관의 경우, 네덜란드인들이 창고를 건설한 연도를 성벽의 위쪽에 서력으로 그려 놓았다는 구실로 일본 정부는 그들을 강제로 나가사키의 데지마로 옮기게 했다. 영국인에 대한 수라트 태수의 동정적인 태도는 위의 사례에서 보이는 일본 정부의 가혹한 태도와 놀랄 정도로 대비된다.

상관들이 가진 여러 특징들을 살펴보는 데는, 상관을 그린 그림들이 유용하다. "수라트의 영국 상관"이라는 판화는 만델슬로의 『여행기(*Travels*)』를 1662년에 J. 데이비스(Davies)가 처음 영어로 옮긴 번역본에 수록되었다고 한다. 아쉽게도 나는 이 책을 직접 보진 못했다. 그 판화는 또한『인도의 영국 상관, 1634~46(*English Factories in India, 1634~36*)』에 권두삽화로 실려있고, 아울러 J. 오빙턴의『수라트 여행(*A Voyage to Surat*)』에도 실려있다([그림 10]을 보라). 그 판화에 그려진 영국 상관은 캐러밴 궁성 형태의 관저이다. 내성 내부 지역의 북서쪽 구석에 있는 새로운 영국 상관의 유적 사진도 그 상관이 안 뜰을 많은 방들이 둘러싸고 있는 캐러밴 궁성 형태였음을 보여준다 [Janaki 1974: Photogaphs Nos. 23 and 24].

위의 판화와 아주 유사한 또 다른 판화가『피터 반 데어 브뢱케의 아시아 여행(*Pieter van der Broecke in Azië*)』(Vol.II: p.349에 면해있는 그림)과 그보다 약간 후대의 저작들, 즉 M. N. 피어슨(Pearson)의 『항구도시와 침입자들(*Port Cities and Intruders*)』(p.33) 같은 책에 "수라트의 네덜란드 상관"이라는 제목으로 실려 있다. 피어슨은 자신이 그 판화를 1646년에 간행된 이삭 코멜린(Isaak Commelin)의 책에서 전재했다고 한다.[7] 그렇다면, 코멜린의 책이 만델슬로의 『여행기』를 번역한 데이비스의 영어판보다 시대가 앞서므로 판화는 네덜란드 관저의 그림일지도 모른다. 더 많은 것이 확인되어야 하겠지만, 그 그림들은 실재를 그린 것이라기보다는 상상해서 그린 것 같이 보인다. 그러므로 우리는 이런 판화를 아주 조심해서 이용해야 한다.

[그림 10] "1638년 수라트의 영국인 상관"이라는 제목의 판화

출처: *Frontispiece*, EFI 1634~1636.

[그림 11] "수라트의 네덜란드 상관"이라는 제목의 판화

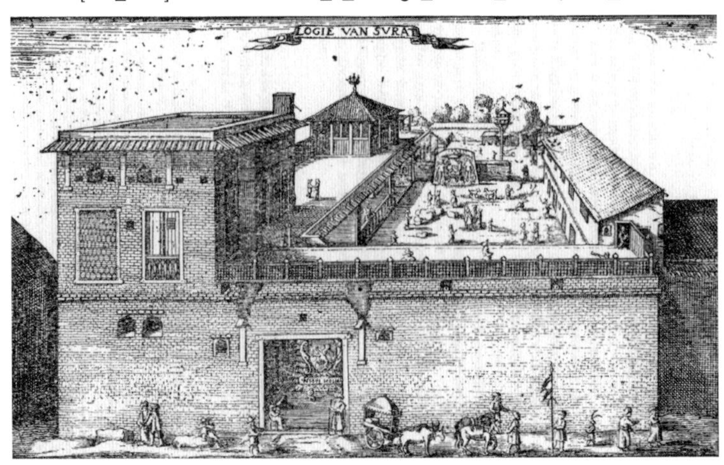

출처: *Pieter van den Broecke in Azië*, ed. by Coolhaas, W. Ph., 2 vols., Linschoten- Veree niging, 's-Gravenhage, 1962~1963, vol.II, p.349.

판화에 그려진 형상은 17세기 말 구 네덜란드 관저의 평면도([그림 12]를 보라)와 전혀 달랐다[VEL 869: 1699년 수라트에서 받은, 17세기 수라트 시 내 VOC의 상관 또는 임대 주택의 도면; 또한 Atlas of Mutual Heritage(웹사이트)도 참조]. 앞서 지적했듯이, 1692년 네덜란드 회사는 그들 관저의 소유주들과 구 관저 부지에 새로운 관저를 건설하기로 계약했다. 새로운 관저는 두 부분으로 이루어졌다. 한 부분은 구 관저와 붙어 있었고, 다른 부분은 2층 높이에 구 관저와 떨어져 있었다([그림 12]를 보라)[VOC 1620: 236a~251b].

[그림 12] 1699년경 수라트의 네덜란드 상관 평면도

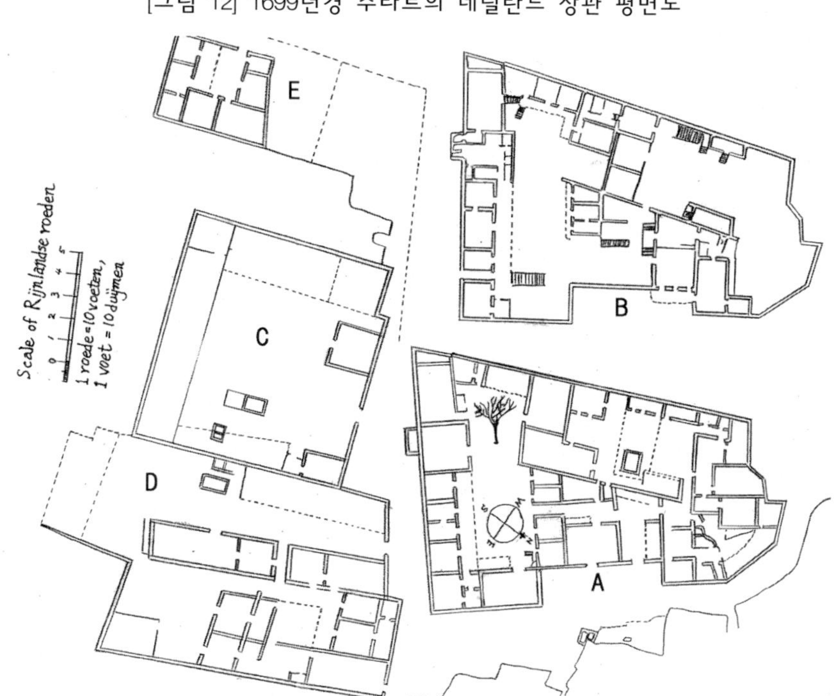

출처: VEL 869, Nationaal Archief, Den Haag; 또한 VOC: 1620, 236a~239b도 보라.
A: 신 관저의 1층; B: 신 관저의 2층; C: 구 관저의 평면도; D: 새로 빌리고 지은 집; E. 조수 Pieter Vosburugh 소유의 집.

평면도에 따르면, 구 관저는 거의 정사각형이었고, 한쪽 면의 길이가 약 40미터였으며 면적이 대략 1,550평방미터 정도였다.[8] 그것은 1층 건물이었고 1692년 이후에는 보조 건물로 이용되었다. 그것은 마구간과 소 외양간, 진료소, 대장간, 마구간지기의 거처, 비둘기장, 물탱크, 창고, 변소로 이루어졌다. 거기에도 넓은 마당이 있었다.

신 관저의 두 부분 평면도는 모두 사각형이 아니라 삼각형 형태였다. 2층으로 된 부분에는 마당이 있었다. 2층 면적을 포함하여 구 관저와 신 관저의 전체 바닥 면적은 구 관저 바닥 면적의 약 네 배였다([그림 12]를 보라)[VEL 869].

1692년 이전 구 관저의 약 1,550평방미터의 면적은 데지마의 집들 면적에 비하면 아주 넓지도 아주 좁지도 않았다. 데지마의 전체 면적은 대략 3,969쓰보(tsubo), 즉 1만 3,000평방미터 남짓 되었다[Toyama 1990: 26~27 ; Morioka 2001/2005: 91]. 그렇지만 데지마의 집들의 면적은 전체 면적보다 훨씬 더 좁았다. 만약 집들의 면적이 전체 면적의 대략 10분의 1에 해당한다고 생각하면, 이 면적은 1,300평방미터가 될 터이고, 이는 1692년 이전 수라트의 네덜란드 구 상관의 면적과 거의 같다.

네덜란드 신 상관을 건설하기 위해 회사가 치른 목재 비용과 목수 임금 등은 대략 2,033루피였다. 벽돌과 회반죽, 벽돌공의 임금 등에 1,731루피를 썼고, 철과 관련 일꾼의 임금 등에 235루피를 썼다. 전체 비용은 대략 4,010루피였다[VOC 1620: 249a]. 각 건물에서 목재에 든 비용, 벽돌과 회반죽에 든 비용, 철과 일꾼의 임금에 든 비용이 전체에서 차지하는 비율은 각 건설 자재가 가지는 상대적 중요도를 가리킨다. 이를 보면 목재와 벽돌(그리고 회반죽)을 철보다 더 중요하게 여겼음을 알 수 있다.

전술한 네덜란드 상관 건물들은 벽돌과 목재로 만들었다. 앞서 보았듯이, 프라이어에 따르면, 영국 상관은 석재와 목재로 지었고, 이에 더해 오빙턴은 보다 부유한 저택의 벽을 벽돌이나 석재로 만들었다고 했다[Ovington:

130]. 그렇지만 수라트에 석재로 지은 집은 분명 드물었을 것이다. 테베노트는 1666년 무렵에 이렇게 말했다. "나라 안에 석재가 전혀 없기 때문에, 집에 비용이 많이 든다. 집에 벽돌과 회반죽을 사용할 수밖에 없다는 것을 알면서, 많은 양의 목재를 이용한다. 목재는 다만(Daman)*에서 사서 바다로 가져와야 한다. 벽돌과 회반죽 역시 아주 비싸다. 그러므로 통상 집을 지으려면 벽돌에는 500 내지 600리브르(약 400루피)를, 회반죽에는 그 두 배를 쓰지 않고서는 지을 수가 없다"[Thevenot I: 22]. 레스칼리오는 수라트의 집들을 다음과 같이 묘사하고 있다.

> 그리고 부분적으로 벽돌로, 부분적으로 나무로 지은 집(보다 부유한 사람의 집이 그러한데)의 경우, 그런 집은 주요 부분만 목재이고, 나머지는 대나무로 되어 있다. 도시의 보다 큰 구역에선, 거리에 벽돌집을 기껏해야 두세 채 정도 볼 수 있고, 도시의 여러 구역들에선 어느 거리에서도 벽돌집을 한 채도 볼 수가 없다. 벽돌로 지은 그런 집들은 보통 2 내지 2.5피트 두께의 벽과 파리(Paris)의 회반죽과 같은 회반죽으로 덮은 편평한 지붕으로 튼튼하게 지었다. 이 지붕은 보다 더운 계절에 저녁 공기를 받을 수 있는 가장 넓은 공간이 되고 있다[Forster 1922: 313~314].

수라트에 있는 묘지들의 특징을 보면, 영국인 묘지와 네덜란드 묘지들 둘 다에 돔과 아치로 높이 쏟은 큰 묘들이 있다. 오빙턴은 17세기 말에 이 묘지들을 다음과 같이 묘사하고 있다.

> 영국인과 모든 유럽인들은 도시의 반 마일 내에 망자를 안치할 편리한 장소를 둘 특권을 가지고 있다. 그런 곳에서 그들은 서로 다투어 아름다운 건축물과 위엄있는 기념물들을 세우려 애쓰고 있다. 그 건축물들의

---

* 인도 북서쪽에 위치한 도시.

규모와 아름다운 건축 양식 그리고 자극적인 윗부분은 먼 거리에서도 그
것들을 볼 수 있게 하고 눈을 즐겁게 하고 있다. 이로 인해 그런 건물들
은 도시를 감싼 주요 장식과 장엄함이라고 불린다[Ovington: 235~236].

그것들 중 가장 높은 무덤은 둘인데, 영국의 조지 옥센던(George Oxenden)
의 묘와 네덜란드의 리드 남작(Baron van Reede)의 묘이다. 두 묘의 높이는 모
두 10미터에 이른다([그림 13]과 [그림 14]를 보라). 오빙턴의 일기를 개정 편집하
여 간행한 H. G. 로린슨(Rawlinson)은 이렇게 평하였다. "이 흥미롭고, 현대
적인 기호에서 보면 추한 건축물들은 수라트를 방문하면 여전히 볼 수 있
다. 그것들은 분명 아마다바드(Ahmedabad)* 근처의 사르케지(Sarkej)와 다른 곳

[그림 13] van Reede tot Drakesteijn
남작의 묘(1691년)

[그림 14] George Oxenden의 묘
(1669년)

* 인도 서북부 구자라트 주의 최대 도시.

에 있는 이슬람교도들의 거대한 무덤과 경쟁하여 지어졌다"[Ovington: 235n2]. 로린슨이 지적한 것처럼, 그 묘들은 분명 무굴 황제와 귀족들 그리고 이슬람 성자의 추종자들이 지은 높은 큰 묘들에 영향 받았을 것이다. 오빙턴이 말하듯이, 이런 큰 묘들은 또한 영국인과 네덜란드인 사이의 경쟁 관계를 가리키기도 하는 것 같다. 아치와 돔을 갖춘 유럽인들의 그런 거대한 묘들은 주로 구자라트에서 보인다. 우리는 또한 남부 인도의 풀리캣에서도 비교적 높은 큰 묘들의 유적을 볼 수 있다. 비록 풀리캣에 있는 그런 묘들의 상층부 형태가 수라트와는 전혀 다르지만 말이다([그림 15]를 보라). 풀리캣의 일부 무덤들도 돔과 아치를 가지고 있지만, 그 무덤들의 돔은 수라트만큼 높지 않다. 이런 형태가 어디서 기원했는지는 불분명하다. 구자라트의 큰 묘들과 같이 그런 거대하고 높은 유럽인 묘의 유적들은 동남아시아(바타비아, 반탐[Bantam], 아유타야)나 일본(나가사키)에서는 나타나지 않는 것 같다.

[그림 15] 풀리캣의 네덜란드인 묘지

상관 토지와 주택의 소유권

유럽인 회사들은 17세기 말까지도 상관용 주택을 구입하도록 허용되지 않은 것 같다. 상업 활동 초기에는 유럽인 회사들이 강변에 집을 빌리는 것도 허용되지 않은 듯하다.

우리는 이미 샤 자한 왕자가 영국인들에게 상관을 구입하거나 짓는 것을 금지하고 강변에 상관을 빌리는 것을 금지했던 것을 보았다. 토마스 로(Tomas Roe)는 무굴 당국이 그들에 대해 보여준 경직된 태도 이면에 있는 이유를 다음과 같이 설명하고 있다.

먼저, 우리(영국인)가 크와자 아랍의 저택을 계속 빌리고자 애쓴 것이 그들에게 의심을 불러 일으켰기 때문이다. 다음으로 그곳이 오래된 화폐 주조소였기 때문이다. 세 번째로 우리가 그들의 거대한 모스크 맞은편에 있는데다, 특히 우리 사람들(영국인)이 경외심으로 성지를 존중하는 이슬람교도들이 싫어하도록 벽에 대고 무례하게 오줌을 누고 다른 불경한 짓을 하면서 이슬람교도들을 자극하기 때문이다. 마지막으로 우리가 위에 말한 모스크를 놀라게 하려 한다는 소문이 돌고, 꼭대기를 석재와 방으로 만든 것이 우리가 그것을 요새로 만들고 거기서 궁성을 성가시게 하려는 의도를 가진 것으로 생각하기 때문이다(Roe: 509~510).

그래서 무굴 당국은 유럽인 회사들의 군사력을 크게 두려워했다. 로의 설명은 이슬람교도와 영국인 또는 기독교도가 가진 문화적 관습상의 차이도 부각시킨다.

17세기 중반에, 태버니어는 다음과 같이 말했다.

왕(무굴 황제)이 유럽인이 집을 가지면 요새로 만들 것이라고 두려워하면서, 어떤 프랑크인(유럽인)에게도 자기 집을 가지도록 허용하지 않아, 영국인과 네덜란드인의 주택은 빌린 집뿐이었다. 카푸친회 신부들은 유럽의 집을 본따서 아름다운 교회를 가진 아주 넓은 집을 지었고, 나(태버니어) 자신이 거기에 드는 비용을 상당 부분 제공했다. 그러나 그 집의 구입은 첼레비(Chelebi)라는 이름의 알레포의 마론파 기독교(시리아 기독교의 한 종파) 상인의 명의로 해야 했다[Tavernier I: 7].

오빙턴 역시 1689년에 수라트의 영국 관저가 임대한 것임을 확인했다. 그는 집 주인이 무굴 황제 아우랑제브이고, "극히 친절하고 자유로워서 우리에게 매년 60파운드(약 533루피)인 집세를 집을 꾸미거나 수선하거나 방을 더 늘리는 데 쓰도록 허용했고, 그래서 그는 집세의 상당액을 거의 받지 않았다"고 강조했다[Ovington: 227].

다스 굽타에 따르면, 프랑스 회사는 1720년대에 물라 압둘 가푸르(Mulla Abdul Ghafur) 가문의 임차인이었다[Das Gupta: 30n3].

무굴 황제 아우랑제브가 영국 관저의 소유주였다는 오빙턴의 언급은 영국의 다른 문서들에서도 확인할 수 있다. 예컨대 수라트 태수는 영국인에게 사람을 보내 상관 중 무굴 황제 아우랑제브의 소유인 부분에 대해 집세를 요구했다. 그리고 영국 회사는 1702년에 그 부분에 대한 집세로 500루피를 지불했다[SFR. 5A: 1702년 5월 14일]. 따라서 아우랑제브는 영국의 구상관 중 일부의 소유주였다.

상관의 수선 대금을 지불하는 방법에 대한 오빙턴의 다른 언급도 확인할 수 있다. 임차인이 빌린 집을 수선하거나 방을 더 만들면, 거기에 든 비용이 집세에서 감해졌다. 그래서 1704년에 집을 수선하는 데 든 300루피가 황제의 집세에서 공제되었다[SFR. 5A: 1704년 5월 21일 ; 1704년 6월 29일].

네덜란드인 역시 비슷하게 집세를 처리했다. 앞서 보았듯이, 네덜란드인들이 1692년에 구 관저의 공터에 집 두 채를 짓기 위해 구 관저의 소유

주인 마멧 사헤드와 미르자 마멧 아레프와 계약했을 때, 네덜란드 상관은 구 관저에 대한 집세에서 4,010루피를 공제하도록 허락받았다. 그렇지만 이 경우 처음에는 집세가 매달 20루피에서 26루피로 늘었지만, 네덜란드인들이 집을 늘리면서 든 위의 비용을 고려하여 집세는 사실상 이전의 20루피로 내려갔다[VOC 1620: 247a~247b ; 248a~249a].

아마도 18세기로의 전환기에는 영국인과 네덜란드인들이 수라트에서 토지와 집을 구입할 수 있는 허락을 받은 것 같다. 앞서 보았듯이, 네덜란드 회사는 1699년 전에 내성과 외성 사이의 남서쪽에 있는 강둑 위에 정원을 조성할 토지를 구입할 수 있었으며[VEL 872 ; VOC 1620: 253~257], 1707년과 1710년에도 토지를 구입할 수 있었다[VEL 874].

앞서 보았듯이, 네덜란드인들이 집주인에게서 구 관저를 구입하고자 했을 때, 집주인들은 오래되고 낡은 그 건물에 2만 5,000루피를 받으려고 했다. 액수가 너무 커서, 그들은 구입을 포기했다. 이것은 네덜란드인들이 원한다면 내성 안과 밖 어디에든 토지와 건물을 구입할 수 있었음을 보여준다. 비록 이 경우에는 그들이 구입하지 못했지만 말이다[Das Gupta: 33n1].

1733년에 영국인들이 "낡은 상관(즉 구 관저) 중 관문의 정면에 있는 부분"을 구입하려 하자,9) 소유자 키샨다스 바관다스(Kishandas Bhagwandas)는 "근처의 땅 값에 맞추어 평방코빗트(covitt)에 13루피 아래로는 팔 수 없다"고 했고, "영국인들은 그 가격이 전혀 합당하지 않기 때문에 그 액수를 거부했다." 그의 땅은 1,654평방코빗트였고 그 액수는 2만 1,502루피에 이를 터였다[SFR 17: 101 ; Das Gupta: 33n1]. 1코빗트가 대략 24인치였기에[Ovington: 269], 1,654평방코빗트는 약 615평방미터였다. 네덜란드의 구 관저 땅(그보다 네 배 정도 되는 1,550평방미터인)에 비해, 구 영국 관저의 그 구역 땅은 너무 작았다(615평방미터). 그러므로 네덜란드의 구 관저 건물 가격이 2만 5,000루피였다는 다스 굽타의 추산에는 그 건물이 서있는 토지 가격이 포함되지 않았다는 것이 거의 정확한 것 같다[Das Gupta: 33n1].

그러므로 18세기로의 전환기쯤에는, 유럽인 회사들이 상관과 정원 용도의 토지와 건물을 구입하게 허용되었고, 앞서 보았듯이, 실제로 정원용 토지와 건물을 구입한 실례가 몇몇 있다. 그렇지만 영국 회사가 요새를 점령했던 1759년 이전에 상관 자체 용도로 토지와 건물을 구입한 실례가 하나라도 있는지는 불명확하다. 영국인들이 새로운 영국 관저를 구입했는지 하지 않았는지도 불분명하다. 어쨌든 영국 회사는 17세기 말 무렵 무굴제국 통치하에 있던 벵갈 지방의 장래 캘커타(Calcutta) 지역에서 '자민다리(zamindari)'권,* 즉 일종의 봉건적 영주권을 획득할 수 있었다. 그러므로 수라트의 영국 회사가 상관용 토지와 건물을 구입한 것이 다소 늦었을 수도 있다. 실제로 유럽인 회사들이 상관 용도로 땅과 건물을 사야 할지 아니면 빌려야 할지 결정하기 전에 반드시 고려해야 할 사항들이 몇 가지 있었다. 그런 결정은 상관 입장에선 구입 가격과 집세가 얼마인지에 달려있었고, 회사 입장에선 그 지역이 얼마나 안전한지에 달려있었다. 만약 구입 가격이 너무 비싸거나 그 지역이 너무 불안하면, 어떤 회사도 구입이 아니라 임대를 선택할 것이고 그래서 과도한 위험요소를 피할 것이다.

마지막으로 영국 관저와 네덜란드 관저의 집세 액수를 서로 비교하고, 그것을 다른 지역의 회사들과 비교하기 위해 표로 제시해 보는 것도 얼마간 유용할 것이다(〈표 1〉을 보라).

---

* 인도의 전통적인 귀족인 자민다르가 가진 봉건적인 토지소유 및 농민 지배권, 이로부터 징세권도 지녔다.

〈표 1〉 수라트의 건물임대료

년도	공장의 성격	한 채별 연간 임대료	루피로 환산한 연간 임대료	출처
A. 수라트 영국 상관의 임대료				
1616	크와자 아랍의 저택	600마흐무디	240	Supplementary Clendar: 66
1623	크와자 하산 알리의 7년 임대차 저택	1,400마흐무디	560	EFI 1622-23: 321
1674	무갈 정부 건물	60파운드	534	Anderson: 126 cited in O.P. Singh: 43
1702	무갈 황제 소유의 상관 일부		500	SFR 5A: 1702년 5월 14일
1733	키샨다스 바관다스 소유의 오래되고 낡은 영국 상관 일부에 대해 영국인이 제시한 임대료		50	SFR 17: 101
B. 수라트 네덜란드 상관의 임대료				
1616	크와자 하산 알리의 저택	600마흐무디	240	Broecke I: 112
1622	크와자 하산 알리의 저택 (새로운 계약)	1,200마흐무디	480	Broecke II: 278n3
1623	페로완 사페츠 벡의 저택	1,250마흐무디	400	Broecke II: 280
1692	미르자 모셈과 후대에 그 자식들 소유의 저택	월 20루피	240	VOC 1620: 247
C. 창고 임대료				
1702	야적장에 있는 호지 사이드로부터 임대한 영국 창고들		모두 168	SFR 5A: 1702년 6월 13일
1703	상동		168	SFR 5A: 1703년 7월 8일
1704	란데르에 있는 영국 창고		100	SFR 5A: 1704년 5월 22일
D. 부두 임대료				
1702	요새 남쪽의 영국 부두 이용 지불액		475	SFR 5A: 1702년 12월 10일
1703	요새 남쪽의 네덜란드 부두		20	VEL 874

영국인들이 활동한 초기에는, 그들의 연간 집세는 240루피였다. 이것은 1620년대에 560루피로, 즉 이전 액수의 약 두 배로 늘었다. 그것은 아마도 보다 넓은 집을 임대했음을 가리키는 것 같다. 네덜란드 상관 역시 유사한 흐름을 보여주는데, 즉 그들의 집세도 1620년대에 두 배로 뛰었다. 18세기로의 전환기에 집세 액수는 1620년대의 액수와 비교할 수가 없다. 왜냐하면 그 액수는 집의 일부에 대한 집세이거나 낡은 집에 대해 영국인들 자신이 제시한 액수이기 때문이다. 창고에 대한 임대료는 관저에 대한 집세보다 당연히 더 낮다. 부두에 대해 영국인이 지불한 비용의 성격은 상대적으로 불명확하다. 그 비용은 부두에 대한 임대료가 아닐 수도 있고, 유럽인들이 묘지로 이용하는 토지를 빌렸는지 아니면 구입했는지도 불명확하다.

맺음말

유럽인 회사들은 수라트의 내성 안에서 상관의 위치를 몇 번이나 옮겼다. 우리가 이런 위치를 정확히 추적하기는 어렵다. 이것은 일본에서 네덜란드인들이 겪은 경우처럼, 그 위치가 도시의 정해진 지역에 한정되지 않았음을 보여준다. 그렇지만 무굴 당국은 유럽인 회사들을 경계하여 적어도 유럽인들이 도착한 뒤 처음에는 강변 가까이에 튼튼한 관저를 세우는 것을 금지하였다. 영국인들은 18세기 초 무렵에 강변에 새로운 관저를 세울 수 있었다. 그 시기 무렵부터 유럽인 회사들은 토지와 집을 소유하도록 허용되었다. 영국인과 네덜란드인들은 처음에 한동안 시행착오를 거친 후 각각 넓은 관저를 임대하는 데 성공했다. 그들의 관저들은 보통 "스페인과 무어 건물"의 디자인이나 구자라트 및 북서 인도의 이슬람 건물의 디자인을 따랐다.

17세기 후반에 유럽인들은 묘지에 아치와 돔이 있는 거대한 묘들을 건설했다. 이런 큰 묘들은 거기 묻힌 개인들만이 아니라 자기 회사와 나라들도 기품 있게 보이고자 하는 의도로 만들었다. 일본에서는 그런 거대한 묘들이, 필시 일본 정부의 규제로 인해 건설되지 않았다. 인도에서도, 예컨대 코로만델 연안의 풀리캣의 네덜란드인 묘들이 가진 성격은 그 형태와 높이 면에서 볼 때 수라트의 네덜란드인 묘들과 다른 것 같으며, 이는 아마도 그 지방 특유의 묘나 다른 종류의 건물들에 영향 받은 것 같다.

참고문헌

1. 미간행 자료와 약어

HR: Hooge Regeering te Batavia, Nationaal Archief, The Netherlands, No.855 contains the translation of the *farmāns* from the Mughal emperor.

SFR: India Office Records, G. Factory Records: Surat, Vol.5A(1702~1704, Consultations of London Company's President and Council) ; Vol.6 (1700~1702, Consultations of English Company's President and Council) ; Vol.17, the British Library.

VEL: Maps collections in the Nationaal Archief, the Netherlands, Nos. 869, 872, 874.

VOC: Documents of the Dutch East India Company with serial numbers preserved in the Nationaal Archief, The Netherlands, Nos. 1620 and 1913.

2. 간행 자료 및 2차 자료와 약어

Anderson, P. 1854. *The English in Western India, Bombay* (Cited in O.P. Singh 1977 : 43).

Bernier, François. 1968. *Travels in the Mogul Empire 1656~1668,* Tr. on the basis of Irving Brock's translation by A. Constable with notes. Frist Edition, London, 1891 ; Indian Edition, New Delhi.

Bombay Gazetteer. 1877. *Gazetteer of the Bombay Presidency*, Vol.II: Gujarat, Surat and Broach, Bombay.

Broecke, Pieter van den. 1962~1963. *Pieter van den Broecke in Azië,* ed. by W.Ph. Coolhaas, 2 vols., Linschoten-Vereeniging, 's-Gravenhage.

Chakrabarti, Dilip K. 2003. *The Archeology of European Expansion in India: Gujarat, c. 16th~18th centuries*, New Delhi.

Commissariat, M.S. 1980. *History of Gujarat*, Vol.III, Ahmedabad.

Das Gupta, A. 1979. *Indian Merchants and the Decline of Surat c. 1700~1750*, Wiesbaden.

Della Valle, Pietro. 1892. *The Travels of Pietro della Valle in India,* tr. by Edward Grey, Hakluyt Society, 2 vols., London.

Downton, N. 1939. *The Voyage of Nicholas Downton to the East Indies 1614~1615*, ed. by W. Foster, Hakluyt Society, 2nd Series, London.

EFI. 1907~1927. *The English Factories in India*, ed. by W. Foster, 13 vols., Oxford.

Foster, W. 1921~1922. "Shivaji's Raid upon Surat in 1664", *Indian Antiquary* 50: 312~321 and 51: 1~6.

Franks, Jeremy. 1998. "The Observant Braad: a Sweedish enquirer in Gujarat in the 1750s", *Moyen Orient & Océan Indien XVIe~XIXe*, 10, Paris.

Fremlen, William. 1922/23. "President Fremlen's Journal, 1638~1639", by W. Foster, *Journal of Indian History*, Vol.2.

Fryer, John. 1909, 1912 and 1915. *A New Account of East India and Persia being Nine Years' Travels, 1672~1681*, 3 vols., ed. by W. Crooke, WHS, 2nd Series, London.

Godinho, Manuel. 1990. *Interpid Itinerant: Manuel Godinho and his Journal from India to Portugal in 1663*, ed. with an introduction and notes by John Correia-Afonso, tr. by Vitalio Lobo and John Correia-Afonso, Delhi, Calcutta and Madras.

Gokhale, B.G. 1979. *Surat in the Seventeenth Century. A Study in Urban History of pre-modern India*, London and Malmö.

Gole, Susan. 1989. *Indian Maps and Plans: From earliest times to the advent of European surveys*, Delhi.

Haastra, S.F. 2002. *De Gesciedenis van de VOC*, Vijfde druk, Zutphen.

Do. 2003. *The Dutch East India Company: Expansion and Decline*, Zutphen.

Do. 2006. "On a Map of Surat (a Mughal Port Town) Drawn in the Former Half of the 18th Century", *Nagasaki Prefectural University Journal*, Vol.40, No.2.

Habib, Irfan. 1969. "The Family of Nur Jahan during Jahangir's Reign", *Medieval India: a miscellany*, Vol.1, Department of History, Aligarh Muslim University, Bombay.

Hamilton, A. 1930. *A New Account of the East Indies*, 2 vols., ed. by W. Foster, London.

Hedges, William. 1887~1889. *The Diary of William Hedges, Esq., druing his Agency in Bengal & c.*, 3 vols., ed. by R. Barlow and H. Yule, WHS, 1st Series, London.

Janaki, V.A. 1974. *Some Aspects of Historical Geography of Surat*, Baroda.

Letters Received. 1900. *Letters Received by the East India Company from Servants in the East*, 6 vols., ed. by W. Foster, London.

Mandelslo, J. Albert de. 1931. *Mandelslo's Travels in Western India (A.D. 1638~ 1639)*, extracted tr. by M.S. Commissariat, London.

Manucci, N. 1907 and 1908. *Storia do Mogor or Mogul India 1653~1708*, 4 vols., ed. by W. Irvine, London.

Morioka, Yoshiko, 2001/2005. *Sekai no naka no Dejima(Dejima in the World)*, Nagasaki (in Japanese).

Mundy, Peter. 1914. *The Travels of Peter Mundy, in Europe and Asia, 1608~1667, Vol.II: Travels in Asia, 1628~1634*, ed. by Sir R.C. Temple, Hakluyt Society, 2nd Series, London.

Nadri, Ghulam Ahmad. 2009. *Eighteenth-Century Gujarat: The Dynamics of Its Political Economy, 1750~1800*, Leiden and Boston.

Nagashima, Hiromu. 1996. "The Shahbandar at Surat in the Mughal Empire", *Nagasaki Prefectural University Review*, Vol.29, No.4.

Ovington, J. 1929. *A Voyage to Surat in the Year 1689*, ed. by H.G. Rawlinson, London.

Pearson, M.N. 1998. *Port Cities and Intruders: The Swahili Coast, India, and Portugal in the Early Modern Era*, Baltimore.

Ray, Aniruddha. 2004. *The Merchant and the State: The French in India, 1666~1739*, 2 vols., New Delhi.

References. 1820. *References to the Plan of the City of Surat Executed by Officers of the Revenue Survey Department*, ed. by Survey Office, Goojerat. This is preserved at the British Library, Shelfmark: X/2738.

Roe, T. 1926. *The Embassy of Sir Thomas Roe, 1615~1619*, 2 vols., ed. by W. Foster, London.

SC. 1928. *A Supplementary Calendar of Documents in India Office Relating to India or to the Home Affairs of the East India Company, 1600~1640*, ed. by W. Foster, London.

Singh, Chandramani. 1986. "Early 18th-century painted city maps on cloth", *Facets of Indian Art: a symposium held at the Victoria and Albert Museum*, ed. by Robert Skelton et al., London.

Singh, O.P. 1977. *Surat and its Trade in the Second Half of the 17th Century*, Delhi.

Stavorinus, J.S. 1969. *Voyages to the East Indies by J.S. Stavorinus*, 3 vols., tr. by s.H. Wilcocke, First published in London 1798 ; Reprint ed. London.

Tavernier, J.B. 1925. *Travels in India, 1640~1667*, 2 vols., tr. by Ball, V., Second edition revised by W. Crooke, London.

Thevenot and Careri, 1949, *The Indian Travels of Thevenot and Careri*, ed. by S.N. Sen, New Delhi.

Toyama, Miko. 1990. *Nagasaki Rekishi no Tabi*, Tokyo (in Japanese).

3. 지도

The map of Northwestern corner of Surat in the 1660s, EFI, 1661~1664, p.297 (Map depicted by W. Foster).

The Map of Surat (c. 1730): Preserved in the Maharaja Sawai Man Singh II Museum, Jaipur, India (abbreviated as "the 1730 map").

The 1758 French Map of Surat: Plan de la Ville de Surate et du Jardin Française. Dressé en 1758. sous l'inspection du S. Anquetil de Briancourt ; alors Chef de la Nation Française à Surate, cited in Aniruddha Ray, *The Merchant and the State: the French in India, 1666~1739*, 2 vols., New Delhi, 2004, Vol.I, inserted between pp.96 and 97.

Survey Office. 1820. *The Plan of the City of Surat*, Surveyed by Lieutenant Adams and Newport, 1817, IOR: x/2737, The British Library (abbreviated as "the 1817 map").

The 1877 Map: Map published by the Govt. Photozincographic Office, Poona, 1877, Cited in V.A. Janaki, *Some Aspects of the Historical Geography of Surat, Baroda*.

주

1) 그는 1614년에 영국인에 대해 우호적이었던 유명한 상인 중 한 명이었다[SC: 47].

2) 이하에서 나는 페르시아어, 아랍어, 힌두어를 발음식별부호 없이 쓸 것이다. 영어 인용문에선, 원래의 철자를 그대로 따르지는 않을 것이다.

3) 크와자 하산 알리는 1611년에서 1615년까지 '샤반다르(shahbandar)'였다. 그와 그의 장인 미르자 자파르(Mirza Jafar)는 당시 수라트의 유명한 상인들이었다[Nagashima 1996: 8~10 참조].

4) 영국 상관의 기록에 따르면, 네덜란드들은 영국인들이 크와자 아랍(Khwaja Arab) 소유의 집으로 옮기면서 영국인들이 '최근에 거주한 집'을 할당받았다[SC: 76]. 영국인들의 이 집은 틀림없이 크와자 하산 알리로부터 임대한 집이었을 것이다.

5) 『참고사항(*The References*)』과 함께 『수라트 시 지도』라고 불린 이 지도는 대영도서관 지도부에 보존되어 있다. 다스 굽타 역시 이 지도가 도시 내 부지의 분포를 보여주는 가장 이르고 가장 좋은 지도라고 한다. 다스 굽타는 실제로 자신의 『인도 상인과 수라트의 쇠퇴, 1700~1750년경(*Indian Merchants and the Decline of Surat, c. 1700~1750*)』에서 그 지도를 이용한다[Das Gupta: 31n3].

6) 다운튼(Downton)은 전에 자신이 스페인과 바르바리 지방에서 무어인들을 보았다고 한다. 위 문장의 "무어 건축"은 틀림없이 바르바리 지방(이나 스페인 근처 북서 아프리카)의 집들을 뜻할 것이다[Downton: 133 ; 또한 Ovington: 130도 보라].

7) Isaak Commelin, *Beginn ende Voortgangh van de Vereenigde Nederlandtsche Geoctreerde Oost-Indische Compagnie* (Amsterdam, 1646). *Des geschiedenis van de VOC*의 네덜란드어 판에서, 페메 S. 가스트라(Femme S. Gaastra)는 소위 수라트의 영국 상관 판화를 "아그라의 네덜란드 상관"이란 제목으로 실었다(p.50). 하지만 그 책이 영어판으로 간행될 때는 그 판화를 올바르게도 빼버렸다. "Atlas of Mutual Heritage"라는 제목의 웹사이트도 보라.

8) 보다 긴 면은 대략 11뢰데(roede)이고 보다 짧은 면은 약 10뢰데이다. 1뢰데(즉 라인란트식 뢰드)는 3.7674미터이다.

9) 비록 다스 굽타가 키샨다스 바관다스(Kishandas Bhagwandas)의 땅을 영국의 구 관저와 동일시하는 것 같지만, 그 땅은 영국의 구 관저 중 일부였다. 다른 부분의 소유주는 아마 무굴 황제이거나 무굴 황제의 재산을 물려받은 다른 누군가일 것이다[SFR. 17: 101].

역자후기

한국 역사학계에 기왕의 국가사 중심 서술방식을 지양하고 나아가 곳곳에 스며든 유럽 중심적 역사관이나 역사서술 방식을 극복하고자 하는 움직임이 시작된 지도 꽤 오랜 시간이 흐른 것 같다. 그 사이 근대세계체제론을 필두로, 글로벌 히스토리, 월드 히스토리, 문명교류사 등 여러 이름으로 다양한 시각과 방법, 논의들이 전개되어 왔다. 이런 방법과 성과들이 소개되고 그 쟁점들을 둘러싸고 논의가 전개되는 것을 옆에서 지켜보는 것은 역사학에 몸담고 있는 이의 입장에서 너무나 흥미롭고도 즐거운 일이었다. 뿐만 아니라 그와 병행하여 단 하나의 역사, 국가나 민족 같은 단일 기준으로 획일화된 역사(the History)를 해체하면서 수많은 역사들(histories)을 얘기하는 미시사와 문화사의 방법의 소개와 그 대표 성과들의 번역은, 마치 자극적인 블록버스터 영화를 보는 듯한 흥분과 긴장감을 느끼게 해주었다. 이런 모든 논의들이, 그리고 이제는 얼마간 자리를 잡은 듯이 보이는 이런 여러 방법론들이 한국 역사학을 양적으로만이 아니라 질적으로도 크게 향상시켰음은 모두가 인정할 것이다.

사실 옮긴이는 1995년을 전후하여 이매뉴얼 월러스틴의 세계체제론과 카를로 진즈버그의 문화사를 거의 동시에 접하였다. 둘 다 역자에게는 엄청난 충격이었고, 저렇게 역사를 보고 저렇게 역사를 실행할 수 있다는 것에 열린 입을 다물지 못했다. 그 이전까지 소위 '아래로부터의 역사'를 실천한다는 자의식을 갖고 있었고, 1990년대를 전후하여 이런 역사학적 실천에서 일정한 한계를 느끼고 있던 옮긴이에게 이 두 개의 전혀 다른 역사는 사실상 같은 것으로 보였다. 역사의 대상이 그 누가 뭐라 해도 인간인 이상, 인간을 설명하는 축은 언제나 거시적 규정력의 작동과 일상적 삶 사이에 벌어지는 충돌과 변이일 것이다. 시간을 다시 느껴야 했고 공간을 비로소 자각하게 되었다.

이제 몇 년 전부터 옮긴이는 또 다른 방법을, 옮긴이에게는 아주 생소했던 역사연구와 역사서술 방법을 접하고 있다. 그것은 지금까지의 역사는 대륙을 중심에 두는, 대륙의 시각에서 보는 역사라고 보고 바다를 중심에 두고 바다의 시각에서 역사를 바라보는 관점들이다. 물론 옮긴이 역시 이런 견지에서 보면 오로지 대륙의 시각에서 역사를 바라보고 실천해 왔다. 어쩌면 당연한 일인지도 모른다. 인간은 어쨌든 육지에 살며 육지에서 삶을 영위한다. 바다는 그 인간의 삶에 그저 보완물일 뿐이다. 인간은 처음부터 자기중심적이라 자기를 둘러싼 자연환경을 언제나 자기의 필요에 따라 변형시켜 왔다. 인간 역사에서 가장 핵심적인 활동이 자연의 변형이 아니라면 다른 무엇이겠는가. 그래서 인간은 바다에 의지하고 바다에 기대어 살고 있음에도 언제나 바다를 자기의 변형대상 중 일부로만 인식하고 이해해 왔다. 산을 바라보는 인간의 시선과 바다를 바라보는 인간의 시선에 다를 바가 무엇이겠는가. 하지만 인간의 인식수준이 어떠하든 간에 바다는 오히려 실제로는 인간보다 더 큰 범주이고 인간이 기대어 살 수밖에 없는 터였다. 인간이 바다에 얼마나 의지했는가는, 지금으로부터 200년 정도 전만해도 인간이 아주 짧은 거리를 가더라도 육지를 통해 가는 것보다 바다를 통해 가는 것이 훨씬 더 빠르고 효율적이었다는 연구들이 증명해 준다. 근현대 자본주의의 입안자들이 그렇게 칭송해 마지않는 산업혁명이 과연 바다를 통한 원료 및 생산물의 교환과 유통이 없었다면 가능했겠는가. 어쩌면 바다는 우리가 생각해온 것보다 훨씬 더 큰 역할을 인류 역사의 전개에서 수행했을지도 모른다. 그리고 바다는 어쨌든 -인간이 그 존재의 거의 전 시대 동안 그 일부밖에 이용하지 못했음에도- 육지의 인간들의 삶 속 구석구석에 영향을 미쳤을지도 모른다.

이런 견지에서 논의를 전개하는 바다를 통해 역사를 바라보는 시각은 국내에 그리 많이 소개된 적이 없다. 명시적으로 소개된 것은 연전에 나온 일본의 시리즈물을 번역한『바다의 아시아』(전6권, 다리미디어, 2003-2006) 정도일 것이다. 하지만 사실 이런 시각은 이미 많은 국내 학자들이 알고 있는 것이기도 하다. 국내에 소개된 대표적인 세계사 연구자들이나 그들의 대표적 연구성과들은 사실 공공연히 바다를 중심으로 논의를 전개하고 있다. 우리는 이게 세계체제론이냐, 월드 히스토리냐, 글로벌 히스토리냐 하는 식의 라벨을 다는 데 열중하다보니 실제 자기가 다루는 대상의 근저에 바다를 통해 역사를 보고자 하는 의도가 깔려있음을 놓치기 십상이다. 페르낭 브로델, 이매뉴얼 월러스틴, 조반니 아리기, 안드레 군더 프랑크, 필립 커튼 등 이런 이들의 대작들 속에서 우리는 늘상 바다를 마주치게 된다. 그러함에도 우리는 바다를 통해 역사를 바라보게 되면 보다 크게 보다 길게 인간의 삶을 재구성할 수 있음을 눈치 채지 못하고 있었다고 할 수 있다.*

그런 점에서 바다를 통해 역사를 바라봄을 전면에 내건 연구자들이 거둔 성과는 더욱 더 흥미를 자아내었다. 이런 시각이 이미 일본에서는 역사학의 한 축을 차지하기에 주로 일본의 연구성과들을 보던 중, 영어권에서도 이런 시각의 연구가 이미 월드 히스토리나 글로벌 히스토리의 외부에서 또는 그 일부로서 상당히 이루어져 왔음을 알게 되었다. 이런 와중

---

* 최근에 간행된 부르스 커밍스의『미국패권의 역사』(서해문집, 2011)를 보라. 그는 미국의 역사를 바다(태평양)를 중심으로 보면서 재구성하고 있다.

에 만난 이가 하네다 마사시였다. 프랑스에 유학하여 서아시아를 연구한, 우리 입장에서는 얼마간 특이한 경력의 이 역사연구자는 국가사나 지역 단위로, 또는 아시아나 유럽 같은 자의적 구분으로 점철된 역사서술을 넘어서는 진정한 세계사 서술을 추구하면서 그 실천적 장을 바다로 두고 연구 활동을 진행하였다. 그는 자신의 학문적 이력과 폭넓은 국제적 인맥을 활용하면서 일본에서 다년간에 걸쳐 이런 취지에서 수많은 중견 학자 및 신진 연구자들을 결집하여 자신의 생각을 실천으로 옮기고 있다. 그가 이룬 몇 가지 성과 중 일본만이 아니라 세계 각지의 유력한 연구자들과 함께 바다를 통해 역사를 본다는 관점을 실천한 것이 바로 이 책『17~18세기 아시아 해항도시의 문화교섭』이다.

이 책이 가진 가장 큰 장점은 거의 아시아 전역의 바다와 주요 해항도시를 아우르면서도 일관되게 관철되는 비교사적 원칙을 세우고 서술의 기본방향을 명확히 함으로써 따로 쓴 개별 논문들의 모음임에도 그 논문들을 다 읽고 나면 아시아의 바다 전역에 대해 일정한 그림을 품을 수 있다는 점이다. 사실 아시아의 여러 해항도시들을 대상으로 연구를 진행하고 그것들을 모은 책들은, 서론에서 편자인 하네다 선생님이 지적하듯이, 여러 종들이 있다. 하지만 거기에는 왜 이런 해항도시들이 모였는지, 그리고 어떤 측면들을 서술하는지, 그리고 왜 이것들이 비교 가능한지에 대한 기준이나 원칙이 모호하다. 따라서 독자는 그 책 전체를 볼 필요가 없고 자기가 관심이 가는 별개의 장을 이루는 논문 한 두 개만 보면 충분하였다. 하지만 이 책은 장마다 다른 학자들이 서술했음에도 대상이 된 도시들이 선정된 이유가 분명하게 존재하며(동인도회사들의 활동무대), 그들 사이에 어떤 점을 비교할지도 명확하게 서있다(서론에서 제시하는 여섯 가지 항목). 따라서 우리는 이 책을 읽고 나면 중요한 아시아 해항도시의 특정한 국면들(통역관, 종족간 격리, 종족간 결혼 및 혼혈아동, 외국인과 내국인에 대한 인식 등)에 대해 어느 정도 분명한 이해를 얻을 수 있다. 그런 점에서 이 책은 바다를 통해 역사를 본다는 것에서 무엇을 얻을 수 있는지, 그런 시각을 어떻게 실천할 수 있는지, 궁극적으로 그런 시각이 도대체 무슨 의미를 갖는 것인지를 가장 시사적으로 보여준다고 할 수 있다.

이 책을 번역해서 간행하는 데도 나름의 작은 역사가 있었다. 이 책의 원서는 원래 10장으로 구성되어 있다. 중국, 일본, 태국, 네덜란드, 덴마크의 각 분야 전문가들이 위의 기준에 따라 글을 작성하였다. 하지만 번역을 하기 위한 협의 과정에서 몇 가지 문제로 어려운 과정을 겪었다. 그리고 결국 중국의 징더전 도자기와 일본의 이마리 도자기 사이의 관계를 논하는 중국 학자의 논문은 수록된 수많은 도판의 저작권 문제로 인해 번역이 완료되었음에도 수록되지 못했다. 이 점이 너무 아쉽다. 또한 수록한 9편의 논문에도 원래 도판이 있는 논문들 중 상당수가 도판을 포기해야 했다. 도판이 없으면 논문 자체가 성립 불가능한 4장과 9장의 경우에만 아주 힘든 과정을 거쳐 도판 저작권 문제를 해결하여 도판을 수록할 수 있었다. 많이 아쉬운 부분이 있지만, 이런 문제를 빠른 시일 내 해결하여 원본의 모든 논문이 수록된 번역서가 되기를 기대해 본다.

짧은 후기이지만 감사의 말을 잊을 수는 없다. 가장 먼저 감사해야 할 사람은 이 책의 편자인 하네다 마사시 선생님이다. 역자들이 몸담은 연구소에 특강을 수락하여 오시면서 이 책을 소개해 주셨기에 번역을 할 생각도 했고, 결국 이런 결과물을 낼 수 있게 되었다. 언제나 친절한 웃음으로 타국의 연구자들에게 조언을 아끼지 않으시는 선생님께 감사드린다. 다음으로 감사드려야 할 분은 같은 연구소에 몸담고 계시는 이수열 선생님이다. 앞서 말했듯이 이 책의 번역에는 저작권 문제와 관련하여 아주 복잡한 진통이 있었다. 이수열 선생님은 이런 진통을 모두 떠맡아주시고 결국은 큰 문제를 해결해서 도판이 없으면 절대 수록할 수 없는 두 편의 논문까지 수록할 수 있게 도움을 주셨다. 솔직히 자신과 직접 연관이 없는 일이었음에도 하네다 선생님과의 개인적 관계를 믿고 들이미는 옮긴이들의 요청을 흔쾌히 받아주시고 자기 일처럼 해결해 주신 이수열 선생님께 정말 깊은 감사를 드린다.

한편 이 책은 여러 동인도회사들을 매개로 아시아의 다양한 해항도시들을 다루기에 언어적인 면에서도 난점이 있었다. 특히 이름의 경우는 하나하나 발음을 알아내기가 힘들었다. 이 부분에서 많은 분들의 도움이 있었다. 동남아시아와 인도어의 발음은 본 연구소의 노영순 선생님의 도움을 받았다. 중국어 발음은 본 연구소의 최낙민 선생님의 도움을 받았다. 독일어의 경우엔 박민수 선생님과 부산대의 조원옥 선생님의 도움을 받았다. 스페인어와 포르투갈어는 부산대의 서영건 선생님이 도움을 주었다. 이 모든 분께 진심으로 감사하다는 인사를 올린다. 하지만 그럼에도 결국 번역에서 가장 문제가 되는 것은 외국어의 정확한 표기일 것인데, 이 부분에서 발생하는 오류는 전적으로 옮긴이들의 역량이 미진함으로 인해 발생한 결과라는 것을 미리 밝혀둔다. 아울러 이 책의 번역 출간 제안을 받아주시고 출간에 필요한 재정적 지원을 제공해 주신 한국해양대학교 국제해양문제연구소 정문수 소장님과 운영진께도 감사의 인사를 드린다. 바다를 통해 역사와 세계를 본다는 큰 취지하에 해항도시 문화교섭학이라는 새로운 학문적 방향을 제시하고자 하는 연구소의 노력 속에서 이 책 역시 번역 간행될 수 있었다.

마지막으로 이 책의 번역은 2장, 4장, 5장, 9장을 김나영 선생님이, 나머지 장은 본인이 맡았고, 최종적으로 전체적인 통일과 교정작업은 본인이 수행하였다. 위의 네 장은 일본어가 많이 나오거나 수변공간 및 건축에 관련된 내용이어서, 건축학 전공으로 일본어에 능통한 김나영 선생님께 번역 참여를 부탁드렸다. 생소한 전공의 연구논문들이라 어려운 작업이 될 것임이 불을 보듯 뻔한 데도 본인의 요청을 수락하여 함께 번역의 무거운 책임을 맡아주신 공역자 김나영 선생님께도 깊은 감사를 드린다.

번역을 마치면서 드는 생각은 이것뿐이다. 하네다 선생님이 한국어판 서문에서 말하듯이, 한국의 많은 연구자들이 여기 수록된 논문들 같이 자기 나라의 작은 단위에서 발생한 구체적인 사실관계들을 세계사적 맥락 속에 위치시키면서 국제 언어로 발신하여 외국의 탁월한 연구자들과 소통하는 데 이 책이 자그만 기여를 하게 되기를 바란다.

아치섬 거센 바람 속에서
옮긴이를 대표하여
현재열 씀

찾아보기

삼판선 39, 99

상관 23, 25, 44, 47, 57, 61, 66, 82,
　　84, 89, 91, 94, 98, 101, 147, 149,
　　156, 162, 174, 176, 179, 186,
　　189, 192, 196, 198, 259, 272,
　　278, 280, 284, 286, 294, 298,

상관장 44, 66, 83, 156, 175, 177,
　　180, 183, 190, 195, 198, 212,
　　273, 279, 281, 288

샤반다르 153, 180, 290, 309

선물 88, 92, 174, 240, 246

쇄국 74, 109, 134, 259

쇼군 36, 52, 55, 60, 62, 63, 113

쇼토쿠 신레이 75

수라트 23, 160, 180, 259, 260, 270,
　　272, 279, 280, 297, 299, 304

수마트라 161, 162

수석 중개상 55, 57, 59, 62, 68, 75,
　　231, 233, 251

순다 해협 151, 152, 162

순무 79, 90, 97

순회상인들 98

쉬바지 261, 265, 267, 279, 284

스웨덴동인도회사(SOIC) 94

시암 161, 171, 185, 191

실론 159, 160, 163

싱가포르 164

(ㅇ)

아덴 17

아르메니아인 43, 215, 281, 286

아르코트 218, 221, 244

아마쿠사 · 시마바라난 53, 55

아시아 해역세계 15

아유타야 25, 151, 161, 171, 176,
　　178, 190, 192, 194, 198, 199

아체 215

아키타 란가 118, 122, 125, 126,
　　137, 138

아프가니스탄 43, 44

양광총독 79, 90

양행 162

에도 36, 52, 55, 58, 66, 110, 115,
　　117, 122, 133

에스타도 다 인디아 143

영국동인도회사(EIC) 18, 20, 43,
　　44, 47, 94, 98, 101, 148

예수회 250, 251, 254, 282

오바쿠 문화 110, 112

오바쿠 회화 110, 136

옥트로이 145

온루스트 섬 145, 154, 155

외국인을 아버지로 둔 자식들 64

요리아이마치 41, 65, 66, 76

우키에 112, 124, 127, 129

원근법 110, 122, 124, 125, 127,

인명색인

☺ 글을 실은 사람들

바완 루앙스립(Bhawan Ruangslip)

태국 출라롱콘(Chulakongkorn)대학교 교양학부 역사학과 강사

레오나르 블뤼세(Leonard Blussé)

네덜란드 라이덴대학교 역사연구소 교수

하네다 마사시(羽田 正)

일본 도쿄대학교 동방문화연구소 교수

필립 오드레르(Philippe Haudrère)

프랑스 해양학술원(Académie de Marine) 회원, 앙제(Angers)대학교 교수

이토 시오리(伊藤紫織)

일본 치바시립미술관 큐레이터

류용(劉墉)

중국 샤먼(厦門)대학교 동남아시아연구소 조교수

마쓰이 요코(松井洋子)

일본 도쿄대학교 역사편찬부 교수

소렌 멘츠(Søren Mentz)

덴마크 프레데릭스보르그 성 국립역사박물관 큐레이터 및 수석연구원

나가시마 히로무(長島 弘)

일본 나가사키대학교 경제학부 지역정책학과 교수

☻ 엮은이

하네다 마사시(羽田 正)
교토대학 문학부 졸업, 파리 제3대학 박사
교토다치바나여자대학 조교수
케임브리지대학 객원연구원
현재 도쿄대학 동양문화연구소 교수
도쿄대학 부학장

☻ 옮긴이

현재열(玄在烈)
부산대학교 사학과 문학박사
울산대학교 인문과학연구소 학술연구교수
현재 한국해양대학교 국제해양문제연구소 HK교수

김나영(金那英)
일본 니혼대학 이공학연구과 공학박사
현재 한국해양대학교 국제해양문제연구소 HK연구교수